MODERNO, MODERNIDADE E MODERNIZAÇÃO:

a educação nos projetos de Brasil - séculos XIX e XX

Ilka Miglio de Mesquita
Raylane Andreza Dias Navarro Barreto
Vera Lúcia Nogueira
(Organizadoras)

MODERNO, MODERNIDADE E MODERNIZAÇÃO:

a educação nos projetos de Brasil - séculos XIX e XX

(volume 3)

MAZZA
edições

MODERNO, MODERNIDADE E MODERNIZAÇÃO:
a educação nos projetos de Brasil – séculos XIX e XX (Vol.3)

Capa
Túlio Oliveira

Revisão
Christiane Maurício Cornélio

Projeto Gráfico e diagramação
Casadecaba Design e Ilustração

M689 Moderno, modernidade e modernização: a educação nos projetos de Brasil – Séculos XIX e XX / Ilka Miglio de Mesquita, Raylane Andreza Dias Navarro Barreto e Vera Lúcia Nogueira (organizadoras). – Belo Horizonte: Mazza Edições, 2015.

276 p ; 16x23cm – V.3 – (Coleção Pensar a Educação Pensar o Brasil. Série Estudos Históricos).

ISBN: 978-85-7160-660-9

1. Educação - Brasil – Séc. XIX. e XX. 2. Educação – História –Séc.XIX e XX. 3. Modernidade. 4. Educação e Estado. I. Mesquita, Ilka Miglio de. II. Barreto, Raylane Andreza Dias Navarro. III. Nogueira, Vera Lúcia.

CDD: 370.981
CDU: 37(81)

Produção Gráfico-editorial
MAZZA EDIÇÕES LTDA.
Rua Bragança, 101 – Pompeia
30280-410 BELO HORIZONTE – MG
Telefax: + 55 (31) 3481-0591
email: edmazza@uai.com.br
site: www.mazzaedicoes.com.br

À Maria do Carmo Xavier, nossa amada Carminha: intelectual, amiga,
companheira nas pesquisas, nos debates e nas reflexões sobre os
projetos de Brasil forjados pela educação!

Sumário

Apresentação

A incumbência de apresentar o livro *Moderno, modernidade e modernização: a educação nos projetos de Brasil – séculos XIX e XX*, volume 3, organizado pelas pesquisadoras Ilka Miglio de Mesquita, Raylane Andreza Dias Navarro Barreto e Vera Lúcia Nogueira, é das mais prazerosas, uma vez que essa coletânea reúne pesquisadores que admiramos pela qualidade do conhecimento historiográfico que produzem. Em seu conjunto, os capítulos reunidos colocam em discussão projetos de Brasil nos séculos XIX e XX, a partir dos seguintes eixos investigativos: intelectuais e espaço público, processos de escolarização e educação dos sentidos e das sensibilidades.

Como consultores do projeto iniciado em 2009 e que tornou possível esta obra e outras publicadas anteriormente, acompanhamos as pesquisas e, sobretudo, o processo gradativo e regular de refinamento das práticas historiográficas que orientaram a escrita de cada um dos textos produzidos, de maneira que estamos familiarizados com as questões tratadas e com o *modus operandi* do grupo de pesquisa. Sobre essa maneira de operar, cabe destacar o processo de intensa e contínua discussão que o grupo vem realizando, envolvendo pesquisadores de diferentes níveis de formação e filiação institucional. Esse tipo de trabalho coletivo, *de per si*, merece reconhecimento, uma vez que exige um dispêndio significativo de energias para coordenar experiências e visões próprias da multiplicidade de personalidades e de realidades envolvidas. Desse modo, a obra em tela, não representa a reunião episódica de pesquisadores e textos, mas sim um trabalho coletivo de pesquisa que vem proporcionando a produção de conhecimento cumulativo em torno do tema da modernidade, a partir da problematização das trajetórias e dos discursos dos intelectuais brasileiros no período circunscrito pela investigação.

Sobre o tema e o enfoque metodológico que ampara, em ampla e flexível moldura, os capítulos do livro, gostaríamos de destacar o enfrentamento de um dilema vivenciado pelo campo da História da Educação. São conhecidas as críticas produzidas nos cenários nacional e internacional, desde meados dos anos 1980, à tradição de escrita da História da Educação, sintonizada com os métodos da História da Filosofia e que produziram uma história das ideias pedagógicas apartada das práticas, dos espaços e dos agentes do campo educacional. Um dos resultados desse movimento revisionista pode ser expresso pela seguinte questão: a assunção da crítica ao modo filosófico de narrar a História da Educação significa renunciar à análise histórica das ideias pedagógicas? Parte dos pesquisadores envolvidos no debate entendeu que, de fato, a história das ideias seria sempre um gênero filosófico que não se aproxima dos estudos históricos. Logo, seriam necessários novos objetos, fontes e, sobretudo, maneiras diferenciadas de pensar a História da Educação. Esse movimento, extremamente complexo e positivo para o campo, passou a tratar de conceitos e problemas como cultura escolar, práticas, representações, memórias, leitura e escrita, cultura material, espaço e tempo escolares. Não obstante, outro grupo, enfrentou a questão de forma diversa, qual seja: é possível manter na pauta historiográfica os estudos sobre o pensamento educacional, contudo será necessária uma revisão profunda dos métodos aplicados nesse tipo de investigação, incluindo-se uma readequação do léxico e do aparato conceitual mobilizado. Relacionada a esse tipo de resposta à questão acima formulada, identificamos a aproximação dos pesquisadores com duas linhas de trabalho: a história intelectual e a dos intelectuais.

O conjunto de capítulos que compõe este livro parece-nos exatamente nessa posição: rever os métodos, o léxico, o tratamento das fontes, mas sem perder de vista o potencial historiográfico do processo de produção e de circulação de ideias e de projetos educacionais. Sendo assim, os termos modernização, modernidade e modernismo não foram abordados como ideias, entendidas como arquétipos de natureza transcendente, mas sim como significados mobilizados por discursos, situados na diacronia e na sincronia, a partir da identificação dos protagonistas que engendraram e propagaram esses sentidos, bem como das suas motivações e dos seus lugares de enunciação. Os arautos da modernização foram nomeados e concebidos como intelectuais, exigindo assim uma reflexão sistemática sobre os papéis social e político dessa elite em múltiplos cenários da História do Brasil. Outro conceito mobilizado foi o de repertório, o que sugere a percepção do discurso educacional como uma evidência da tensão entre liberdade e constrangimento que envolve todo ato discursivo. Nesses termos, os intelectuais foram analisados, por um lado, como sujeitos da ação discursiva, abarcando suas habilidades retóricas de formulação e de produção de efeitos de verdade. E, por outro, foram também caracterizados como reféns de um repertório possível, de um jogo de linguagem social e tacitamente construído, que estabelece os limites do que é possível dizer e, como consequência, fazer no que diz respeito à educação.

A noção de modernidade, acompanhando a perspectiva de Koselleck, assume a condição de um conceito fundamental dos léxicos político e social, logo, tem como característica peculiar a polissemia alargada. Dessa maneira, não basta afirmarmos que os intelectuais brasileiros dos séculos XIX e XX almejavam a modernidade, precisamos ir além, e interpretar em que sentido o termo foi empregado e, sobretudo, o que eles estavam fazendo e pedindo aos outros que fizessem quando defendiam a modernização do país. A impostação da questão nesses termos, tal como fizeram os autores, faz emergir um conjunto complexo, contraditório e diversificado de significados e de usos do termo modernidade, assim como dos seus pares semanticamente correlatos: modernismo e modernização. Essa é a aventura que este livro promete: pensar a disputa entre projetos de Brasil, tendo como protagonistas a *intelligentsia* brasileira e como móvel da discussão o sentido da modernização, incluindo todas as suas consequências no âmbito do campo educacional pertinentes à legislação, às reformas curriculares, às práticas de ensino, aos perfis docentes ou às hierarquias disciplinares. Batalhas semânticas, como já aprendemos a reconhecer, não são inofensivas, pois estas conformam maneiras de ser, viver e sentir, assumindo, na expressão de Marx, a consistência granítica das crenças populares.

Por todos os argumentos até aqui expostos, pensamos que este livro expressa três dimensões a serem exploradas na área da História da Educação: complexidade e desafios da prática historiográfica, especialmente no que se refere ao trabalho com as fontes, narrativas plurais da História da Educação e enredamentos de conhecimentos produzidos. O tratamento rigoroso dado a cada uma dessas dimensões, que se interpenetram, reafirma a densidade, a relevância e a abrangência do conjunto dos trabalhos produzidos. Desse modo, este terceiro volume publicado, assim como os seus antecessores, tem o sabor de ricos momentos de troca, de debates e de fertilização de ideias, em cujas dobras pode ser lido o fazer-se, no singular plural, da(s) História(s) da Educação brasileira.

Stanford/Vitória, primavera/outono, 2015.

Carlos Eduardo Vieira
Regina Helena Silva Simões

Introdução

Os textos que compõem este livro traduzem mais um resultado do investimento que os(as) pesquisadores(as) participantes do Programa de Pesquisa intitulado Moderno, modernidade, modernização: a educação nos projetos de Brasil – séc. XIX e XX[1] têm feito no sentido de dar a ver os projetos de Brasil que foram sendo produzidos ao longo dos séculos XIX e XX, por instituições e sujeitos, principalmente por aqueles que, sobretudo por meio da escrita, vieram a público apresentar propostas de compreensão e de ação sobre variados aspectos relacionados à nação brasileira, entre os quais se encontra a educação.

Ao estabelecer as suas ações investigativas num regime de temporalidades múltiplas, o Programa de Pesquisa acolheu, numa dupla dimensão, diacrônica e sincrônica, o trabalho coletivo e individual de pesquisadores(as) de diferentes estados e instituições brasileiras. Na primeira, buscou identificar os grandes momentos de debates sobre os projetos de Brasil, evidenciando seus principais questionamentos e tensões; e, na segunda, aprofundar tais debates compreendendo os jogos políticos, os embates e debates levados a efeito por sujeitos individuais ou coletivos nos microespaços das relações de poder. Vale a consideração importante de que os(as) pesquisadores(as) estiveram atentos(as) ao fato de que, em alguns momentos, sincronia e diacronia tornavam-se "duas faces de uma mesma moeda" e de que, tanto no trabalho coletivo quanto naquele realizado individualmente, era preciso atentar às articulações possíveis entre essas duas dimensões.

---

[1] Constituído em 2009, o Programa, coordenado pelo professor Dr. Luciano Mendes de Faria Filho, reúne diferentes investigações que se organizam em torno do interesse em problematizar processos históricos de gestação de projetos de Brasil. Tem como objetivo identificar e analisar o lugar ocupado pela educação nesses projetos, especialmente, no período de 1820 a 1970. A equipe de pesquisadores(as) é constituída de professores(as) e alunos(as) das seguintes instituições: PUC Minas, UDESC, UEM, UEMG, UFF, UFMG, UFOP, UFPB, UFRGS, UFSC e UNIT. O Programa é apoiado pela FAPEMIG e pelo CNPq.

Nesse processo, as concepções de moderno, de modernidade e de modernização funcionaram tanto como horizonte de articulação entre os grandes momentos, ou seja, voltaram-se para a indagação "em que medida os projetos de Brasil, discutidos nos séculos XIX e XX, envolveram tais noções?", quanto como uma possível maneira de mostrar a especificidade de cada um dos períodos em relação aos demais, ou seja, procuraram evidenciar diferenças e continuidades presentes nas discussões e no debate público sobre o que seria um Brasil moderno no século XIX, ou nos anos 20, 30 ou 40 do século XX. O que aqui se fez foi flagrar essas expressões – moderno, modernidade e modernização – como repertório cultural das múltiplas realidades e temporalidades aqui investigadas, não as tomando, simplesmente, na sua dimensão filosófica abstrata ou como modelos paradigmáticos.

No entendimento de que a educação esteve na base de constituição desses projetos – e de que tais projetos foram defendidos por uma intelectualidade que ocupou a cena sociopolítica brasileira para expressar seus desejos, disputas, embates e seus dilemas –, este livro, tomado no seu conjunto, permite-nos compreender um país cuja preocupação constante com "A hora atual do mundo" mobilizou sujeitos que, a despeito dos itinerários distintos e plurais, engajaram-se, seja por meio da ocupação de cargos públicos, da utilização da impressa periódica, ou da produção de livros, manuais, teses ou dissertações, em torno da construção de um entendimento e de uma projeção do que seria um Brasil moderno cujo ideário de modernidade mirava as nações europeias e a norte-americana.

Nesse sentido, ao folhear as páginas deste livro, sem necessariamente preocupar-se em ler os textos um após o outro, o(a) leitor(a) encontrará estudos sobre intelectuais que fizeram circular projetos, saberes, crenças e valores que em muito colaboraram para a configuração e a visibilidade da cultura brasileira, como é o caso de Tobias Barreto, mentor do movimento intelectual filosófico denominado Escola do Recife e, consequentemente, representante de boa parte dos intelectuais nordestinos a essa "Escola" vinculados. No texto, "O moderno Tobias Barreto de Menezes no Brasil império", Raylane Andreza Dias Navarro Barreto mobiliza os conceitos de repertório e intelectual para mergulhar nos discursos do poeta, filósofo e jurista, evidenciando o curso de construção do pensamento social e do espaço público brasileiro, de maneira geral, e da educação, em particular. Nos debates em torno do projeto de lei intitulado paternogógio, e, ainda, em parte de sua obra, organizada em dez volumes, sobressai um intelectual fortemente engajado na defesa da educação superior feminina, contrariando a tradição, os costumes locais e os argumentos científicos, utilizados como bandeira de luta em prol da preservação dos lugares destinados ao homem e à mulher brasileiros. Raylane percorre as obras de Tobias Barreto, vasculha os seus discursos, atenta aos comentários de seus críticos, não se esquecendo de perceber a ambiência cultural e as sociabilidades advindas dos contatos que ele manteve, mas, adverte-nos a autora, Tobias fora um personagem controverso, pois alimentou valores morais, criticou até aqueles que a quem admirava, criou laços de amizade e gerou inimigos, escreveu, propôs soluções, defendeu, atacou, mediou, engajou-se, pois tinha plena consciência da "República" que queria, e esta não poderia se constituir sem um projeto de educação para as mulheres. É de Tobias Barreto essa espécie de profecia: "Um dia haverá em que a escola dar-nos-á mães e esposas republicanas e reanimará o vigor dos costumes, sem os quais não pode existir um povo verdadeiramente grande" (BARRETO, 2012b, p. 112) .

Na esteira da defesa da educação feminina, Marcília Rosa Periotto destaca, em "Projeto de Brasil na imprensa pernambucana: a proposta de Miguel do Sacramento Lopes Gama para a educação das mulheres no século XIX", a forte atuação da imprensa, em especial d'O Carapuceiro (1832-1845), jornal fundado por Lopes Gama em Recife. Marcília ressalta que a imprensa oitocentista, ao sobrepujar o caráter apenas informativo, difundindo ideias e saberes até então restritos a alguns indivíduos, ou a pequenos grupos, alterou a sua natureza passando a exercer uma função educativa, doutrinária e de crítica social e política, superando, assim, os limites apenas da informação. É essa nova imprensa que introduz um eloquente debate, na sociedade de então, concernente à educação da mulher, pautada pela religiosidade e moral, elaborado em meio a disputas entre os grupos políticos hegemônicos e à aspiração crescente por modernização social. No discurso de Lopes Gama, a autora chama a atenção para os interesses cristalizados numa visão de mundo amparada nas tradições católicas, mas, ao mesmo tempo, reveladores da impossibilidade de conter a penetração das práticas copiadas dos estrangeiros no cotidiano social brasileiro.

Os relatórios de presidente de província da Paraíba e, também, a imprensa local oitocentista são fontes de que se servem Matheus da Cruz e Zica e Patrícia Barros de Oliveira, em "Notas a partir da análise do léxico sobre modernidade, gênero e educação mobilizado na Paraíba oitocentista". Num período histórico em que a escrita por meio do jornal era predominantemente masculina, a francesa Amandine Dupin, transitando entre os gêneros masculino e feminino, reveste-se do pseudônimo masculino George Sand para publicar em, duas edições do jornal A Ideia, uma espécie de biografia que, para Matheus e Patrícia, ressalta aspectos de "natureza feminina" e exalta algumas de suas próprias atitudes masculinizadas. Lançando mão de semelhante estratégia, a suíça Cecilia Bohl, sob o pseudônimo de Fernan Caballero, escreve para O Conservador, na mesma época. De acordo com os autores, a partir das imagens escolhidas pela imprensa paraibana, para representar algumas mulheres escritoras, pode-se perceber o quão tênue é a fronteira que separa os gêneros. Nesse sentido, analisar os jornais, em especial as personagens de George Sand e Cecilia Bohl, fê-los perceber não somente o quão impactante foi, para os jornalistas brasileiros, o perfil composto por características que podem ser atribuídas aos gêneros feminino e masculino, mas, sobretudo, como mulheres escritoras tiveram seus trabalhos reconhecidos publicamente. Por certo, algumas qualidades foram exaltadas, mas outras foram omitidas, deixando claro que foi sob o olhar dos homens da imprensa que a pena escreveu a história de Amandine e de Cecília, mulheres que tomaram a palavra para ocupar o espaço público, na Paraíba oitocentista.

Luciano Mendes de Faria Filho e Bruna Marinho Valle Roriz, no texto "O Brasil para argentino ler: aproximações do livro El Brasil Intelectual: impresiones y notas literarias, de Garcia Mérou", publicado em 1900, permitem-nos não somente conhecer um Brasil lido e narrado pelo escritor argentino Martín Garcia Mérou, como também compreender as representações sobre esse país postas a circular mundo afora por meio do livro El Brasil intelectual. Na organização do livro mencionado, que aborda questões referentes ao distanciamento entre brasileiros e argentinos, no que diz respeito à produção intelectual desses dois países, os capítulos são dedicados, respectivamente, ao pensamento de Silvio Romero (1851-1914), José Veríssimo (1857-1916), Alfredo Maria Adriano d'Escragnolle Taunay (Visconde de Taunay) (1843-1889), Assis Brasil (1857-1938), Araripe Júnior (1848-1911), Joaquim Nabuco (1849-1910) e Rui Barbosa (1849-1923). Luciano e Bruna problematizam os recortes e as escolhas feitas pelo escritor, em especial a seleção dos pensadores e pensamentos brasileiros do século XIX, para construir o seu "Brasil intelectual" e questionam o apagamento de Machado de Assis da vida intelectual brasileira sob a ótica de Mérou. Com os olhares voltados para o Norte do país, o diplomata escritor, Garcia Mérou, reconhece a importância dessa região no que toca à origem dos pensadores brasileiros, bem como à localização da raça de "cepa genuinamente brasileira".

Na perspectiva de compreensão do pensamento social expresso, agora, pela literatura brasileira, Solange Aparecida Hoeller, Carolina Ribeiro Cardoso da Silva e Vera Lucia Gaspar da Silva mostram-nos, em "'A hora atual do mundo': Carneiro Leão, Orestes Guimarães e a modernidade educacional no Brasil dos anos de 1920", como o desejo e o esforço de construir uma nação moderna pela via da educação estiveram fortemente evidenciados nas produções literárias do país. Tensionando os pares antinômicos que constituem a noção de moderno, e atentas à polissemia dos conceitos de modernidade, modernização e modernismo, as autores analisam duas obras de educadores que ocuparam espaço na cena pública nesse período: À margem da história da República - Tomo I (1924/1981), organizada por Vicente Licínio Cardoso, com estreitamento para o texto de Antonio de Arruda Carneiro Leão - Os deveres das novas gerações brasileiras; e Sugestões sobre a educação popular no Brasil, de Orestes de Oliveira Guimarães, publicada em 1924, no sentido de compreender os modos como certas narrativas discursivas imbricadas nessas noções foram construindo uma ideia de educação e de modernidade no Brasil dos anos de 1920. Considerados como representativos do "pensamento político e cultural renovado", os textos prestigiados apresentam uma análise quase sempre comparativa entre passado, presente e futuro e suscitam possibilidades de compreensão não apenas do pensamento educacional, mas também do pensamento social dessa década.

O diálogo com as Ciências Sociais, a partir das publicações do intelectual e educador João Roberto Moreira, fez parte do investimento que Leziany Silveira Daniel apresenta-nos em "Educação e Ciências Sociais: discussões do intelectual brasileiro João Roberto Moreira (1912-1967)". Tomando como fontes a revista Estudos Educacionais, do Curso Normal do Instituto de Educação de Florianópolis, o livro Os Sistemas Ideais de Educação, de 1945, e os discursos proferidos pelo intelectual, a autora procurar demonstrar como os conhecimentos oriundos das Ciências Sociais na articulação com a Educação foram fundamentais à formulação e implementação de políticas de Estado, imbuídas de projetos de modernização da sociedade. Atuando em órgãos como o Instituto Nacional de Estudos Pedagógicos (INEP) e o Centro Brasileiro de Pesquisas Educacionais (CBPE), no Brasil, João Roberto Moreira contribuiu com os debates sobre o campo da Educação e, em especial, sobre a concepção da Pedagogia como ciência elegendo a Sociologia como campo de estudos privilegiado para se pensar a relação entre a Educação e a sociedade, num momento em que se intensificava o processo de profissionalização e de racionalização da esfera educacional.

No plano da política de escolarização, Rita Cristina Lima Lages, em "O outro como modelo, exemplo ou lição: nações estrangeiras e a instrução pública em Minas Gerais no século XIX", mobiliza como fontes os relatórios de presidentes de província e a imprensa periódica para analisar as experiências dos países estrangeiros que inspiraram a elaboração de propostas para o ensino público da Província de Minas

Gerais. A autora explora conceitos como circulação; apropriação e mediadores culturais, evidenciando o papel dos Presidentes mineiros como mediadores culturais – ou passeurs culturels, entendidos como "os sujeitos que se deslocaram para esse mundo recém-descoberto e que estabeleceram relações entre os dois mundos; que promoveram a circulação de ideias, projetos, costumes, hábitos, crenças, valores etc.". Rita Lages enfatiza a necessidade de se levar em conta a mobilidade do mediador, bem como seu pertencimento a redes de sociabilidade como fatores que potencializam e efetivam a transmissão e a circulação da cultura apropriada. O movimento dos presidentes deu-se no sentido de instituir estratégias que pudessem colocar a Província mineira, por meio do exercício da instrução pública, no rol das nações tidas como civilizadas, como os Estados Unidos, a França, a Inglaterra, a Alemanha (Prússia) e a Holanda.

Adentrando na seara da temática do trabalho e da educação, Vera Lúcia Nogueira apresenta seu estudo, em "Instrução e educação do trabalhador no ideário educativo modernizador do Estado de Minas Gerais (1892-1920)". Considerando as relações entre instrução, educação e modernização, a autora analisa os discursos proferidos pelos presidentes e legisladores mineiros, buscando apreender os elementos constitutivos desse ideário e, a partir do repertório mobilizado, compreender os possíveis sentidos atribuídos às reformas do ensino público, bem como os seus desdobramentos na instrução e na formação dos trabalhadores. Para tanto, Vera Nogueira toma como fontes as mensagens presidenciais e os anais do Congresso Mineiro, consideradas como locus privilegiado de materialização do discurso político de construção dos projetos de república. Também atenta à polissemia das palavras, a autora demonstra como a educação fez parte das ações modernizadoras realizadas pelo Estado de Minas Gerais ao lado, por exemplo, da reforma urbana que se traduziu na construção da capital, dos investimentos em infraestrutura, como construção de pontes, de estradas de ferro etc. Os presidentes da Província, além de compartilharem um espaço comum de sociabilidades e de formação intelectual eram, em sua maioria, bacharéis em direito. Em síntese, Vera Nogueira destaca que a educação foi assumida pelas elites intelectual e política como parte do ideário modernizador republicano que traduzia no ensino os anseios de uma sociedade que se formava e que aspirava a ser democrática, moderna. Nesse sentido, modernidade e cidadania entrecruzavam-se nos debates relativos à política de educação do novo regime.

Também atentos aos processos de modernização no país, Henrique de Oliveira Fonseca e Bruno Geraldo Alves, em "Ideários de modernização e suas confluências:

concepções de educação rural em Minas Gerais e São Paulo (1930-1940)", analisam concepções e propostas para a educação rural utilizando como fontes dois periódicos: a Revista do Professor (1934-1939), de São Paulo, considerada um dos principais veículos de disseminação das concepções ruralistas de Sud Mennucci, e a Revista da Produção (1937-1942), porta-voz da Secretaria da Agricultura, Indústria, Comércio e Trabalho de Minas Gerais e apoiadora da política centralizadora e intervencionista da ditadura do Estado Novo. Em São Paulo, acompanham o movimento de ruralização do ensino conduzido pelo professor Mennucci (1892-1948) e, em Minas, a ênfase é no projeto da Fazenda Escola de Florestal. Esse texto, entre outras contribuições, ilumina a compreensão acerca do processo de construção das concepções desqualificadoras e imagens idealizadas do rural e daqueles que nele habitam, bem como do projeto de modernização do campo pela via da educação.

Deixando o campo e a educação rural, mas transitando numa mesma temporalidade histórica, temos, com Caroline Maria Ferreira Drummond e Marcus Aurelio Taborda de Oliveira, um estudo sobre a produção de novas sensibilidades promovidas pelo trabalho industrial, apresentado em "A formação do trabalhador no jornal O Operário, de Montes Claros (1932-1945): A produção de novas sensibilidades 'sem classes'". Ao tomar como fonte a imprensa periódica, considerada pelos autores como um meio privilegiado de difusão das estratégias formativas dos trabalhadores, problematizam e ponderam sobre o que significa ser trabalhador na acepção desse jornal. No texto, Caroline e Taborda apontam retóricas que defendiam o trabalho como princípio básico da sociedade, bem como uma classe unida formada por trabalhadores de moral cristã e patrióticos. Eles também nos mostram como o jornal refutava qualquer agitação e tendência revolucionária, fazendo circular um discurso de união entre as classes em defesa da ordem, do progresso, da pátria e do bem comum. Por fim, os autores enfatizam o potencial que a pesquisa com impressos oferece para o entendimento da relação entre imaginários políticos, trajetórias formativas e educação das sensibilidades.

Na busca da compreensão das noções de moderno e de modernidade, nas teses de direito natural e nas dissertações dos bacharéis brasileiros, o trio de autores, Daniel Luiz Santos Meneses, Gustavo dos Santos e Ilka Miglio de Mesquita, debruçou-se sobre a produção dos doutorandos da Faculdade de Direito de São Paulo, no final dos anos de 1850 a 1880. No texto, intitulado "Repertórios de cultura jurídica da Academia de Direito de São Paulo no século XIX: moderno e modernidade?", os autores não somente avançam na compreensão de tais noções, como também possibilitam acompanhar o movimento de configuração de uma cultura jurídica, no país, ao destacarem e analisarem os indicadores linguísticos que evidenciam as pregnâncias jusfilosóficas que circulavam no universo acadêmico do Direito na segunda metade do século XIX. Para os autores, a cultura jurídica que ali se originou mobilizou repertórios para contrapor indicadores das ciências jurídicas moderna, reafirmando conceitos carregados de concepções escolásticas.

Finalizando este livro, Marcus Vinicius Corrêa Carvalho examina os alicerces do ideário de civilização azevediana em "A poesia do corpo: civilidade, estética e educação moderna na concepção de ginástica escolar de Fernando de Azevedo". O autor reafirma as polissemias e pregnâncias dos termos moderno, modernidade e modernização, problematizando os elementos constitutivos da emergência da civilidade e os debates formais da estética moderna que se fazem presentes nessa obra, com destaque para concepções de pedagogia moderna, caráter e organismo nacional. A ênfase de Marcus Carvalho incide, assim, nas proposições de educação do corpo que, por meio da ginástica escolar, tencionava a formação do homem moderno. Ao explorar as noções de civilidade, estética e ética, presentes na Arte e na Cultura de Corte, o autor problematiza as noções de moderno e de modernidade em sua história conceitual e explicita a percepção azevediana de "educação moderna".

Com esses estudos e abordagens, este livro tem uma função que vai além de compor uma série de textos que, de uma maneira ou de outra, têm o moderno, a modernidade e a modernização como objeto de suas análises e/ou conceitos que podem ser operados. Ele reúne pesquisadores(as) que se dedicaram, por meio de suas investigações, a compreender fenômenos que dão a ver páginas específicas da história da educação brasileira e que hoje podem ser lidas graças ao Programa de Pesquisa que os alicerça. Por certo, não fosse o estabelecimento de protocolos, em comum, a serem seguidos, bem como os objetivos perseguidos por cada um dos autores que registraram suas análises e interpretações neste livro, a história dada a ler seria outra, como, aliás, é comum acontecer quando pesquisas independentes são realizadas. Nesse sentido, o Programa de Pesquisa – Moderno, modernidade, modernização: a educação nos projetos de Brasil – séc. XIX e XX – conclui mais uma de suas metas, demonstrando como um Programa pode congregar pesquisadores(as) de distintas regiões e instituições do país em prol da produção do conhecimento histórico. O que queremos com esse Programa de Pesquisa é fazer avançar a elaboração de uma teoria sobre o lugar da educação e da intelectualidade brasileira na construção da esfera pública, bem como produzir entendimentos sobre as noções de moderno, modernidade e modernização, presentes nos projetos de Brasil.

Essa intenção de avanço teórico torna-se cada vez mais evidente na medida em que os(as) pesquisadores(as), envolvidos com o propósito de realçar o papel da educação na construção do pensamento social e político brasileiro, trazem-nos pontos de vista, propostas, experiências, ideias, narrativas discursivas e sensibilidades, de personagens – provenientes de segmentos sociais diversos, detentores de preparo científico e saberes diferenciados, muitos trazidos ao debate por intermédio de redes de relações sociais distintas – que ocuparam o lugar de produção da história da educação e, bem assim, da história de nosso país. O que fica evidente, com isso, é a capacidade inventiva desses sujeitos ao idealizarem e concretizarem suas ações no espaço público construindo, dessa forma, um lugar para sua fala e fazendo circular saberes que cada um, de modo particular, produziu ao idealizar projetos de nação que concebiam a escolarização como recurso civilizatório – um meio eficaz de promover a superação de hábitos, linguagens, costumes e comportamentos considerados inadequados, arcaicos, inferiorizados em relação aos modelos europeu e americano. Nesse sentido, dar a conhecer os projetos de Brasil subjacentes aos projetos de educação, seus idealizadores, bem como os seus meios e fins, adentrando pelos jogos e articulações políticas, pelas ideias, argumentos, conceitos e noções arregimentadas em prol de um diagrama que tivesse por escopo um Brasil moderno, foi/é/será o que propulsiona os membros do Programa de Pesquisa Moderno, Modernidade e Modernização.

As organizadoras

O moderno Tobias Barreto de Menezes no Brasil Império

Raylane Andreza Dias Navarro Barreto

> *Todo homem tem a sua mania; e é infeliz aquele que não a tem; a minha mania, senhores, é pensar que grande parte, se não a maior parte dos nossos males, vem exatamente da falta de cultura intelectual do sexo feminino.* (BARRETO, 2012c, p. 175)

O que aqui serve de epígrafe foi pronunciado, em nome da modernização da educação no império brasileiro, por Tobias Barreto de Menezes no ano de 1878, na condição de Deputado da Assembleia Provincial de Pernambuco, quando defendia veementemente o Projeto nº 61 de autoria do também deputado Barão de Nazaré. O projeto que estava em terceira discussão objetivava a autorização da província a subvencionar, com a mensalidade de 100$000, a jovem Josefa Agueda Felisbela de Oliveira, para ir estudar medicina nos Estados Unidos ou na Suíça. Foram muitos os argumentos utilizados por Tobias tendo em vista a autorização não somente dela, mas também de uma ex-aluna sua de nome Maria Amélia Florentino. O principal oponente ao projeto e, consequentemente, à ideia de educação superior para a mulher era o médico e deputado Malaquias Antônio Gonçalves (Dr. Malaquias). Este foi veementemente contra tal investida por parte da Província e buscou, na tradição, nos costumes locais e na Fisiologia, a bandeira de luta em prol da preservação dos lugares destinados ao homem e à mulher brasileiros.

Nas defesas de um e outro deputado, bem como no projeto de lei intitulado paternogógio, de autoria de Tobias Barreto, um ano depois, e ainda, em parte de sua obra, organizada em 10 volumes, podem-se perceber as ideias correntes, bem como os repertórios mobilizados em prol de suas defesas, de modo que ao analisá-los é possível perceber como estava se construindo o pensamento social e o espaço público brasileiro, de uma maneira geral, e a educação em particular. Nesse sentido, ponderar as sociabilidades, a ambiência cultural, as interlocuções e as tensões presentes nos debates em que participou Tobias Barreto de Menezes faz-se condição *sine qua non* para alcançar tais objetivos, tendo em vista ter sido ele o mentor intelectual do movimento filosófico denominado Escola do Recife e, consequentemente, representante de boa parte dos intelectuais nordestinos a esta "Escola" vinculados.

Tal movimento passou por quatro fases, a saber: a rejeição ao ecletismo espiritualista em prol do positivismo e do darwinismo, e, segundo Paim (s./d.), do materialismo por meio de Silvio Romero (1860-1875), principal seguidor de Tobias Barreto; o rompimento com o positivismo tendo em vista a criação de uma doutrina nova (1875-1885); o enfrentamento simultâneo ao positivismo e ao espiritualismo por intermédio de publicações (1885 até início do século XX) e a fase em que o culturalismo filosófico dá lugar ao culturalismo sociológico (início do século XX até o fim da 2ª guerra mundial). Na visão de Carvalho (2000), é da insatisfação com o que estava acontecendo no Sudeste em termos de interpretação da realidade brasileira que irão Tobias, Silvio e seus "discípulos" vincular-se ao culturalismo. Isso para pensar a nação a partir da sua plurietnia, enfocando índios e negros "escondidos" sob o signo do liberalismo europeu.

Sobre os ciclos da Escola do Recife, assim analisou o filósofo e estudioso das ideias filosóficas, no país, Antônio Paim:

> Nos primórdios de seu surgimento, aqueles pensadores — que vieram a constituir o movimento que passaria à história com o nome de Escola do Recife — aspiravam a uma reforma total na ideologia dominante. Com sua crítica desejavam demolir não apenas o ecletismo e desalojar velhas doutrinas das escolas jurídicas. Sonhavam também, de certo modo, com a reforma dos costumes políticos. Nessa esfera é que a sua impotência se manifestaria desde logo. Tiveram mesmo que reduzir o seu raio de ação, refugiar-se, primeiro na filosofia e no direito, para acabar — os que sobreviveram até o período que se seguiu à primeira guerra mundial — circunscritos à esfera jurídica. Mas, o que realizaram no sentido de radicar no País um pensamento filosófico e por dar base científica ao estudo da sociedade e das suas relações jurídicas basta para situá-los como um ponto alto no processo de evolução de nosso povo e da constituição de sua cultura. (PAIM, [s./d.], p. 3)

Das quatro fases/ciclos da referida Escola/Movimento Tobias esteve nas três primeiras. E é justamente por ela, pelos produtos dela derivados, que se pode retraçar a coerência de seu pensamento. Isso porque, por meio das fases da "Escola", pode-se perceber, mesmo analisando-a, *grosso modo*, as rejeições e os reconhecimentos das ideias e teorias que compuseram o seu capital cultural. De modo que é possível destacar as obras e os caminhos que o conduziram a ultrapassar as barreiras socioeconômicas, revelando, para além de uma trajetória intelectual bem-sucedida e "os sentidos de uma vida" (DOSSE *apud* SILVA, 2003, p. 21), uma possibilidade de estudo em que a volta do indivíduo, da ação e dos fenômenos intencionais são o objeto, em detrimento dos grandes sistemas totalizantes, baseando-se para tanto no paradigma intelectual pragmático e interpretativo (SILVA, 2003, p. 20).

TOBIAS E SEU *LOCUS* DE ATUAÇÃO

Tobias Barreto, sergipano da Vila de Campos, nasceu em 1839, no mesmo ano que o alagoano Aureliano Cândido Tavares Bastos, com quem figura entre os patronos da Academia Brasileira de Letras, e do fundador da cadeira de número 23, o fluminense Joaquim Maria Machado de Assis, o que os coloca na mesma geração. Embora, historicamente, como nos alerta Silva (2003), viver no mesmo espaço temporal e ter a mesma idade não significa que se tenha a mesma experiência de vida e forma de pensar, logo, como ratifica Anne Kriegel, "[...] uma geração só se encontra constituída quando, retrospectivamente, se estabelece um sistema de referências aceitas como sistema de identificação coletiva" (KRIEGEL, 1979, p. 390 *apud* SILVA, 2003, p. 24). Nesse sentido, o tempo de Tobias Barreto, Machado de Assis e Tavares Bastos, como ficaram conhecidos, foi marcado por um Brasil imperial, escravocrata, de ideias eminentemente religiosas e onde também circulavam ideias estrangeiras a exemplo das francesas, o que de certa forma despertava uma visão crítica da realidade de então.

Esse Brasil foi o lugar deles. Como também foi o do mineiro Joaquim Feliciano dos Santos, que, assim como Tobias e Tavares Bastos, enveredou pela política a fim de criticar a escravidão, marcar posição liberal e criticar a monarquia, e do paranaense José Francisco da Rocha Pombo (1857-1933), que, da mesma forma que Tobias, criou jornais com a intenção de reverberar suas ideias que, por vezes, destoavam de boa parte dos intelectuais positivistas. Tais homens e com eles muitos outros desse mesmo tempo histórico trataram de assuntos que remontam a uma organização da sociedade brasileira em aspectos basilares, a exemplo da política, da economia, da cultura e da educação. No caso de Tobias, mais do que pela obra, ele é lembrado, sobretudo, pelos seus discursos e pelo concurso que fez e com o qual entrou na história das ideias brasileiras por defender teses "modernas" e que retumbaram no espaço público brasileiro.

Foi nesse concurso, em 1882, 7 anos antes de sua morte, que Tobias defendeu veementemente 51 ideias/teses que ao longo de sua vida e de suas leituras fora construindo. Três delas são mais significativas a este artigo: na área do Direito Natural, a de que o direito não é uma entidade metafísica, mas uma disciplina de forças sociais, o "princípio da seleção legal na luta pela existência"; a outra, na área do Direito Público, em que ele acentua que o ensino deveria ser gratuito e obrigatório, e por último, na área do Direito Civil, a de que "a incapacidade jurídica da mulher casada, posto que relativa, como é próprio o poder marital, seu associado lógico, já não tem fundamento acomodado à razão hodierna; o fundamento histórico em que ela ainda se apoia é um errôneo modo de compreender e salvaguardar os interesses da família e da sociedade" (BARRETO, 2012a, p. 60).

Estava Tobias, assim, a defender o que considerava moderno, certo, justo e condizente com o seu tempo, embora ponderasse que o espaço, necessariamente, não. Pensava ele que o Brasil, sob a influência do catolicismo e do positivismo, não deixava margem para que outras ideias se configurassem e servissem, senão de base para a interpretação da realidade, como um elemento importante que deveria ser considerado em sua formação. Estava ele referindo-se às ideias alemãs, sobre as quais dedicou a maior parte de seus estudos, sem, contudo, deixar de se ater às francesas, às inglesas, às portuguesas, às dinamarquesas, entre outras que compuseram o seu repertório que abarcava desde a filosofia à política, passando pela literatura e, sobretudo, pelo direito.

Assim como Tavares Bastos e Machado de Assis, Tobias Barreto figura no cenário nacional como homem de letras e que, tal qual outros membros de famílias humildes, conseguiu, por meio dos estudos, ascender mentalmente. Aos 12 anos, já alfabetizado, inicia seus estudos de Latim, concluindo-o aos 15 anos, quando presta concurso para substituto de Gramática Latina, podendo ser nomeado para qualquer parte da província, mas não foi. Aos 18 anos presta novo concurso, desta feita para professor da mesma cadeira, mas para a cidade de Itabaiana, onde passa a ensinar até 1859, quando consegue licença e subvenção para estudar o curso jurídico fora de Sergipe. Antes de decidir pela Faculdade de Direito de Sergipe, ele, aos 22 anos, matriculou-se no Seminário Católico da Bahia, de onde saiu por discordar das ideias ali ensinadas.

No ano de 1862 segue para Recife, onde teve uma vida agitada social e culturalmente. Presta concursos, mas não assume, pois fora preterido, mas segue na vida, estudando, ministrando aulas particulares e escrevendo para os periódicos: *Ensaio Literário* e o *Futuro*, em 1864; *O Acadêmico*, em 1865; *A Luta*, em 1866; *Revista Ilustrada*, em 1866, *A Luta*, em 1867; *A Regeneração*, em 1868; o *Vesúvio* e o *Correio Pernambucano*, em 1869; *O Americano*, *A Crença* e *O Liberal*, em 1870, *O Movimento*, *A Província* e o *Jornal do Commércio*, em 1872; *Escola*, em 1874; *O Tempo*, em 1875; *O Século*, em 1878; *Correio da Noite*, em 1879; *A Lira*, em 1881; *A Estação Lírica*, em 1882; *Homenagem a Carlos Gomes* – número único – e *A Tribuna*, em 1882; *O Sahara*, *O Industrial* e *Folha do Norte*, em 1883; *A Arte Dramática*, em 1884; *Revista das Artes*, em 1885; *A Academia de Homens e Letras*, em 1888, além do *Diário de Pernambuco*, para o qual contribuiu em várias épocas (BARRETO, 1994). Em tais periódicos, Tobias inicia sua rede de relações não somente com os editores, mas com seu púbico leitor, este não necessariamente homogêneo e concordante.

Formou-se no ano de 1869, mesmo ano em que se casa com Grata Mafalda e, em 1871, vai residir na pequena cidade de Escada. Foi em Escada, sobretudo, que ele construiu e deixou aflorar todas as suas ideias acerca da religião, da filosofia e do direito, para além da crítica política social, tendo, nessas áreas, contribuições significativas. Nesse sentido, em Escada, montou uma tipografia e criou, editou e fez circular os periódicos: *Um sinal dos Tempos*, em 1874, que teve dez números; *A Comarca da Escada* e o *Der Deutscher Kaempfer*, em 1875, de ambos saíram cinco números; *O Desabuso* e *Aqui para Nós*, também de 1875, o primeiro com três números e o segundo com cinco; *O Povo de Escada* e/ou o *Escadense*, em 1876, que contou com duas edições; *A Igualdade*, de 1877, com apenas um número. Volta para Recife na condição de Deputado Provincial em 1878, com 39 anos, cujo mandato, pelo partido Liberal, termina em 1879, pois não consegue se reeleger. Nesse mesmo ano produz o jornal *Contra a Hipocrisia*, do qual saíram 16 edições. Em 1880 ele edita o periódico *Estudos Alemães*, e, em 1881, *O Martelo*.[1] Em tais periódicos ele ecoa suas análises mais maduras sobre os mais diversos temas e congrega ainda mais público leitor, exercendo a crítica e produzindo tensões.

[1] A atuação de Tobias Barreto, entretanto, não se limitou aos seus jornais, pois seus artigos também foram publicados em outros jornais pernambucanos.

Embora não se possa atestar a apropriação dos seus conteúdos, pela linguagem utilizada e pelos temas abordados que vão desde a política externa às questões mais específicas da cidade de Escada, ele revela erudição e um vasto repertório mobilizado, principalmente quando se soma àqueles avocados em seus livros e nos jornais anteriormente citados. A título de exemplo e com vistas a compreender as bases do seu pensamento e, consequentemente, de seus projetos que envolvem o Brasil, vale aclarar suas ideias acerca do Direito e da organização da sociedade difundida pelos jornais. Isso porque, na análise de Luiz Antonio Barreto (2012), como escritor de jornais, Tobias "[...] sabia da velocidade da imprensa como vanguarda das novidades transformadoras", daí por que elencou uma vasta gama de autores estrangeiros e os traduziu em linguagem simples e direta para aquele que foi o alvo de suas críticas e esperanças: o povo. Queria ele, com isso, interlocutores.

Como já sinalizado, para Tobias, o Direito era um produto cultural e como tal devia ser entendido, afastando-se por certo dos dogmas do que até então era ensinado como Direito Natural.[2] De forma tão veemente quanto defendeu a ideia do direito como um produto da cultura humana, ele entendeu que o papel da filosofia era a meditação sobre as ciências e que ela tem a crítica ao conhecimento como objeto — não aumenta o saber, mas busca as origens. A noção de liberdade para Tobias talvez seja a mais complexa de se entender, embora muito embasada teoricamente. Contrariando os ideais franceses de "igualdade, liberdade e fraternidade", ele entendeu ser a liberdade algo antitético à igualdade, pois a liberdade opera enquanto princípio, na realidade dos fatos ao expressar-se como direito, bem como um fator gerador de desigualdades, isso porque enquanto a igualdade funciona não como direito, mas como uma tendência objetiva desejada pelos indivíduos, ela retira dos indivíduos a liberdade que lhe é conferida por dotes naturalmente distintos. Assim sendo, um país não pode ter a liberdade como base sem que para isso os mitos em torno do conceito de igualdade sejam desmitificados, quando não desconstruídos.

Tais ideias, aqui por certo muito sumariadas, que figuram na história das ideias brasileiras, em especial a dedicada ao Direito, sinalizam para a importância do sergipano no campo intelectual, mas não se restringem a ele, pois também suas contribuições estão na literatura. Sendo nesta um dos fundadores do condoreirismo,

[2] Sobre isso escreveu acerca do "Fundamento do Direito de Punir" (1881). É de Tobias também o primeiro artigo no Brasil sobre os delitos por omissão, além de artigos sobre codelinquência e faculdades jurísticas.

expressão poética da terceira fase do romantismo, que se dedicou, como temática, às questões sociais. Mas Tobias também figura na História da Educação pela defesa da emancipação feminina por meio da formação superior, como também pela "ideia" do projeto de lei do paternogógio, que criaria, não fossem os impasses na Assembleia provincial de Pernambuco, uma escola superior feminina de modelo alemão em pleno século XIX. Assim sendo, tê-lo na condição de homem de ideias e de ação auxilia, concomitantemente, a perceber o que se pensava no e acerca do espaço público brasileiro, bem assim como se constituía o exercício intelectual do seu tempo.

Nesse sentido, cabe a pergunta: de onde vêm as ideias dos intelectuais? No caso de Tobias, embora seja óbvia a resposta, dadas as suas declarações acerca da sua "germanomania", não é tão simples e precisa. Foram vários os autores citados por Tobias em seus escritos e das mais distintas nacionalidades. A título de exemplo, somente no livro *Estudos Alemães*, ele cita mais de 150 autores das mais diversas nacionalidades. São exemplos o literato português Rabelo da Silva; o também literato português e historiador Alexandre Herculano e seu crítico, o hebraísta francês Edmond Schen; o escritor dinamarquês Georges Brandes, que disse estar a Dinamarca atrasada quando comparada à Alemanha; os alemães Leopold Richt, Immanuel Kant, Spencer, Iering, Hardman e tantos outros de tamanha importância à história das ideias.

Tais autores não são, por certo, todos admirados por Tobias, inclusive alguns alemães. Mas eles são chamados ao contexto em que escreve, ora para ilustrar alguma ideia difundida, ora para serem subjugados por um ponto de vista considerado por Tobias desqualificado; ora para legitimarem alguma "tese" defendida. Nesse sentido, são os alemães que saem na frente em tudo. Não somente nas ideias, mas nos exemplos. Tobias assim juntava-se a Canyle na Inglaterra, a Sanetis na Itália e a Renan na França para disseminar a cultura alemã (MERCADANTE *apud* BARRETO, 2012b).

Paulo Mercadante assim sintetizou a sua relação com o germanismo:

> O germanismo de Tobias confundiu-se com o naturalismo científico e com o movimento neokantiano, de ambos inspirando-se. Não consistiu no culto a filosofia germânica como decorrência da alienação de seu espírito. As críticas frequentemente alcançaram os pensadores alemães, já no combate ao antissemitismo de Von Treitschke, já na crítica ao reacionarismo de

> Adolfo Jullineck, ou na defesa do haeckelismo quando Samper o refutava na Zoologia. Também investiu contra os positivistas alemães, considerando-os tão dogmáticos quanto os franceses, e, em 1887, diante da passividade liberal à pressão conservadora, insurgiu-se contra a própria Alemanha. (MERCADANTE *apud* BARRETO, 2012b, p. 43)

Mercadante também deixa claro que a suposta alienação de Tobias com os alemães é dirimida quando se aprecia sua obra por completo, pois quem o faz tem claro que o que Tobias queria era, uma vez constatado "o estado lastimável dos estudos filosóficos", chamar a atenção para "as tendências do seu tempo". E é justamente na cultura alemã que Tobias busca os exemplos e os autores para defesa de sua ideia de ensino superior para mulheres. Foi no exemplo da judia alemã, a escritora Fanny Lewald, nos escritos do Clemens Nohl sobre a necessidade de educação de homens e mulheres, nas análises do holandês Van der Wyk, quando este afirma que há diferença entre mulher sábia e mulher instruída e que uma nação civilizada necessita é de mulher instruída, que Tobias desbancou o estudo do israelita alemão Adolfo Jullinek, que defendeu a mulher pela ótica da psicologia, deixando-a numa posição privilegiada, mas nem de longe em condições intelectuais de igualdade, fato que contraria Tobias, pois para ele a educação feminina, entendida como aquela que prepara também para o trabalho, era condição *sine qua non* de progresso e modernidade.

Na defesa da educação superior feminina, Tobias deixa claro que pesquisou com afinco acerca da educação da mulher e das suas potencialidades, trazendo à tona vários exemplos de mulheres bem-sucedidas na ciência, a exemplo da russa Nadeschda Suslowa e de Elisabeth Morgan, as primeiras mulheres a formarem-se médicas na Universidade de Zurich. Na defesa, ele mobilizou um repertório contundente que perpassava uma gama de teorias a exemplo da seleção natural de Darwin e da lei da conformação ou adaptação indireta de Ernesto Haeckel, segundo a qual os indivíduos, mesmo da mesma espécie, são diferentes. Ele também demonstrou conhecimento de como a mulher era tratada pelo catolicismo, citando trechos da *Bíblia* em que era subjugada, bem como da fisiologia, anatomia, morfologia, química e biologia e do que nessas ciências estava sendo pesquisado acerca do cérebro e da sua função. A defesa culminou também num elenco de nomes de mulheres que constam na história da filosofia e da ciência, a exemplo de Clobulina, primeira filósofa que viveu na época dos sete sábios; Targélia de Mileto; Aspásia, a mestra de Sócrates; Helena Calderini, que substituía o pai em aulas de Direito na Universidade de Pádua; Ana Morandi Manzolini, professora de Anatomia, bem como várias outras colegas suas na Universidade de Bolonha.

Além dessas mulheres, citou exemplos bem-sucedidos de francesas, italianas, alemãs, norte-americanas, todas com o intuito de afiançar a capacidade intelectiva da mulher, estando esta apta à emancipação civil e social, isso porque a emancipação política ele confessava não querer "por ora". Estava Tobias bem convencido de que a emancipação política só viria depois, quando a emancipação iniciada pela educação e formação profissional desse à mulher o lugar que lhe era devido, ou seja, o do trabalho e da independência. Nessa defesa, vários outros argumentos foram postos em xeque, tanto da parte de Tobias quanto de seu opositor, o Dr. Malaquias, que pela via da fisiologia, sobretudo, ratificava a ideia da inferioridade feminina para os estudos a partir de algumas pesquisas que afirmavam ser o cérebro feminino menor do que o masculino e que, portanto, a mulher era inferior intelectualmente, devendo-se esta se dedicar ao marido e à educação dos filhos. Tais argumentos revelam explicitamente o que era pensado e reverberado em termos educacionais no Nordeste do Brasil.

A VIDA, A CRÍTICA E O DEBATE REVELANDO O MODERNO

Foi no ano de 1881, quando ele já não mais era deputado que, por motivos pessoais e políticos envolvendo a herança do sogro e a alforria de escravos da família, Tobias e a família saíram de Escada rumo a Recife, onde sobreviveu dando aulas particulares até o ano de 1882, quando finalmente passa em concurso público para lente substituto da Faculdade de Direito de Recife. Embora Tobias venha a falecer em 1889, com 50 anos de idade, e tenha passado pouco tempo na condição de professor da referida faculdade, ele tornou-se o grande nome daquela instituição, haja vista até hoje aquela ser considerada "a casa de Tobias", onde figura seu busto e seu legado intelectual.

Embora sua estadia na Província de Pernambuco deva ser considerada, foi apenas nos últimos cinco anos de sua vida que ele comandou as mentes daqueles que, seus alunos, tornaram-se, confessadamente, a partir dele, contribuintes da história jurídica e literária do Brasil, a exemplo, respectivamente de Clóvis Beviláqua, autor do primeiro Código Civil brasileiro, e Silvio Romero, autor da *História da literatura brasileira* e *História da Filosofia no Brasil*. Na faculdade, ele soube agitar. Poeta nato, com uma oratória reconhecidamente atrativa, como afiançou Graça Aranha, um outro seu aluno e que presenciou o concurso que o fez adentrar à Faculdade como Professor. Sobre o concurso revelou:

> O concurso abriu-se como um clarão para os nossos espíritos. A eletricidade da esperança nos inflamava, esperávamos, inconscientes a coisa nova e redentora. Eu saía do martírio, da opressão para a luz, para a vida, para a alegria. Era dos primeiros a chegar ao vasto salão da Faculdade e tomava posição junto à grade, que separava a Congregação da multidão dos estudantes. Imediatamente Tobias Barreto se tornou o nosso favorito. Tobias, mulato desengonçado, entrava sob o delírio das ovações. Era para ele toda a admiração da assistência, mesmo a da emperrada Congregação. O mulato feio, desgracioso, transformava-se na argüição e nos debates do concurso. Os seus olhos flamejavam, da sua boca escancarada, roxa, móvel, saía uma voz maravilhosa, de múltiplos timbres, a sua gesticulação transbordante, porém sempre expressiva e completando o pensamento. O que ele dizia era novo, profundo, sugestivo. Abria uma nova época na inteligência brasileira e nós recolhíamos a nova semente, sem saber como ela frutificaria em nossos espíritos, mas seguros que por ela transformávamos. Esses debates incomparáveis eram pontuados pelas contínuas ovações que fazíamos ao grande revelador. Nada continha o nosso entusiasmo. Tobias Barreto fez a sua prova de preleção oral. O orador atingiu para a minha sensibilidade ao auge da eloqüência. Quando terminou, recebeu a mais grandiosa manifestação dos estudantes, a cujo entusiasmo aderiram os lentes unânimes. Foi então que, tomado de um impulso irreprimível, saltei a grade e por entre as aclamações dos estudantes e diante do assombro da Congregação, atirei-me aos braços de Tobias Barreto, que me recolheu comovido e generoso. "Já é acadêmico?" perguntou-me, admirado da minha pouca idade. "Sim, calouro." Abraçou-me, novamente. "Pois bem, vá a minha casa esta noite." Que deslumbramento! Nunca mais me separei intelectualmente de Tobias Barreto. (GRAÇA ARANHA, 1931, p. 147)

Ainda rememorando sua relação com as ideias de Tobias, revela Aranha, uma vez diplomata, escritor e Membro da Academia Brasileira de Letras:

> São passados mais de quarenta anos desse grande choque mental, e ainda ressinto em mim as suas inefáveis vibrações. Por ele me fiz homem livre.

> Por ele saí dos nevoeiros de uma falsa compreensão do universo e da vida. Por ele afirmei a minha personalidade independente e soberana. A lição de Tobias Barreto foi a de pensar desassombradamente, a de pensar com audácia, a de pensar por si mesmo, emancipado das autoridades e dos cânones. (GRAÇA ARANHA, 1931. p. 147)

Aqui vale ressaltar, a fim de perceber a ambiência cultural e a sociabilidade advindas do contato com Tobias, que Graça Aranha foi diplomata em vários países da Europa e foi conhecedor das tendências vanguardistas, sendo considerado, no Brasil, um pré-modernista e um dos organizadores da Semana de Arte Moderna de 1922. Mas, como que se espelhando no mestre, rompe com a Academia Brasileira de Letras, pois a considera retrógrada e fechada às tendências renovadoras que envolviam a arte, a música e a poesia. É de sua autoria *Espírito moderno*, de 1925. Graça Aranha, tal qual foi o jurista Gumercindo Bessa, opositor de Rui Barbosa à questão do Acre, fez parte da geração de estudantes a qual Tobias mobilizou. Isso porque as ideias que trazia vinham ao encontro da ideia de mudança tão querida pelos estudantes nordestinos. Foi por isso que autores como Comte, Littré, Dubost, Roberty e depois Spencer, Huxley e Haeckel foram ganhando espaço nas suas estantes (BEVILÁQUA, 1989). Na visão de Beviláqua, "Esses guias, porém, se lhes davam uma concepção geral do mundo, eram silenciosos em relação ao Direito, ou mal lhes dedicavam frases parcas e insuficientes. Tobias veio satisfazer-lhes essa necessidade mental, preenchendo a lacuna existente no conjunto das suas ideias" (1898, p. 47).

Sua trajetória pessoal e intelectual, que necessariamente recaí na liderança do grupo de intelectuais da referida Escola do Recife, revela também como um mulato pobre, da menor província do Império, consegue galgar um patamar significativo na hierarquia intelectual, entendida aqui como uma pirâmide que tem por base aqueles pensadores de repercussão local e no topo aqueles cujas ideias extrapolam as barreiras locais e transcendem os limites nacionais. Mas se, por um lado ele arrebanhou adeptos, fossem alunos, editores[3] e/ou leitores, a exemplo do Barão de Tautfeuss, Carvalho Lima Júnior; Artur Orlando, do colega João Vieira que fora influenciado por ele no tocante ao Direito Criminal, por outro ele arregimentou inimigos. Foram muitas

[3] Editores dos jornais, a exemplo de Ulisses Viana, do Recife; bem como os do Rio de Janeiro, São Paulo e Porto Alegre.

as antipatias, a começar pelos colegas José Soriano de Souza, José Higino Duarte Pereira, João Vieira, que de amigo passa a inimigo, Barros Guimarães, Anibal Falcão e Alvares da Costa, todas essas pessoas que de um modo ou de outro Tobias considerava "idiota", "bobo", "medíocre", "asno", "limitado", "imbecil", "miserável", "borrego", "centopeia", entre outros adjetivos. Alguns desses, como foi o caso do seu colega professor José Higino, com o qual estabeleceu uma discussão acerca do *self-government*, revelam o tipo de tensão que Tobias podia causar.

José Higino defendera a tese de "Que é da essência do *self-government* a obrigatoriedade e gratuidade dos cargos públicos, segundo a doutrina de Gneist, ou a autonomia da administração local, segundo a doutrina de Lourez Stein". Tobias, germanófilo confesso, não só o chamou a explicar-se como a provar onde tinha encontrado tal contrassenso, como também revelou um grau de erudição sobre o tema, chegando a humilhar com uma lista de inúmeros teóricos, supostamente lidos, que ao autor citado como base do estudo de Higino, Oscar Gluth, estavam associados, desbancando de público a tradução e a interpretação produzida pelo referido professor. Escreveu Tobias:

> Quando mesmo do trecho de Gluth se depreendesse alguma coisa neste sentido, não vinha nada ao acaso. Porquanto, o que se queria não era o modo de ver de um Gluth, ou de um Glaser, de um Knies, ou de um Freund, de Walcker, ou de um Meyer, e de todos os mais que se têm ocupado de Gneist; mas eram as palavras de Gneist mesmo, formulando aquela doutrina. Isto porém, não fez o Sr. Dr. Higino. (BARRETO, 2012a, p. 185)

Defesas e contra-ataques foram lançados, mas a cada um deles Tobias revelava-se ainda mais conhecedor de temas que compunham os repertórios nacional e internacional. Foi assim com José Higino, foi assim com vários outros que de certo estimulavam a Tobias leituras, análises e interpretações cada vez mais elaboradas. Também alguns tentaram tirar-lhe os créditos, como foi o caso dos padres maranhenses Raimundo Alves da Fonseca e João Tolentino Guedelha Mourão, bem como do Poeta Euclides Faria (Lourenço Gomes Furtado), que, embora não assinassem, a história já os revelou como autores dos artigos publicados no jornal católico *A Civilização*, de 1883. Nele, são tecidos vários tipos de críticas a Tobias e entre elas está: "Parece-nos que o Dr. Tobias Barreto tem algum talento, mas talento em desordem, sem método seguro, sem princípios conhecidos ou provados. Esse defeito nele é tão profundo, que nunca conseguirá publicar trabalho sério. Desde suas composições poéticas revela-se essa imperfeição mental" (*apud* BARRETO, 2012c, p. 181).

Respostas foram dadas no jornal *O Paiz* do Maranhão e que, mais uma vez, demonstram o quanto Tobias estimulava-se com as provocações e o quanto elas lhe renderam leituras e argumentos embasados em teorias modernas difundidas em todo o mundo. Nesse caso, foram 27 artigos por parte de Tobias, todos eles contrapondo as críticas expostas no *A Civilização*. A tensão produzida, nesse caso, deveu-se a um discurso de Tobias para os formandos da Faculdade de Direito de Recife (FDR) no ano de 1883. Nele, Tobias expõe suas ideias acerca do Direito e da Filosofia, deixando claro o quanto a Igreja Católica contribuía negativamente com a educação e a cultura, para além da liberdade de expressão. Assim como os padres maranhenses, já haviam reagido a Tobias vários outros. E, ao passo que as tensões eram produzidas, uma ambiência cultural distinta daquela até então se delineava. Dessa feita com interlocuções díspares, antitéticas, revelando para os leitores, em especial dos jornais, distintas formas de conceber a realidade.

Com o agenciamento do germanismo, Tobias dava ao leitor a opção de um *locus* privilegiado dos fatos analisados. Foram temas, entre vários outros, por ele abordados: teologia, protestantismo, astronomia, botânica, assuntos do direito e da administração pública, o poder moderador, reforma constitucional, crítica ao imperador, política externa, sobre o que seria direito autoral, além daqueles eminentemente ligados à cultura alemã, a exemplo do que pensavam os teóricos já citados acerca do monismo filosófico, da indústria, da literatura, da filosofia, da política, da cultura, da educação e tudo mais que envolvesse a Alemanha e que chegasse ao seu conhecimento. Conhecimento esse produzido pela leitura de almanaques, revistas, jornais e dos seus cerca de 200 títulos em alemão, e que, por sua vez, recai na educação e no trabalho da mulher. Sendo cada um desses temas motivadores de intensos debates na imprensa nordestina e, por vezes, na Corte do país, mediante a reprodução de seus artigos, por Silvio Romero, que, desde o final da década de 1870, estava instalado no Rio de Janeiro, onde atuava ora como juiz, ora como professor do Colégio Pedro II, além de escritor.

Em especial nos artigos "A alma da mulher", "A mulher e o amor" e "As flores perante a indústria", pode-se perceber não somente a filiação de Tobias ao germanismo, como o que queria com a criação do paternogógio, em 1879, e a educação superior da mulher. Suas inspirações para o paternogógio, como ele mesmo revelou, estavam em Johann Henrich Pestalozzi (1746-1827), Friedrich Frobel (1782-1852) e Friedrich Adolph Diesterweg (1790-1856). Todos envolvidos em uma espécie de Pedagogia Social e sem distinção de gênero. Pestalozzi, conhecido pela teoria do desenvolvimento,[4] autor de "Leonardo e Gertrudes", que elege a mulher como principal educador, propõe, tal qual Rousseau, uma educação pela imitação da natureza, mas sendo a família o elemento central na educação da criança do povo. Tal educação familiar deveria ser reproduzida/imitada pela educação pública, pois "[...] a segunda só tem valor para a humanidade se imitar a primeira" (1996, p. 144).

Froebel, seguidor de Pestalozzi, e conhecido por ser o criador dos jardins de infância, centra as suas ideias acerca da educação nos princípios da liberdade e da atividade. Escreveu, em 1826, *A educação do homem*, em que expressa sua teoria que vai de encontro à ideia de que o homem é receptivo e depositário, concebendo o ser humano, respeitando as etapas pelas quais passa,[5] como dinâmico, produtivo e possuidor de uma força autogeradora. Quanto a Diesterweg, este foi o primeiro a falar de uma pedagogia social, não como a que temos hoje, mas que articulasse a educação à vida social e que tivesse por princípio a educação do povo, esta, por sua vez, pautada pelos conhecimentos da História, da Política e das Ciências Naturais. Diesterweg defendeu também a independência da escola da Igreja, bem como que ela fosse pública.

Nesse sentido, tanto as ideias de Pestalozzi e Froebel quanto as de Diesterweg embasaram a ideia do paternogógio na medida em que, para Tobias, já era tempo de "[...] compreendermos que o belo sexo em Pernambuco, bem como no Brasil inteiro, tem o direito a maior soma de instrução do que lhe tem sido até hoje fornecida pelos poderes públicos. A escassa instrução elementar [...] que a província proporciona às suas filhas não satisfaz [...] as exigências da época" (BARRETO, 2012, p. 207). Tais exigências, por sua vez, recaíam numa educação superior feminina, pública e útil, fugindo, assim, da "esterilidade" característica da educação até então ministrada às mulheres.

No artigo "A alma da mulher", feito em dois tempos, em 1874 e 1881, Tobias contrapõe-se ao alemão israelita Adolfo Jullinek, que, no Ginásio de Viena, produz uma conferência sobre o que Tobias denominou de "ensaio sobre a ginecologia bíblica". Embora ele diga ser o rabino acima da média do senso comum, tem-no como óbvio e bitolado pela ideia de que a mulher deve ter seu papel de destaque na família

[4] Fundamentou a educação no desenvolvimento orgânico e não na transmissão de ideias. Para ele a educação deveria ter como primeiro passo o despertar dos sentimentos religiosos, mesmo antes de a criança conhecer as palavras e os símbolos.

[5] As fases vão desde a infância à idade adulta.

e este ser considerado digno, mas que a tem mais como um ser frágil, receptivo e sensível do que forte, produtivo e inteligente. A existência de tais predicados, para Tobias, não a impossibilitava de uma adaptação superior em que, uma vez fornecidos os meios e as condições, ela pudesse ascender intelectual e profissionalmente.

Evocando conhecimentos de biologia, botânica, zoologia, astronomia, antropologia, física, além de mitologia, Tobias destitui a visão romântica, poética e retórica tão comuns àqueles que, quando muito, enalteciam e/ou qualificavam a mulher, baseando-se para isso em suas características femininas. Tobias acusou os brasileiros, a partir de H. Klencke, de numa "fotofobia intelectual", pois estes tinham medo da luz e da claridade e por isso resistiam a educar o "belo sexo" (BARRETO, 2012b, p. 68). A partir dos escritores Josefina Freitag, Eduard von Hartman, Schopenhauer e H. Holtzerndorff, ele argumenta que a educação até então ministrada à mulher era uma "instrução sistemática da vaidade", portanto, estéril.

Foi em nome da educação superior feminina que Tobias também chamou ao argumento autores como o alemão Clemens Hohl, que disserta favoravelmente sobre a educação ser ministrada a ambos os sexos, e os exemplos da escritora e romancista Judia Fanny Lewald e das escritoras feministas Betty Paoli (Barbara Elisabeth), Mariana Hainisch, Augusta von Litrow, Joana Leitenberger e Josefina Wetheimstein. Todas reconhecias no cenário intelectual do seu tempo.

No artigo "A mulher e o amor", o autor, em forma de diálogo entre Lísis, Terpandro, Memnon e Diófilo, para além de revelar seu dote literário, conduz o diálogo de forma a demonstrar as etapas históricas pelas quais passou a visão acerca da mulher e, por isso, trata do amor, da virgindade, da religiosidade, entre outros aspectos. Chega ao ápice quando por meio da fala de Diófilo expressa:

> Todo o mal vem de que a mulher tende a subir e o homem só quer descer, todo mal vem de que os legisladores, os políticos, os filósofos, mesmo no egoísmo de suas meditações, se esquecem dela, quando dela só se lembram os poetas que não fazem lei, os poetas que não criam doutrina, os poetas que não governam o mundo [...]. Faz-se ainda necessária uma revolução que proclame os direitos da mulher; ela que já teve tão pouco apreço, que era avaliada por uma cabeça de animal, tempo há de vir em que há de valer tanto quanto a cabeça de um gênio. (BARRETO, 2012b, p. 128)

No artigo "As flores perante a indústria", Tobias deu mostra de que buscava uma saída para a "educação estéril" que estava sendo ministrada à mulher. Como argumento para que as mulheres se profissionalizassem e assim contribuíssem com a economia do país, ele contrapõe o antigo e o moderno e faz alusão aos benefícios deste em detrimento daquele. Nesse artigo a filiação de Tobias à modernidade é explícita. Ao chamar para compor a narrativa a escritora alemã Gayette Georgens, ele sinaliza como alternativa de trabalho para as mulheres o cultivo das flores, a jardinagem, mas não como algo bucólico e como sinônimo de trabalho leve e, portanto feminino, mas como meio de ascensão e independência econômica. Baseava-se para isso no fato de que "há uma coisa melhor do que aspirar inutilmente uma bela flor, ou vê-la inutilmente murchar nos cabelos de uma mulher — é vendê-la por um bom preço". Ele ainda dá alternativas de negócio quando expõe: "Quem a compra? O perfumista, ou outro qualquer que saiba pôr a parte aromática, a parte medicinal, a parte decorativa, e até mesmo a parte simbólica das plantas e das flores a serviço da indústria" (BARRETO, 2012b, p. 194).

Tal cultivo e a concepção da jardinagem, entretanto, como "um digno emprego da atividade humana", tal qual concebido pelo príncipe Herman Pueckler da Rússia, sobre o qual fez estudo em vários jardins, não se daria à revelia de uma preparação, e esta, por sua vez, deveria ser ministrada dentro das instituições de ensino. Nesse sentido, atribui a falta de interesse feminino pelo tema e pela abordagem às escolas que não lhes ensinam o potencial de tal empreitada. No artigo, ele também associa a essa educação para o trabalho os exercícios físicos que tal tipo de cultivo proporciona, julgando que "[...] o trabalho dos jardins e o jogo dos movimentos devem ser de tal arte que contribuam para a beleza e a saúde das moças, [de modo que] temos dito tudo que importa a uma perfeita educação" (BARRETO, 2012b, p. 197). Estava Tobias com isso, também se filiando aos exercícios corporais tão requeridos pela educação moderna.

E foi tecendo argumentos em prol da modernização das ideias e ações brasileiras a partir da cultura alemã que Tobias articulou uma rede da qual faziam parte os escritores: Wilhelm A. Sellin, de Leipzig; Paul Apflstedt, de Dusseldorf; o botânico Karl Keck, de Berlim; Richard Lesser; Ernest Haynel; Paul Buckow; Robert Schroeder; B. Cramer; Frederico Kuntze; Paul Bachmann, E. Klotz também de Leipzig e membros do Clube dos Cosmófilos. Foi Tobias, inclusive, chamado a fazer parte da comitiva do príncipe alemão Henrich, quando este esteve em Pernambuco. Tobias, inclusive, levou-o a Escada, onde pôde demonstrar àqueles que o haviam chacoteado pela sua germanomania que foi ouvido até pela nobreza alemã, para além daqueles que fizeram parte de sua rede e que o divulgaram, a saber: Alfredo Waldler, de

Leipzig no Gartelenlanhe, nesta mesma cidade há também matéria sua no *Magazin für Literatur*, bem como no *Export de Berlim*, além do *Kölnische Zeitung* (Gazeta da Colônia) do Rio Grande do Sul. Ernesto Häckel dissera que Tobias "parecia pertencer à raça dos grandes pensadores" (BARRETO, 2012b, p. 225).

Ao analisar a trajetória e a obra de Tobias, fica claro quão indissociável estas são da sua ação política, o que não quer dizer que para se entender o(s) sentido(s) dos seus textos basta associá-los ao campo da ação ou a seu contexto, mas também ao seu "exterior", às suas condições pragmáticas, bem como ao trabalho de leitura e interpretação de teóricos produzidos pelo autor. Nesse caminho, entender os sentidos de sua vida e dos seus textos, em especial daqueles dedicados à educação da mulher, desvela não somente a corrente à qual ele se filia, os autores com os quais dialogou e/ ou tencionou, as redes que compôs, bem como o produto que dessa visão de mundo se gerou, mas uma atmosfera que vai além daquela do eixo cultural Sul-Sudeste, que, embora mais notória, não é a única que forma a ambiência cultural do Brasil imperial.

Baseando-se em Croce, Norberto Bobbio (2003) analisa a missão do homem de cultura, que necessariamente está atrelada a sua função política, e, para fugir da antinomia "traidor ou inutilizador", ele reforça a ideia de que há uma força não política, embora esta exista e seja um elemento vivificador das cidades. Sobre essa força que é moral e que deve ser alimentada, ele assim concluiu:

> Na medida em que [o homem de cultura] defende e alimenta valores morais, ninguém pode acusá-lo de ser escravo das paixões partidárias. Porém, ao mesmo tempo, na medida em que adquire consciência bem clara de que estes valores não podem ser desconsiderados por nenhuma república, sua obra de artista e de poeta, de filósofo e de crítico, torna-se eficaz na sociedade da qual é cidadão. Faça-se pois o homem de cultura, conscientemente, sem reservas nem falsos temores, portador dessa força não política: não será nem traidor nem inutilizador. (BOBBIO, 1997, p. 23)

Por certo, Tobias fez-se um homem de cultura, pois alimentou valores morais, criticou até aqueles que admirava, criou laços de amizade e gerou inimigos, escreveu, propôs soluções, defendeu, atacou, criou, mediou, engajou-se, pois tinha plena consciência de que uma "República" não se constituiria sem valores e que esses valores deveriam ser buscados nos bons exemplos que podiam ser encontrados nos livros ao alcance de qualquer um que sobre eles quisesse baixar sua cabeça. Era 1872 quando ele deixou a lápis: "Um dia haverá em que a escola dar-nos-á mães e esposas republicanas e reanimará o vigor dos costumes, sem os quais não pode existir um povo verdadeiramente grande" (BARRETO, 2012b, p. 112).

Considerações finais

Ao considerar a vida, as ideias, alguns dos repertórios mobilizados, as ações e atuação intelectual de Tobias, cabe a pergunta: Até que ponto, no Brasil Império, mobilizar repertórios, incluindo autores nacionais e internacionais, era válido para a "elite letrada" e, consequentemente, força legitimadora das ideias, teorias e modelos que deveriam ser ensinados às gerações em formação?

Para responder a essa questão, faz-se necessário lembrar um fato muito conhecido na Faculdade de Direito do Recife, que repercutiu pelo Brasil afora e que envolve a figura do mais fiel amigo de Tobias, o também jurista sergipano e autor de vários livros, entre os quais *Interpretação filosófica na evolução dos fatos históricos*, tese com a qual foi aprovado no concurso à cadeira de Filosofia do Colégio Pedro II, Silvio Romero. Em 1875, Silvio Romero fora reprovado na defesa de tese para o grau de doutor em Direito. O motivo: a célebre frase que pronunciara no calor das emoções: "a metafísica está morta". A banca, eminentemente imbuída dos ideais católicos, fê-lo abandonar a prova, pois, além de não admitir tal tese, o que segundo Tobias não estava de todo certo, desconhecia completamente o autor em que Romero havia se embasado teoricamente. Tratava-se do alemão Rudolf von Iering de quem não somente Tobias e Silvio tornar-se-iam leitor e adepto, mas toda uma geração que por Tobias fora ensinada, fosse nas salas de aulas da Faculdade de Direito do Recife, fosse nas páginas dos seus livros e artigos.

Tal episódio foi, talvez, o motivo principal pelo qual Tobias não defendera tese. Em sua opinião, além de ser uma coisa à época comum e sem propósito, incitava a pilheria dos assistentes. Afirmou categoricamente: "A pretensão de tão alto grau quase sempre sujeita o pretendente a uma espécie de *retraite* intelectual, onde se esforça por despir-se do seu próprio pensamento a acomodar-se à túnica das ideias oficiais". Ainda segundo ele, "[...] as teses da Faculdade [passaram a ser] um jogo de dominó, cuja ciência consiste sempre no mesmo processo de desmanchar e acertar as mesmas pedrinhas" (BARRETO, 2012a, p. 74-75). Nesse sentido, fica claro qual tipo de situação e ordenamento educacional ocorria no Brasil ou pelo menos em parte dele, ou, em outras palavras, como estava sendo organizado e legitimado o ensino superior no Brasil.

Ao adentrar nessa trajetória e perceber a qual escola de pensamento Tobias se filia e as tensões que ele produziu/participou, fica claro o que interferiu direta e indiretamente na sua visão de mundo e como ele se constituiu um observador de segunda ordem, que, na acepção de Gumbrecht (1988, p.31), tem por principal qualidade a consciência de seu papel de observador do mundo e o fato de suas reflexões estarem atreladas à sua condição particular, de seu lugar no mundo. Tais reflexões, por sua vez, conectam-no à modernidade, uma vez que, segundo o mesmo Gumbrecht, o que caracteriza o início da idade moderna é o confronto entre o sujeito e o mundo de objetos, numa espécie de estranhamento em que o homem os lê e/ou interpreta, decifrando seus elementos como "significantes e dispensando-os como pura materialidade assim que lhes é atribuído um sentido". Desse modo, o homem moderno diferencia-se do homem antigo exatamente quando, interpretando os objetos, revela-se produtor de saber e não guardião do conhecimento revelado por Deus, como faziam os medievais.

Gláucio Veiga, ao analisar a teoria política no Brasil de Tobias, assim se expressou:

> [Tobias] reconhece que qualquer um tem o direito "de volver o olhar indagador sobre o futuro". Aqui Tobias traz outra contribuição para sua teoria do Brasil: a distinção entre futuro induzido e futuro imaginado. Dizendo melhor: entre o futuro imediato facilmente sacado sobre a "grossa camada dos fatos importantes e geralmente observáveis" — Tobias sempre invoca os fatos, "os fatos mais altos" — entre o futuro induzido ou futuro imediato e o futuro imaginado "há uma imensa distância". (VEIGA *apud* BARRETO, 2012d, p. 392)

Assim sendo, Tobias se compôs um homem moderno na medida em que suas ideias são reverberadas em seus discursos e somadas às suas observações de segunda ordem, produzindo se não algo de novo, de genuíno, como atestam alguns, uma necessidade de pensar e de agir pautada pela crítica, embasada teoricamente, tendo na cultura considerada por ele mais erudita o seu ponto de partida, o seu exemplo etnocêntrico, o que se, por um lado, parece ser uma cópia, uma apropriação, uma transplantação de ideias, por outro, induz uma ou mais gerações a não conformar-se com uma única forma de entender a vida social. Wittgenstein (1958, p. 146) tinha razão, pois "palavras também são atos".

REFERÊNCIAS

ALONSO, Ângela. *Ideias em movimento*: a geração de 1870 na crise do Brasil Império. São Paulo: Paz e Terra, 2002.

ALVES, Claudia Maria C. *Cultura e política no século XIX*: o exército como campo de constituição de sujeitos políticos no Império. Bragança Paulista: Edusf, 2002.

BARRETO, Luiz Antônio. *Tobias Barreto*. Aracaju: Sociedade Editorial de Sergipe, 1994.

BARRETO, Tobias. *Crítica de religião*. Rio de Janeiro: Solomon; Ed. Diário Oficial, 2012.

BARRETO, Tobias. *Crítica política e social*. Rio de Janeiro: Solomon; Ed. Diário Oficial, 2012.

BARRETO, Tobias. *Estudos alemães*. Rio de Janeiro: Solomon; Ed. Diário Oficial, 2012.

BARRETO, Tobias. *Estudos de direito I*. Rio de Janeiro: Solomon; Ed. Diário Oficial, 2012.

BARRETO, Tobias. *Estudos de filosofia*. Rio de Janeiro: Solomon; Ed. Diário Oficial, 2013.

BASTOS, E. R.; RÊGO, W. D. L. (Org.). *Intelectuais e política*: a moralidade do compromisso. São Paulo: Olho d'Água, 1999.

BOBBIO, N. *Os intelectuais e o poder*. Dúvidas e opções dos homens de cultura na sociedade contemporânea. São Paulo: Ed. Unesp, 1997.

BOURDIEU, P. A ilusão biográfica. In: AMADO, J.; FERREIRA, M. (Org.). *Usos e abusos da história oral*. Rio de Janeiro: Fundação Getulio Vargas, 1996. p. 183-191.

BRITO, Rosa Mendonça de Brito. *O neokantismo no Brasil*. Manaus: Ed. da Universidade do Amazonas, 1997.

CABANAS, José Maria Quintana. *Educación social*: antología de textos clásicos. Madri: Narecea Ediciones, 1994.

FARIA FILHO, Luciano Mendes de. Os projetos de Brasis e a questão da instrução no nascimento do Império. In: VAGO, Tarcísio Mauro *et al.* (Org.). *Intelectuais e escola pública no Brasil*: séculos XIX e XX. Belo Horizonte: Mazza, 2009.

FREITAS, Marcos Cezar de. *Memória intelectual da educação brasileira*. Bragança Paulista: Edusf, 2002.

GOMES, Ângela Castro. A política brasileira em busca da modernidade: na fronteira entre o público e o privado. In: NOVAIS, Fernando; SCHWARCZ, Lílian (Org.). *História da vida privada no Brasil*. São Paulo: Companhia das Letras, 1998. v. 4.

GONDRA, José. *Artes de civilizar*: medicina, higiene, educação escolar, na Corte Imperial. Rio de Janeiro: Ed. UERJ, 2004.

GRUZINSKI, Serge. *O pensamento mestiço*. São Paulo: Companhia das Letras, 2001.

GUMBRECHT, Hans Ulrich. *Modernização dos sentidos*. São Paulo: Ed. 34, 1998.

IANNI, Octávio. *A ideia de Brasil Moderno*. São Paulo: Brasiliense, 1996.

INKELES, Alex; SMITH, David H. *Tornando-se moderno*: as transformações individuais ocorridas em países em desenvolvimento. Tradução de Regina Helena R. Peres e Vera Maria Monya. Brasília: Ed. UnB, 1981.

LOPES, M. A. Pena e espada: sobre o nascimento dos intelectuais. In: LOPES, Marcos A. (Org.). *Grandes nomes da história intelectual*. São Paulo: Contexto, 2003. p. 39-48.

MAGALDI, Ana Maria *et al.* (Org.). *Educação no Brasil, história, cultura, política*. Bragança Paulista: Edusf, 2003.

MARLETTI, C. Intelectuais. In: BOBBIO, N. *Dicionário de política*. Brasília: Ed. UnB, 1977. v. 1.

MERCADANTE, Paulo; PAIM, Antonio. Introdução. In: BARRETO, Tobias. *Estudos de filosofia*. Rio de Janeiro: Solomon; Ed. Diário Oficial, 2013. (Coleção Obras Completas de Tobias Barreto).

MOREL, Marco. *As transformações dos espaços públicos*. Imprensa, atores políticos e sociabilidades na cidade imperial (1820-1840). São Paulo: Hucitec, 2005.

NASCIMENTO, Jorge Carvalho do. *A cultura ocultada, ou, A influência Alemã na cultura brasileira durante a segunda metade do século XIX*. Londrina: EDUEL, 1999.

NOVAES, Adauto. Intelectuais em tempos de incerteza. In: NOVAES, A. (Org.). *O silêncio dos intelectuais*. São Paulo: Companhia das Letras, 2006. p. 7-18.

PESTALOZZI, J. Carta de Stans. In: INCONTRI, D. *Pestalozzi*: educação e ética. São Paulo: Scipione, 1996. p. 140-158.

PONTES, Carlos. *Tavares Bastos*. (Aureliano Cândido – 1839-1875). São Paulo: Companhia Editora Nacional, 1975.

REALE, Miguel. *Fundamentos do Direito*. São Paulo: Revista dos Tribunais, 1940.

ROCHA, Marlos Bessa Mendes da. *Matrizes da modernidade republicana*. Campinas: Autores Associados; Brasília: Ed. Plano, 2004.

SILVA, Helenice Rodrigues da. A história intelectual em questão. In: LOPES, Marcos A. (Org.). *Grandes nomes da história intelectual*. São Paulo: Contexto, 2003. p. 15-25.

SIRINELLI, Jean François. Os intelectuais. In: REMOND, R. (Org.). *Por uma história política*. Rio de Janeiro: Fundação Getulio Vargas, 2003. p. 231-269.

SKINNER, Quentin. *As fundações do pensamento político moderno*. São Paulo: Companhia das Letras, 1999.

TAVARES BASTOS, Aureliano Candido. *A província*. Estudo sobre a descentralização no Brasil. São Paulo: Companhia Editora Nacional, 1975.

Projeto de Brasil na imprensa pernambucana: a proposta de Miguel do Sacramento Lopes Gama para a educação das mulheres no século XIX

Marcília Rosa Periotto

INTRODUÇÃO

A história da educação brasileira tem entre seus propósitos compreender os processos históricos que impediram no Brasil, desde o século XIX, a aplicação de propostas educacionais experimentadas por nações desenvolvidas com reconhecido sucesso. Não se trata, porém, de buscá-las no intuito de repetir as experiências, mas apontar as características que as tornaram um aliado de peso nos processos modernizantes, principalmente na Europa, a partir da segunda metade do século XIX.

A compreensão dos problemas da sociedade brasileira e as intempéries decorrentes da dinâmica social em transformação sugerem aos estudiosos a elaboração de pesquisas sobre os problemas que interferem na consolidação de um sistema público de ensino de notável qualidade e ordenado no sentido de dirimir as abissais lacunas na formação educacional dos brasileiros. De certa forma, os processos históricos sucedâneos ao século XIX e que foram captados pela imprensa abrigam elementos que contribuem para o entendimento da educação desde o aspecto escolar até o de âmbito geral da sociedade.

A vinculação existente entre a imprensa e a educação, observada nos estudos historiográficos atuais, frutifica na elaboração de pesquisas que apontam o desempenho da imprensa do século XIX no conjunto de ações volvidas à construção da nação, abarcando desde as ideias alimentadoras do processo até os incrementos voltados à permanência do projeto elitista. Ao sobrepujar o caráter apenas informativo, difundindo ideias e saberes até então restritos a alguns indivíduos, ou a pequenos grupos, a natureza da imprensa alterou-se para educativa, doutrinária e de crítica social e política, superando os limites apenas da informação. *O Carapuceiro* (1832-1845), jornal fundado por Miguel do Sacramento Lopes Gama, em Recife, é um dos exemplos de imprensa que conduz a uma reflexão aprofundada desse processo a elementos histórico-sociais que iluminam aspectos até então incógnitos para pesquisa educacional.

Entre os episódios que explicitam as transformações ocorridas no Brasil nos oitocentos encontram-se a imprensa e sua atuação, expostos num palco propício à pesquisa histórica por incorporar a memória de uma época urgente de modernização social. Os muitos jornais, inaugurados nas décadas de trinta e quarenta do século XIX, traziam em suas páginas a inquietação provocada pelos fatos correlatos à pujante Europa e expunham a aversão da classe senhorial a possíveis incorporações de práticas sociais e produtivas avançadas e negadoras do trabalho escravo, cujo fim resultava num dos passos vitais ao progresso.

A compreensão por parte dos governantes e das elites de que faltava ao Brasil a civilidade necessária ao projeto representativo da classe dominante ensejou, por sua vez, um debate sobre os princípios de cunho filosófico que nele deveriam estar incorporados, mas que, necessariamente, não foram os vencedores ao final da contenda entre os regressistas e seus opositores, esses adeptos da monarquia constitucional e partidários da ideia de que as causas das crises institucionais eram exclusivamente de natureza moral.[1]

Em conformidade com o exposto, este texto objetiva entender as propostas do padre Lopes Gama expostas no jornal *O Carapuceiro*,[2] concernentes à educação da

---

[1] Ver CHALLANDES, Jean Philippe. Moral e sociedade. As bases morais da nação e do patriotismo no pensamento político de Diogo Antônio Feijó e seus aliados (1819-1839). *Textos de História*, Brasília, v. 11, n. 1/2, 2003.

[2] Padre Miguel do Sacramento Lopes Gama nasceu em Recife no dia 29 de setembro de 1791, estudou no Convento de São Bento, transferindo-se posteriormente para a Bahia, onde se formou padre. Ao retornar a Recife, foi empossado diretor do Liceu Provincial, e na disciplina de ensino de Retórica no Seminário de Olinda e no Colégio das Artes, entre outras atividades. Em 1832 fundou o jornal *O Carapuceiro*, órgão de imprensa tido por longevo para a época (10 anos a mais), onde se especializou na crítica social mirando atingir as instituições políticas quanto à moral e costumes (era um liberal). Exerceu por duas vezes o cargo de deputado provincial por Pernambuco e Alagoas (1840 e 1846), escreveu para outros jornais (*A Marmota Fluminense*, *O Constitucional* e *O Popular*) e quando diretor dos cursos jurídicos de Olinda e Recife proferiu

mulher, pautadas pela religiosidade e educação moral, elaboradas em meio a disputas entre os grupos políticos hegemônicos e à aspiração crescente por modernização social.

No discurso de Lopes Gama verificam-se interesses cristalizados numa visão de mundo amparada nas tradições católicas, mas, ao mesmo tempo, reveladores da impossibilidade de conter a penetração das práticas copiadas dos estrangeiros no cotidiano social brasileiro. Essa compreensão tornou-se guia na sua crítica social, sempre visando diminuir as influências negadoras da fé religiosa e, em particular, do poder da Igreja Católica nos domínios da política de governo.

A imprensa brasileira no século XIX difundiu ideias e opiniões até então desconhecidas pela população em razão da rara circulação do conhecimento no antigo território colonial e no nascente Império, tempo em que ler e escrever não se constituíam em anseios e nem objetivos a serem conquistados, além da notória ausência do interesse pela educação do povo pela metrópole portuguesa e depois mantida no governo imperial. Dessa forma, a imprensa educativa, política ou de formação doutrinária, colaborou no sentido de introduzir um eloquente debate na sociedade de então e, em muitos momentos, dar a ele a direção que melhor atendesse os propósitos dos grupos em disputa.

No jornal de Lopes Gama evidencia-se a relação entre a educação das mulheres e a construção de um modelo de nação desenhado no conjunto de propósitos da elite política e econômica da época. Deve-se atentar à incoerência de se pensar a educação fora desse quadro, afinal, o povo, composto por homens pobres e livres não desfrutava de qualquer representação legal, assim, a educação, vista como um dos meios de superação do atraso social e econômico do Brasil, ainda seria prerrogativa apenas da classe senhorial e das camadas intermediárias a serviço da administração pública.

O jornal *O Carapuceiro*, fundado por Lopes Gama em 1832, perdurou até 1845 com alguns intervalos de tempo. Por mais ou menos dez anos, fez vigorosa crítica aos costumes sociais e buscou pautar o debate político de construção da nação com conteúdos que agregavam religião e moral a uma compreensão da inevitabilidade da aplicação de práticas progressistas no campo social e produtivo. Essa constatação

---

uma série de aulas reunidas no livro *Lições de eloqüência nacional* (1846). Lopes Gama morreu no Recife em 9 de dezembro de 1852.

veio a exigir a afirmação decisiva dos princípios calcados na religião como elementos formativos do caráter das jovens, destinadas ao casamento e à procriação.

Na crítica social feita por Lopes Gama encontram-se habilidosamente subscritos os conflitos da política nacional, entre eles as insurreições provinciais, causadas por grupos da elite agrária, política e do comércio, na tentativa de construção de um modelo de nação convergente aos seus interesses e que os agregasse ao centro do poder. O diferencial desse jornal em relação aos demais do mesmo período é que não pretendeu a princípio perpetrar ações político-doutrinárias que consubstanciassem as contendas, no entanto não deixou de sê-lo, como afirma Feldman, "Lopes Gama, ao escrever este célebre jornal, estava repleto de intenções políticas. Até a crítica de costumes tinha uma intenção política [...]" (FELDMAN, 2006, p. 4-5).

Nos artigos destinados à crítica social verificam-se componentes conscientemente dirigidos ao enquadramento da população às condutas oriundas dos preceitos cristãos e da moral religiosa, mas orientadas em exclusivo ao quadro político em questão. Dessa forma, *O Carapuceiro* não se dedicou apenas a criticar os costumes e o cotidiano provincial, foi um veículo difusor de ideias julgadas essenciais à instrução da elite político-econômica e, ao mesmo tempo, buscava reformar as condutas individuais atingidas pelo progresso, ou seja, as crenças, hábitos e pessoalidades que destoavam do corpo de condutas eleitas apropriadas pela Igreja.

Entre as inúmeras propostas feitas por Lopes Gama e difundidas n'*O Carapuceiro* destaca-se a educação das mulheres, cujo fim era preparar os filhos para os desafios dos novos tempos sem, no entanto, recusar a interferência da religião e do sacerdócio. Ao apontar essa questão, este texto enfatiza a importância dada ao tema educação no contexto das preocupações de Lopes Gama.

Para tanto, buscou-se em Berman (1998) os elementos teóricos para entender as oscilações identificadas nesse pensamento, lapidado entre ser Colônia e ser Império e que expressa com pertinência os conflitos pessoais de Lopes Gama, ele próprio um prisioneiro das ambiguidades da época:

> Ser moderno é encontrarmo-nos em um meio ambiente que nos promete aventura, poder, alegria, crescimento, transformação de nós mesmos e do mundo – e que, ao mesmo tempo, ameaça destruir tudo o que temos, tudo o que conhecemos, tudo o que somos. (BERMAN, 1998, p. 8)

O pensamento de Lopes Gama, signatário dos conflitos da elite, nesse caso, vem a exprimir uma época em trânsito, um tempo de construir e também de preservar no sentido de conter os desdobramentos daquilo que se sabia conceitualmente, no entanto se desconheciam os resultados práticos, ou "sentimento de vertigem", anotado por Guimarães (2007):

> [...] sentimento de vertigem que parece metaforizar o conjunto de transformações percebidas como profundas e radicais por essas elites letradas. O sentimento de vertigem remete a uma situação de insegurança e incertezas, ao mesmo tempo que sinaliza um deslocamento de eixo, uma alteração nas formas de perceber e apreender o mundo. (GUIMARÃES, 2007, p. 68)

O caminho percorrido na análise considerou a interpretação da época como apreensões temerosas de um tempo mutável e que envida esforços na construção da nova realidade de acordo com os materiais existentes ou aquilo que toma por efetivamente seguro.[3] Ao mesmo tempo, busca-se demonstrar que a educação das mulheres, elaborada por Lopes Gama, frutificou no contexto das mudanças históricas da primeira metade do século XIX e, em particular no Brasil, quando do estabelecimento das "bases do Estado-Nação brasileiro" (CHALLANDES, 2003, p. 63), durante os embates que resultaram na dominação político-social dos grupos conservadores.

LOPES GAMA E AS QUESTÕES DE SUA ÉPOCA

A concepção de moderno conexa ao estudo ampara-se a princípio na concepção definida por Berman (1998), anotada anteriormente, na medida em que o jornal de Lopes Gama abalizou ideias vigentes entre fases históricas antagônicas – Colônia e país livre –, durante o longo processo de constituição e maturação de um projeto de nação que requeria um sentimento irmanado de unidade nacional.

[3] Guimarães (2007, p. 68), a respeito das transformações que alteram radicalmente o mundo, levanta o seguinte questionamento: "Como compreender em um momento de profundas incertezas o lugar da história como uma forma específica de relação com o passado e com as experiências de outros homens em outros tempos e outros lugares?". Ele próprio responde: "é preciso, aqui, compreender o sentido da história com base nos próprios textos e nas formulações que trazem consigo, tendo a clareza de que tal sentido necessariamente nada pode guardar com as nossas concepções e percepções contemporâneas da história".

Lopes Gama conviveu com as contrariedades oriundas de um tempo célere, no qual a conquista do progresso material acarretava mudanças irreversíveis e com força capaz de desfazer os construtos sociais ainda resistentes àquelas alterações. A crueza com a qual criticava as posturas individuais é exemplar dessa inquietude, exemplificado no reclame de ser a sua época, literalmente, o tempo do vapor:

> O vapor e as eleições têm mudado inteiramente a face da terra. Que coisa há ai hoje que se não faça por vapor? [...] Navega-se por vapor, viaja-se em carros de vapor, moem-se engenhos por vapor, abrem-se canais por vapor, imprimem-se livros por vapor, talvez não tarde que se cante e se dance, que se coma e se beba por vapor! O nosso século bem pode ser chamado o século do vapor, até pela inconsistência de tudo. (O CARAPUCEIRO, 1843)

Essa volatilidade era a sua justificativa quando se via acusado de mudar de opinião ao sabor das conveniências e de formá-las sob o escopo de posições nem sempre duráveis. Ao cobrarem coerência no campo das posições políticas não hesitava em responder que "Uma cousa pode não convir-nos hoje, e ser-nos útil amanhã: há 40 anos, por exemplo, seria louco o que quisesse um Governo Representativo para Pernambuco; mas hoje convêm-nos muito" (O CARAPUCEIRO, 1832).

Dessa forma, as demandas enfrentadas consideravam o movimento da sociedade, afastando-as de posições rígidas e estáticas. A percepção das transformações que mudavam o ser individual passava a exigir da intelectualidade um esforço considerável na compreensão dos fenômenos, contrabalanceados por visões de mundo cujo alcance não ultrapassava em muito os limites da formação educacional sedimentada na tradição portuguesa do ensino da retórica e da filosofia religiosa.

Entretanto, a modernização que havia chegado com a nobreza portuguesa em 1808, tênue ainda, não havia se espalhado no território colonial. Diz Oliven (2001, p. 4) a respeito das observações dos "viajantes" que supunham ser esse um desejo extensivo aos brasileiros, que a "modernização", de fato, limitava-se ao Rio de Janeiro e à "classe alta", com a qual mantinham um maior contato.

A modernização da sociedade brasileira, na época de Lopes Gama, era embrionária em relação ao processo de desenvolvimento material e social que dominava a Europa desde o apogeu da Revolução Industrial. No caso do Brasil é prudente referir-se a esse processo como mudanças lentamente gestadas, oportunizadas com a vinda da família real e da Corte em 1808, no contato maior com estrangeiros portadores de costumes exóticos e estimulantes num mundo afeito à religiosidade e às regras rígidas de conduta, porém ávido de novidades.

Nesse sentido, o passado, para Lopes Gama, seria o espelho a refletir a nova época, construída também em novas bases políticas. Na visão de Silva e Feldman (2010), o passado tinha uma utilidade na configuração do pensamento de Lopes Gama, ou seja, as proposições por ele ordenadas acompanhavam a lógica desse novo tempo, inclusive ao falar sobre o tipo de educação a ser dada aos filhos da elite:

> No entanto, sustentamos aqui que o passado, em si mesmo, parecia significar muito pouco na análise do Padre Carapuceiro — como ficou conhecido graças à sua gazeta semanal. Seu olhar retrospectivo, marcado por uma *interpretação negativa* das práticas políticas daqueles movimentos contra o Reino Unido e contra o primeiro imperador, tinha como finalidade, ao fim e ao cabo, criticar ideias e padrões da luta política vigentes ao tempo das regências. Assim, olhando para o passado, Lopes Gama construía um projeto de futuro. Formulava, então, projeto marcado pela moderação monárquica e constitucional, e alicerçava fundamentos da unidade do Império em meio à emergência de forças sociais *centrífugas* no Pará, no Rio Grande do Sul e na Bahia e de forças *centrípetas* em Pernambuco e na própria corte. (SILVA; FELDMAN, 2010, p. 143)

Os motivos que impeliram Lopes Gama a dedicar-se à escrita e publicação d'*O Carapuceiro* — políticos, sociais — certamente não foram mais determinantes do que o crescente distanciamento entre Igreja e fiéis e a inobservância dos princípios religiosos, superados pelas "modas e novelas francesas", substitutas da leitura da *Bíblia* entre as jovens mulheres.

Nesse contexto de mudanças, a manutenção dos hábitos e dos costumes era tarefa prioritária aos que falavam à população, ainda que se aplicassem as inovações tecnológicas na economia, principalmente no cultivo da cana e fabrico do açúcar, mas que garantissem a monarquia e os laços que a mantinham. A modernidade, definida por ele como reformas necessárias, limitava-se ao reconhecimento dos benefícios do progresso, à defesa do trabalho livre, mas não suficiente para tornar os indivíduos desobedientes aos preceitos religiosos encontrados nas Sagradas Escrituras, um cabedal de princípios morais com os quais a Igreja dirigia a vida dos homens.

O PROJETO POLÍTICO-EDUCATIVO DE LOPES GAMA

Ao transitar de "federalista de matizes conservadores" para o "regresso conservador" (FELDMAN; SILVA, 2010, p. 21), *O Carapuceiro* confirma ter-se elevado à condição de porta-voz dos propósitos modernizantes no campo da política e de reformador moral no campo da educação. No jornal, nas seções dedicadas às mulheres e à educação da juventude, é visível o emprego da crítica dos costumes para combater ou preservar os aspectos morais indispensáveis ao lineamento da nação, determinando assim ordem social e corrigindo os desvios de conduta da classe dirigente.

Os dois aspectos acima estão interligados, no caso equivaliam ao estabelecimento de uma ordem político-social onde se garantissem os direitos civis — a felicidade da nação —, por um lado, e por outro tratava-se de "incutir no espírito do povo o amor ao trabalho, e tudo quanto se endereçar a torná-los industriosos" (O CARAPUCEIRO, 1843). A tarefa seria desenvolver por meio da educação o amor à pátria, o sentido de unidade que deveria se estender além dos limites locais.

Educar as crianças, subtraindo-as das influências negativas na formação do caráter e alimentar o amor à pátria em detrimento dos próprios, passava a ser uma condição para a entrada do Brasil no contexto de civilidade burguesa. Sobre a educação moral para a vida política, Challandes (2003) se refere ao "projeto alternativo de nação" defendido no Senado:

> Para eles, o problema era de *natureza moral*. Pensavam que as instituições eram perfeitamente apropriadas, mas que os brasileiros em geral e os dirigentes em particular, manifestavam uma cruel carência em termos morais. Concluíam, portanto, que a solução não residia em mudanças jurídicas, mas sim em uma atuação educacional que visasse moralizar os homens e fazê-los evoluir à mesma altura das idéias que suscitaram as instituições existentes. (CHALLANDES, 2003, p. 63)

A preocupação de Lopes não diferia dessa posição senatorial sobre a necessidade de promover uma reforma moral no âmbito geral da sociedade. Para ele, as instituições não careciam de mudanças substanciais além da monarquia constitucional, mas a formação moral dos governantes era o caminho para um governo onde "só o que é justo e honesto merece o nome de verdadeira política" (O CARAPUCEIRO, 1843).

A relação do pensamento de Lopes Gama com os debates sobre a modernização do Brasil, na qual a educação era seu requisito, no decorrer do século XIX, tomou forma quando exerceu o posto de diretor no Liceu Provincial Pernambucano.[4] Após a experiência frustrante, decidiu-se por ocupar cargos públicos, apresentando-se como deputado por Pernambuco e depois Alagoas, na Corte imperial. Nessa condição teve a oportunidade de conviver com pares que representavam muito mais a si próprios ou aos grupos políticos que defendiam do que batiam-se pelo Brasil, com indivíduos despreparados para o exercício da administração pública em razão da ignorância intelectual, dos vícios de natureza pública e privada e da arrogância de quem resolvia os problemas à custa da força e das armas.

Em 1832, o primeiro número de *O Carapuceiro*[5] veio a público. Escrito apenas por Lopes Gama, o jornal empreendeu severa crítica aos costumes e aos comportamentos sociais que se alteravam como reflexos dos ares progressistas que chegavam ao país. Seu público era também composto por mulheres, consideradas por ele mais propensas à assimilação dos novos costumes, combatidos como atrativos que prejudicavam as condutas basilares à vida de esposas e mães, mais suscetíveis à assimilação rápida dos hábitos e modos estrangeiros.

A questão pungente a *O Carapuceiro* era a preservação da ordem imperial, de forma a manter viva a monarquia, já preocupada com os eventos de cunho republicano, como os que aconteciam em diversos estados europeus e latinos e no sul brasileiro. Caso ocorressem e, com sucesso, esses eventos levariam possivelmente à fragmentação do território nacional, fato que acabou por afirmar as tendências políticas oriundas do Regresso,[6] movimento cuja ação "acabou por cimentar o processo de centralização político-administrativa do Império, fazendo o peso da balança voltar a pender em favor do Estado unitário, em detrimento da federação"

[4] O Liceu Provincial foi criado por José Carlos Mayrinck Falcão, presidente da província de Pernambuco, em 1º de setembro de 1825, local "onde a mocidade do país desenvolvendo o seu natural talento nos princípios elementares da ciência se habilite para seguir aquela que mais lhe convier" (*apud* MONTENEGRO, 1943, p. 8), passando a funcionar efetivamente em 09 de fevereiro de 1826. Miguel do Sacramento Lopes Gama foi nomeado diretor e, alegando falta de estrutura para manter a escola aberta, pois "Faltavam ao Liceu as mais rudimentares condições para seu funcionamento [...]" (BELLO, p. 87), afastou-se do cargo.

[5] O pensamento de Lopes Gama não se restringiu ao jornal *O Carapuceiro*, cuidou também de redigir e imprimir *O Sete de Setembro*, *O Harmonizador*, *A Ratoeira*, os quais foram espaços de vigorosa contenda com os conservadores regressistas, adeptos de práticas incompatíveis com as mudanças necessárias ao Brasil (QUINTAS, 1975).

[6] Regresso: movimento político criado no período regencial, cujo propósito era a centralização governamental também como garantia da unidade territorial, o qual teve seu projeto de nação por vencedor.

(SILVA; FELDMAN, 2010, p. 145). No Brasil, argumenta Guimarães (2011), "O desafio da tarefa de criar uma nação foi assumido pelo Estado e pelos intelectuais de muitas formas diversas relacionadas com a mesma intenção" (GUIMARÃES, 2011, p. 238).

O jornal *O Carapuceiro* compõe a produção intelectual de Lopes Gama na condição de ter sido a sua obra de maior interesse para o público leitor. Há nele vários aspectos sugerindo análises pontuais, que vão desde a crítica dos costumes, propostas de educação para a juventude até o debate político que assegurava não praticar, mas que esteve presente no âmbito das suas preocupações desde as primeiras páginas do periódico. A importância de seu jornal para o estudo das mudanças no cotidiano social fez Quintas (1975, p. 22) creditar ao padre Lopes Gama a condição de "pioneiro dos estudos sociológicos em nossa terra", em razão também da sua ação político-militante e atividade doutrinária com qual revestia seus artigos contra o estado de coisas no campo da política regional e da Corte.

A estadia no Liceu Provincial deixou marcas reveladoras do estado indigente da educação formal no território brasileiro. Por meio de ofício enviado no dia posterior à posse, Lopes Gama solicitava ao presidente provincial medidas para sanar problemas básicos, inclusive e principalmente o "mobiliário" que não existia no Liceu.[7] A experiência de comandar uma casa de estudo onde faltavam os itens mais primários às atividades de ensino e sem qualquer possibilidade de resolver as ausências materiais da instituição, levou-o a se afastar da missão confiada, para então, pouco tempo depois, assumir papel político na Corte imperial.

Na condição de professor nos cursos jurídicos de Olinda e Recife escreveu *Lições de Eloquência*,[8] no qual, em textos breves estudava os clássicos portugueses — Camões, Damião de Gois, Vieira etc. Já n'*O Carapuceiro* a crítica social e a dos costumes apareciam engenhosamente construídas e articuladas à vida política do recente Império.

---

[7] "He de meu dever representar a V. Exa. as coisas de que muito necessita o Liceu que são as seguintes: a cadeira para a aula de Retórica; um relógio de parede para regular a hora de estudos; tinteiros, penas, tinta e papel para o porteiro; um preto para o serviço da casa; uma jarra, côco e quartinha para a minha aula. Queira V. Exa. Sobretudo ordenar ao Inspetor do Trem a fim de mandar arranjar uma privada, que é de absoluta necessidade. Liceu provincial, 10 de fevereiro de 1826. Fr. Miguel do Sacramento Lopes" (*apud* MONTENEGRO, 1943, p. 13).

[8] Para conhecer a produção intelectual de Lopes Gama recomenda-se o *Dicionário Bibliográfhico Brazileiro*, de Sacramento Blake, v. 6, reimpresso em 1970 pelo Conselho Federal de Cultura – Brasília.

LOPES GAMA E A EDUCAÇÃO DAS MULHERES

O tratamento dispensado às mulheres por Lopes Gama n'*O Carapuceiro* não seria alterado ao longo dos anos de publicação. Jovens, ou nem tanto, recebiam do padre palavras ásperas, admoestações sobre suas condutas, julgamentos morais e sociais. A preocupação era traçar um modelo de comportamento no qual as mulheres saberiam com exatidão o papel a ser desempenhado. A educação difundida no Brasil havia se erigido sob os moldes da Igreja Católica e dos costumes portugueses, centrados no ideal aristocrático de vida, ainda imperantes nas colônias ultramarinas e abandonados vagarosamente com as novas práticas sociais burguesas incorporadas ao cotidiano:

> O ideal de mulher difundido na metrópole através dos manuais e das falas dos eclesiásticos disseminou-se na colônia e fomentou algumas práticas sociais específicas, notadamente no que concerne à educação feminina. As mulheres deveriam ser instruídas para se transformarem em boas esposas e mães de família, enquanto os homens responsabilizavam-se pelo provimento da casa. Esperavam-se, assim, comportamentos específicos de ambos os sexos, comportamentos esses atribuídos à natureza de cada um e devendo por isso ser seguidos. Essa "naturalização" dos papéis sociais femininos e masculinos embasava-se em discursos produzidos de acordo, principalmente, com os interesses da Igreja Católica e do Estado português. (SAMPAIO, 2008, p. 3)

Entre as mudanças necessárias ao novo tempo a educação punha-se numa condição de acesso ao progresso material já reinante nos países desenvolvidos. Entretanto, a educação proposta pela Igreja não descartava a formação moral dos indivíduos em conjunto com a religiosa. Lopes Gama entendia a educação existente debilitada em razão da convivência com a escravidão e com os estrangeiros que traziam hábitos e costumes próprios de seus países, incorporados sem critério por parte da população maravilhada das novidades e desejosa de ser "moderna". A sociedade cunhada no patriarcado senhorial, até meados do século XIX, dava à mulher as opções do casamento, da vida religiosa e da solteirice, quando não arranjavam pretendente. Fora essas alternativas, não havia nada que se fizesse em nome de uma vida independente e economicamente ativa:

> Levando em consideração que o Brasil foi colonizado por ocidentais, podemos concluir que os homens no Brasil possuíam os mesmos conceitos, em relação à mulher, que os moradores do velho continente. Assim, desde o período colonial a exigência de submissão, recato e docilidade foi imposta às mulheres. Essas exigências levavam à formação de um estereótipo que relegava o sexo feminino ao âmbito do lar, onde sua tarefa seria a de cuidar da casa, dos filhos e do marido, sendo sempre totalmente submissa a ele. (FOLLADOR, 2009, p. 8)

A tarefa maior das mulheres se resumia na educação de seus filhos, dizia Lopes Gama. Deviam-lhes inocular as condutas pessoais assentadas nos princípios morais e religiosos, pois daí resultaria a boa e justa política. Nesse sentido, a educação das meninas deveria ser cuidadosa, pautada na prática dos hábitos severos da religiosidade e na estrita obediência às figuras masculinas que as cercavam:

> Relativamente à religião observo que, geralmente falando, não se ensinam aos meninos senão os rudimentos da fé, e quando muito algumas orações a que chamam reza. Mas, além disto, eu quisera que se empregasse o maior desvelo em inspirar principalmente às meninas a sólida piedade e a santa moral do Evangelho, não tanto com palavras, como com o exemplo, infundindo-lhes nos tenros corações o espírito da caridade, a mansidão, a humildade, a modéstia, o desapego aos objetos de vaidade etc., etc. (O CARAPUCEIRO, 1843)

A educação que precedia o tornar-se adulto ficaria ao encargo feminino, incumbindo as mulheres de transformar jovens em homens de moral ilibada, prontos moral e eticamente a conduzir o desenvolvimento material e social dos brasileiros, ao consertar os erros e apontar as práticas saudáveis à vida social:

> A reforma dos costumes da vindoura geração provirá, ao meu ver, em grande parte das virtudes das esposas e mães que ora se vão criando. São elas, se forem convenientemente educadas, as que hão de adoçar a fereza dos costumes, são elas as que tem de dar à pátria cidadãos morigerados e conseguintemente felizes. (O CARAPUCEIRO, 1843)

Esse propósito passava pela definição dos pontos a serem observados na educação das meninas, priorizados uns e rechaçados aqueles que não prometiam uma conduta abalizada às futuras mães da nação. Os comportamentos sociais que as jovens iniciavam a ter, as preferências literárias, a seu ver, deveriam ser proibidos primeiramente porque eram permissivos em excesso e segundo por não acrescentarem coisa de valia à educação para o lar.

As novelas francesas e as danças popularizadas nos salões eram criticadas por levar ao desejo de imitar as heroínas nos desvarios românticos e nos rompantes contrários à boa educação. Já a dança ocupava-lhes o tempo dedicado aos estudos, a aplicação na aprendizagem das tarefas do lar necessárias à vida de casadas e de mães, enfim, nos conhecimentos úteis para os cuidados com o lar:

> Se alguma ingerência tivesse nos colégios estabelecidos em Pernambuco, eu recomendaria as Sras. Diretoras não consentissem às suas educandas a perniciosíssima leitura de novelas, porque para dizer de uma vez tudo a quem bem entende, nenhuma necessidade há de ensinar ao gato o caminho da despensa. A senhora Campan, cuja obra a respeito da educação das meninas é tida por clássica, assim se exprime a este respeito: "Na idade em que o juízo ainda não está formado, em que as primeiras ideias são excitadas por sensações vagas, releva preservar escrupulosamente as meninas da leitura das novelas. Estas obras têm o perigo de abalar o coração e o espírito por sentimentos nascidos do poder do amor, por inclinações contrariadas e por sucessos imaginários que o talento do autor envolve de uma verossimilhança enganosa". (O CARAPUCEIRO, 1843)

Entretanto, contíguas ao progresso material chegavam também novas práticas sociais e culturais que atendiam aos objetivos de civilidade moldada nos centros desenvolvidos. Dar às mulheres uma relativa liberdade constituía-se uma demanda exigida pelos setores mais avançados da elite brasileira e nos quais passaram a ter o papel de coadjuvantes nos negócios comerciais masculinos, estabelecidos nos salões. À esposa cobrava-se o entretimento dos convidados, e quanto mais se esmerasse na função mais valorizava a posição do marido nos acordos comerciais:

> Até meados do século XIX, a educação das mulheres ainda baseava-se na dicotomia entre educação e instrução, em que aos homens se instruía para desenvolver a inteligência e às mulheres se educava para desenvolver o caráter. Na segunda metade desse século, já eram mais visíveis nos principais centros urbanos algumas mudanças nos costumes e mentalidade

> coloniais no que se refere à situação da mulher, especialmente as das camadas sociais mais elevadas. Era mais comum observar mulheres nos bailes, nos teatros, nos colégios particulares, onde as jovens eram instruídas em conhecimentos de dança, instrumentos musicais como piano, em línguas estrangeiras. Essas mudanças estavam relacionadas tanto ao crescimento urbano com suas novas formas de sociabilidade, quanto às aspirações das elites em adequarem-se aos padrões culturais e civilizatórios europeus, o que correspondia a uma necessidade de maior iniciação das mulheres nos conhecimentos elementares da cultura erudita. (ABRANTES, 2003, p. 1)

As transformações históricas que perpassam pelas sociedades só são plenamente observadas quando os ditames que trazem expressam-se, cotidianamente, na vida social e deixam de causar estranheza aos indivíduos, passando a serem vistos como naturais. A época de Lopes Gama não havia chegado ainda a este ponto, ao contrário, estavam vivas e robustas as lutas entre interesses contraditórios, prevalecentes ainda do velho mundo colonial, porém também em demanda por ações civilizadoras.

A trajetória percorrida por Lopes Gama em nome das reformas morais era também a afirmação da fé religiosa que, em tempos anteriores, "apresentava-se em todas as circunstâncias da vida" (O CARAPUCEIRO, 1843). A permissão alargada de estrangeiros nas províncias, a entrada de novos costumes e a adoção de modas e hábitos estranhos onde ainda perduravam os modos coloniais, produziu alterações no convívio social tornando-o mais flexível e aberto às influências progressistas. Mudou, aos poucos, o antigo recato, o costume das mulheres de só lerem textos religiosos e introduziu-se certo desprendimento no trato feminino com as danças, as novelas e suas heroínas perdidas pelo amor mundano. A religião, no dizer de Lopes Gama, ficara no passado, e, queixoso, reclamava que "Antigamente, mulheres feitas e até mãe de família pediam a benção ao seu pároco ou a qualquer sacerdote ancião, agora nem ao próprio pai se dá essa confiança!" (O CARAPUCEIRO, 1843).

As transformações operadas na sociedade, ao influenciarem os comportamentos e modificarem as relações familiares, contestavam também a autoridade que o sacerdócio detinha em relação à vida privada. A religião perdia espaço na consciência individual e deixava de ser dominante na vida do homem, cabendo-lhe compartilhar com outras preocupações o espaço que antes havia sido unicamente seu. Em suma, o progresso limitava a influência da religião e abria perspectivas modernas de compreensão da vida:

> Finalmente, a causa principal de nossos males está, a meu ver, na falta do amor e temor filial do ente supremo, está em suma em se haver enfraquecido e quase aniquilado o elemento religioso que outrora se identificava com todos os nossos atos. (O CARAPUCEIRO, 1843)

As convicções de Lopes Gama não admitiam arroubos de ordem privada que levassem a luta pela civilidade a um patamar de degenerescência. Para combatê-la, as medidas educativas fundadas na religião e retidão dos princípios seriam o remédio, como também a proibição das festividades que nada acrescentavam à formação de um caráter sóbrio e reto, dizia, avesso às atitudes impensadas, conduzidas pelo prazer e propensas a ceder aos desejos da carne:

> Se a Religião é o objeto mais sagrado, o mais digno de respeito dos povos é de absoluta necessidade que se proíbam entre nós as festividades noturnas em Igrejas, porque estas tornam-se teatros de namoro, de algazarras e dos mais despejados escândalos. As moçoilas, pela maior parte muito mal educadas, destituídas dos princípios de verdadeira religião e piedade, não vão à Igreja para orar, para cumprir com os preceitos e destas, porém sim para ver e ser vistas. (O CARAPUCEIRO, 1996, p. 21)

Deve-se levar em consideração o fato de que o século XIX foi um tempo de construção. O progresso, de presença mais constante desde a abertura dos portos e a permissão da livre entrada no país de estrangeiros proporcionou alterações não somente na produção material, mas também no cotidiano da população. De repente, a sisudez imperante nos casarões senhoriais foi sacudida por uma forma de viver em que se admitia certa liberdade às mulheres, as quais sucumbiam aos "francesismos", aos bailes e danças, e aos passeios, enganchadas aos pretendentes, como concluía atônito Lopes Gama. Foi o desvio nos costumes e os vícios que daí se originariam que o levaram a propor a aplicação de reformas de cunho moral e religiosa, porque delas dependia o projeto civilizatório demandado pelas mudanças gerais no século XIX.

As mulheres, portanto, na sua visão, tinham um papel fundamental na escrita desse novo tempo: educar os filhos para a vida pública, para os grandes compromissos que naturalmente teriam na construção de uma nação ordeira, assentada na moralidade pública, cujos exemplos seriam dados pelos jovens nascidos e educados por mãos conscienciosas e apegadas aos ensinamentos das palavras santas do Evangelho.

CONCLUSÃO

O estudo do jornal de Lopes Gama permite, primeiramente, entender o fato de a educação atual manter sintonia com algumas concepções traçadas no século XIX, em relação ao debate moral e ético com que a nossa época se depara e nas quais as ideias igualmente transitam entre as medidas modernizadoras e ao mesmo tempo arcaicas.

Em segundo lugar, esse debate revela um alcance que supera os limites da crítica social e dos costumes, e oportuniza à historiografia conhecer aspectos da vida social do período e traçar o seu processo de constituição pós-independência. O padre jornalista realizou análises da conjuntura econômica e política, principalmente das forças que obstaculizavam a criação de medidas de eficaz desenvolvimento social, realizando um debate de oposição à escravidão, pois a via prejudicar a modernização da sociedade.

Em conformidade a esse debate, Lopes Gama defendia a aplicação do trabalho no processo educativo dos jovens, meninas e meninos, na condição de ser "o melhor preservativo dos vícios". Entretanto, o trabalho compulsório não se destinava à classe senhorial, a esta cabia ser exemplo, mas aos extratos inferiores propensos à vadiagem e a viverem de pequenos expedientes.

Em contrapartida às reformas defendidas quanto ao mundo do trabalho, apoiava-se na educação moral e religiosa na medida em que predicava ao âmbito privado comportamentos austeros e alinhados à prática estrita das Sagradas Escrituras. Com essa posição aderia ao projeto moralizador necessário à construção da nação, partindo-se para uma ação pedagógica com a tarefa de preservar a ordem constitucional e social, cujo indivíduo emergente desse processo cultuaria o progresso, educado para o trabalho e, por escolha própria, alheio aos vícios de qualquer natureza que faziam do Brasil um país incivilizado e refratário à modernização.

O caráter da crítica moral de seu jornal expõe-se no desapontamento com a nova maneira de ser dos brasileiros, a seu ver, dados a "macaquear" os franceses e a copiar os modos e trejeitos que os faziam grotescos, em que apenas imitavam e não os absorviam na medida da cultura dos outros povos. Outro aspecto relevante refere-se à alteração dos costumes que faziam da família um corpo hierarquizado, tradicional, na caducidade dos ensinamentos religiosos, na influência da escravidão na vida senhorial e no cotidiano das casas-grandes. Esse mundo parecia-lhe ficar no passado e nele buscou os reflexos daquilo que não mais poderia ser reproduzido, mas deveria ser melhorado ou reformado.

A ação educativa exercida no jornal atingia um público interessado nas críticas insidiosas a respeito de muitos, nas "carapuças" com que os vestia provocando risos, mas em especial se dirigia às mulheres, leitoras fiéis, cuidando das palavras e concatenando as ideias ao peso dos argumentos apresentados, sempre buscando instruir para uma vida virtuosa e sem vícios de qualquer natureza, de forma a habilitá-las para a educação moral dos jovens sem se descuidarem dos ensinamentos religiosos.

REFERÊNCIAS

ABRANTES, Elizabeth Sousa. *A educação feminina em São Luís no século XIX*. In: ANPUH – SIMPÓSIO NACIONAL DE HISTÓRIA, 22., João Pessoa, 2003.

BELLO, R. A. *Subsídios para a História da Educação em Pernambuco*. Recife: CEPE, 1978

BERMAN, Marshall. *Tudo que é sólido desmancha no ar*: a aventura da modernidade. São Paulo: Companhia das Letras, 1998.

CHALLANDES, Jean Philippe. *Moral e sociedade*. As bases morais da nação e do patriotismo no pensamento político de Diogo Antônio Feijó e seus aliados (1819-1839). Dossiê: A Justiça no Antigo Regime. *Textos de História*. UnB. v. 11, n. 1-2, 2003.

FELDMAN, Ariel. A construção do Estado e da nação no Brasil: identidades políticas e imprensa periódica no período regencial (1831-1840). *Dossiê: Identidades Nacionais*, Unicamp, n. 2, out./nov. 2006.

FOLLADOR, Kellen Jacobsen. A mulher na visão do patriarcado brasileiro: uma herança ocidental. *Revista Fato & Versões*, v. 1, n. 2, p. 3-16, 2009.

GUIMARÃES, Manoel Luiz Salgado. As luzes para o império: história e progresso nas páginas de *O Patriota*. In: KURY, Lorelai (Org.). *Iluminismo e Império no Brasil* – O Patriota (1813-1814). Rio de Janeiro: Ed. Fiocruz, 2007.

____________. Historiografia e Nação no Brasil (1838-1857). Trad. Paulo Knauss e Ina de Mendonça. Rio de Janeiro: EdUERJ; Edições Anpuh, 2011.

MELLO, José A. G. de. O padre Lopes Gama e o Diário de Pernambuco (1840-1845)-. RODRIGUES, Maria da C. L. Índices da edição autônoma (1832-1842). *O Carapuceiro*. SILVA, Leonardo Dantas (Org.). Recife: FUNDAJ; Massangana, 1996.

MONTENEGRO, Olívio. *Memórias do Ginásio Pernambucano*. Recife: Imprensa Oficial, 1943.

O CARAPUCEIRO. *Miguel do Sacramento Lopes Gama*, 1791-1852. Recife: Fundação de Cultura Cidade do Recife, 1983. v. 2 e 3. (Coleção Cidade do Recife, 27).

OLIVEN, Ruben George. *Cultura e modernidade no Brasil*. São Paulo: Fundação Seade, 2001. Disponível em: <www.seade.gov.br>.

QUINTAS, Amaro. *O Padre Lopes Gama*: um analista político do século passado. Recife: Ed. Universitária, 1975.

SAMPAIO, Juliana da Cunha. Os manuais de bom comportamento e a educação feminina na América Portuguesa. ENCONTRO INTERNACIONAL DE HISTÓRIA COLONIAL 2. Anais... *Mneme – Revista de Humanidades*, Caicó, v. 9. n. 24, set./out. 2008. Disponível em: <www.cerescaico.ufrn.br/mneme/anais>.

SILVA, Luiz Geraldo Santos da; FELDMAN, Ariel. Federalismo e memória no período regencial (1831-1840). *Topoi*, Rio de Janeiro, v. 11, n. 21, p. 143-163, jul./dez. 2010.

Notas a partir da análise do léxico sobre modernidade, gênero e educação mobilizado na Paraíba oitocentista

Matheus da Cruz e Zica
Patrícia Barros de Oliveira

INTRODUÇÃO

Este texto procura analisar o léxico relacionado à modernidade, ao gênero e à educação na Paraíba oitocentista a partir da leitura crítica de Relatórios de Presidentes de Província e de artigos publicados na imprensa local. A primeira parte do texto, dedicada aos Relatórios, centra-se na tentativa de mapear a utilização de termos como modernidade, civilização, progresso e educação, tal qual eram mobilizados pelos Presidentes de Província para caracterizar a situação da Paraíba diante de outros Estados e Nações no mesmo período. Num segundo momento, concentrados na imprensa, esforçamo-nos em precisar melhor como o "diálogo" entre as ideias de modernidade, gênero e educação acontece na Província da Paraíba na segunda metade do século XIX. Nesse sentido, debruçamo-nos sobre o caso da escritora francesa Amandine Dupin, que assina sob o pseudônimo masculino George Sand, a quem foi oferecida uma espécie de biografia no jornal paraibano *A Ideia*, em 1879.

Entre outras possíveis representações de ser mulher na segunda metade do século XIX, à luz da experiência da modernidade, optamos por trazer à discussão o que se dizia sobre as mulheres escritoras na imprensa, num período histórico em que a palavra escrita era predominantemente delegada aos homens.

Apresentando-se como herdeiro do século XVIII, portador das luzes e da razão, o século XIX é marcado por apostas na modernidade, palavra que "foi interpretada e apropriada de uma maneira geral como 'época da história' em que predominariam as categorias da 'novidade', da 'superação' e do 'progresso' sob a égide do marco da Revolução Francesa" (CARVALHO, 2012, p. 1).

Assim, vocábulos como educação, ciência, avanço econômico, progresso, civilização e nação passam a permear constantemente os discursos produzidos naquele referido século. Pouco se tem dito, no entanto, que outra imagem também foi largamente associada ao moderno naquele contexto. Falamos aqui do feminino, que naquele momento foi encarado, inclusive por muitos homens, como sendo o portador do novo, da possibilidade da construção de uma sociedade mais justa e igualitária.

Por meio do jornal, importante suporte no qual e por meio do qual a opinião pública é tensionada, construída e divulgada, os homens, sobretudo, são os principais participantes dessa divulgação de ideias e valores ligados à modernidade da qual a imprensa é produto e produtora. Uma participação feminina nesse meio, no entanto, não pode ser desprezada, haja vista a publicação de periódicos voltados exclusivamente para esse público.

Falando da experiência francesa, a historiadora Michelle Perrot esclarece-nos que:

> A partir do século XVIII, e principalmente do século XIX, a imprensa se torna a forma principal de expressão e de formação da opinião pública. Nessa idade de ouro, a imprensa não tem concorrente na mídia. Inicialmente, ela é um mundo masculino, de que as mulheres vão lentamente se apropriando. Não sem dificuldade. (PERROT, 1998, p. 76)

No Brasil, também, o cenário não parece diferir tanto. A primeira publicação da imprensa feminina, segundo Buitoni (1981, p. 11), teria sido o periódico carioca *O Espelho Diamantino*, de 1827. É preciso ressaltar o fato de que, em nossa pesquisa sobre o contexto da Paraíba oitocentista, ainda não pudemos localizar na documentação nenhum jornal que se afirmasse produzido por mulheres ou exclusivamente direcionado ao público feminino.

MODERNIDADE, CIVILIZAÇÃO, PROGRESSO E EDUCAÇÃO: O LÉXICO DISPONÍVEL NA PARAÍBA DA SEGUNDA METADE DO XIX

Felisardo Toscano de Brito, vice-presidente da Província da Paraíba do Norte em 1865, em seu relatório anual de atividades, dizia o seguinte:

> Se a Parahyba pretende ter professores instruídos, íntegros e cheios de vida, dispa esses **imundos e lacerados andrajos** do emperro em que se envolve e que a excluem de entrar na **grande festa do progresso e civilisação**. Siga nessa parte o exemplo de algumas províncias suas irmãs, que por diversas maneiras já se vão convencendo da injustiça que ha feito do professorado. Pernambuco dá aos **professores maior salario**, e pela Lei n. 598 de 13 de Maio de 1864 mandou addicionar-lhes, além das demais, uma gratificação correspondente a quinta parte de seus vencimentos apenas completos os quinze annnos de effectivo exercício; e Minas Geraes, além de garantias concedidas a seus filhos no ingresso aos collegios públicos de educação, são honrados e distinguidos com convite particular e directo da Presidencia para acto de cortejo como é feito com o alto funcionalismo da província. (RELATÓRIOS DOS PRESIDENTES DA PROVÍNCIA DA PARAHYBA DO NORTE, 1865, p. 73, grifos nossos)

Nessa citação, "progresso" e "civilização" aparecem como termos correlatos, estão unidos, inclusive associados à mesma metáfora de uma "grande festa". Uma grande festa que não admite "penetras", uma festa extremamente seletiva... Pobres não podem entrar! Mas de que pobreza se fala? A pobreza aí estaria relacionada a duas questões distintas, mas complementares: de um lado, a carência de "cultivo das letras"; de outro, a carência no pagamento dos docentes.

A comparação entre nações e mesmo entre províncias já naquele momento constituía-se uma das principais marcas da experiência da modernidade, tal como a tem analisado Reinhart Koselleck. Afinal, há algumas décadas, por diversos motivos os europeus haviam construído uma percepção da história global ou mundial como um processo que acontece simultaneamente, com todas as desigualdades que ela abarca dentro de um mesmo período:

> O conceito de "progresso" só foi criado no final do século XVIII, quando se procurou reunir grande número de novas experiências dos três séculos anteriores. O conceito de progresso único e universal nutria-se de muitas novas experiências individuais de progressos setoriais, que interferiam com profundidade cada vez maior na vida quotidiana e que antes não existiam. Menciono a revolução copernicana, o lento desenvolvimento da técnica, o descobrimento do globo terrestre e de suas populações vivendo em diferentes fases de desenvolvimento, e por último a dissolução

> do mundo feudal pela indústria e o capital. Todas essas experiências remetiam à contemporaneidade do não-contemporâneo, ou, inversamente, ao não-contemporâneo no contemporâneo. (KOSELLECK, 2006, p. 317)

Associado a esse movimento outro se desenrola na passagem do século XVIII para o XIX, segundo Gumbrecht (1998, p. 16):

> [...] o papel do sujeito conecta-se ao tempo histórico. Em cada momento presente, o sujeito deve imaginar uma gama de situações futuras que têm de ser diferentes do passado e do presente e dentre as quais ele escolhe um futuro de sua preferência. Somente por meio dessa ligação com o tempo histórico e da função que ela cumpre nessa dimensão pode a subjetividade integrar o componente de ação na autoimagem que ela oferece à humanidade. E é essa inter-relação entre tempo e ação que cria a impressão de que a humanidade é capaz de "fazer" sua própria história.

Daí a ênfase no tom de julgamento e de comparação. Nesse universo simbólico, a educação na Paraíba estaria na situação em que se encontrava porque "queria", já que a possibilidade de se transformar estava no horizonte de expectativa. Assim colocada a questão, tudo não passava de uma escolha, de uma decisão.

Um ano depois, a correlação entre civilização e educação volta a aparecer no contexto da Paraíba, dessa vez no jornal *Acadêmico Parahybano*, de 20/07/1866, quando veiculou, em sua primeira página, um artigo intitulado "Da falta de professores e de instrução primária gratuita na Paraíba". Imagens muito parecidas às mobilizadas no discurso do Presidente da Província do ano anterior são reavivadas:

> [...] este professor, esta instrução primária gratuita como desejamos, e como **mandam as nações civilizadas** não há em nossa Parahyba. [...] Dest'arte, choram continuadamente esses pais pela fatal sorte de seus filhos! Queixam-se, por não terem meios para mandá-los as Villas, as Cidades, a Capital receberem **a luz, a civilisação, a verdade**. Não choreis pela sorte de vossos filhos, nem lastimeis os vossos recursos, **comdeneis, porém, os vossos irmãos civilisados por desconhecerem** a necessidade de instrução primária gratuita e auxiliadora dos proletários em todos os povoados e aldeias.

Nesse caso, a palavra "progresso" não aparece, mas "civilização" continua comparecendo fortemente nesse discurso. Nessa noção de civilização, há uma clara hierarquização de regiões geográficas, países e culturas. Umas se medem pelas outras e um poderoso jogo de poder está pressuposto nessas adjetivações características da modernidade. Outra noção evidenciada nessa passagem é a de que existiriam, em uma mesma nação ou região, pessoas que são civilizadas e outras que não são. Há aí uma noção perspicaz de que os que seriam supostamente civilizados não seriam detentores de toda a sabedoria, visto que, naquele caso, os "irmãos civilizados" simplesmente desconheceriam a evidente necessidade de instrução de qualidade para toda a população. Estabelecia-se aí, não sem críticas, o forte dilema entre um "nós" e um "eles" que faria história nesse país. A administração estatal, que se queria em consonância com as nações civilizadas, serviria mais a alguns próximos a ela que a outros que dela estivessem distantes — leia-se a maior parte da população.

A imagem da ciência também vem acoplada a essa civilização por meio das palavras "luz" e "verdade". Como na festa, em que os donos dela como que proíbem a entrada de convidados indesejados, nesse trecho as nações civilizadas são investidas de tal poder simbólico que a elas é associado o verbo "mandar". A clara referência à **ciência** como argumento de autoridade, com seus olhos num futuro que se prevê mais avançado, e também a consagração da **Europa** como lugar de vanguarda no *cronótopo* que organiza a visão de mundo que triunfa a partir do século XIX, perceptíveis nesses trechos, apontam para uma única grande questão: a legitimidade que a noção de *progresso* já havia alcançado no Brasil daquele momento. Para Koselleck (2006, p. 317-318), essas são as principais características da noção que ganhou espaço em boa parte dos países do mundo naquele contexto:

> O progresso reunia [...] experiências e expectativas afetadas por um coeficiente de variação temporal. Um grupo, um país, uma classe social tinham consciência de estar à frente dos outros, ou então procuravam alcançar os outros ou ultrapassá-los. Aqueles dotados de uma superioridade técnica olhavam de cima para baixo o grau de desenvolvimento dos outros povos, e quem possuísse um nível superior de civilização julgava-se no direito de dirigir esses povos. Na hierarquia dos estamentos via-se uma classificação estática, que o impulso das classes progressistas deveria ultrapassar. Os exemplos podem ser multiplicados ao infinito. [...] Afirmar que nenhuma experiência anterior pode servir de objeção contra a natureza diferente do futuro torna-se quase uma lei. O futuro será diferente do passado, vale dizer, melhor.

Tentar se parecer com os europeus passa a ter os foros de lei. Como dissemos anteriormente, essa visão do progresso parecia já estar fortemente disseminada na Paraíba nesse início da segunda metade do século XIX. Mas de que progresso se fala? Lembremos que essas "imagens de progresso" vinculadas à educação, à cultura escrita, às luzes, aos remédios, às roupas, aos relógios e aos livros, invariavelmente dividiam as páginas com anúncios de sujeitos escravizados, no caso brasileiro.

Como Reinhart Koselleck bem pontua, apesar de a visão de mundo do progresso ter abarcado promessas de melhorias em todas as esferas da atividade humana, já no século XIX, "a experiência dos progressos [...] realizados na ciência e na técnica contempla a constatação de que *o progresso moral e político sofre um certo retardamento*" (KOSELLECK, 2006, p. 321, grifos nossos).

É nesse sentido que lamentos como o do vice-presidente da Província da Paraíba do Norte, o Dr. José Evaristo da Cruz Gouvêa, passam a se tornar cada vez mais frequentes naquela segunda metade do século XIX:

> Accrescentarei quanto ao ensino de sexo feminino: considero-o de subida importância e quisera-o eu tão amplo aperfeiçoamento como desejo do sexo masculino infelizmente, porem à respeito dele argumentou os embaraços provenientes não só dos nossos costumes, usos, meio social em que vivemos, como direi mesmo, dos nossos preconceitos a cerca da **missão da mulher na sociedade moderna**. Como ensaio poder-se hia permitir nas aulas do sexo feminino a frequência dos meninos de oito anos. (RELATÓRIOS DOS PRESIDENTES DA PROVÍNCIA DA PARAHYBA DO NORTE, 1871, p. 85, grifos nossos)

Essa sociedade moderna, esse progresso, tinha também lá sua faceta social bastante demarcada. A desigualdade de oportunidades entre brancos e negros, entre homens e mulheres, passa cada vez mais a ser um incômodo indicativo de atraso, de barbárie.

Nessa mesma década, o jornal paraibano *A Ideia*, de 26/11/1879 — em artigo (não assinado) de primeira página — traz também essa forte questão da mulher diante do impasse da promessa da modernidade:

> [...] enquanto não se acharem ligados todos os elos dessa cadeia de princípios democráticos e sociais, onde a igualdade aparecerá ligada à hierarquia e o espírito feminino participando desse **comício universal e sublime**, desmentindo

> por sua iniciativa e por seu aperfeiçoamento as tradições históricas, colocando o direito acima do consenso humano; enquanto, dizemos nós, todas estas utopias não houverem perdido a exaltação das teorias para tornarem-se uma realidade, ou antes, uma necessidade prática, geral e unanimemente reclamada pela humanidade, **o espírito humano trabalhará, a despeito mesmo dos acontecimentos mais contrários** a suas tendências, e cada nação como cada indivíduo terá o direito, senão o dever, de concorrer com o seu pensamento e com a sua força para esse fim comum.

Também típico da modernidade, como já pontuamos anteriormente, aqui novamente se coloca a possibilidade de acelerar o tempo histórico. O ser humano passa a se ver como interventor, a partir de sua vontade racional, para a transformação de seus destinos. A imagem delirante de um "comício universal e sublime" também faz par com a ideia de progresso. Conforme já dito neste texto, o que está em jogo nesse tipo de afirmação é o pressuposto de que a história da humanidade passou a ser compreendida enquanto única e o padrão pelo qual se poderia medir essa história una dos povos é o europeu.

Não podemos perder de vista o fato de que o processo de feminização do magistério desenrola-se em meio a esse clima atravessado pela competição entre nações e pela fixação em relação à ideia de progresso e de aceleração do tempo histórico. Nesse quadro, os processos de democratização, em qualquer uma de suas vertentes, passavam a contar com uma concreta probabilidade de serem tomados como indicativos seguros de modernidade e civilidade. Nessa conjuntura, discursos sobre a importância da educação da mulher começam a ser cada vez mais frequentes. Em 1862, Dr. Francisco d'Araujo Lima, Presidente da Província da Paraíba do Norte, afirma em tom enfático:

> Quanto à instrucção que recebem nas escolas primeiras as classes inferiores, entendo mesmo que é mais profícua a da mulher, a qual, convertida em mãe de família torna-se a verdadeira mestra dos seus filhos, monitora doméstica, do que a do homem, cuja atividade é absorvida pelos cuidados da vida exterior. (RELATÓRIOS DOS PRESIDENTES DA PROVÍCIA DA PARAHYBA DO NORTE, 1862)

Na outra década, o jornal paraibano *A Ideia* — 13/12/1879 — em artigo de página principal, vai tratar exclusivamente da questão da mulher no Brasil do período, denunciando-a como indicativo de atraso do século.

> Sim, não é pois, somente um erro mas também uma injustiça lamentável que neste problema sublime da igualdade humana, que **o nosso século procura resolver**, só uma parte da humanidade seja contemplada, só a uma caiba o direito de pensar e de ser livre. Sua condição tem sido sempre inferior aos seus destinos. O que parece verdadeiro é que de espaço a espaço a mulher aparece na história dos povos cultos resplandecente de inteligência, de saber, de virtude e de valor. (grifos nossos)

Mais uma vez a ideia de que um tempo histórico procura resolver algo, pressupondo um poder enorme na capacidade de intervenção humana na definição de seus destinos. Na mesma edição — 13/12/1879 — o periódico paraibano *A Ideia*, como que para acelerar esse processo de democratização favorável às mulheres, passa a publicar dados biográficos de George Sand, escritora francesa que se tornou famosa por seu talento literário, embora com epíteto masculino. Eles explicam que as referências sobre aquela autora seriam um "apanhado de ligeiros traços de uma mulher ilustre, direi mesmo célebre, que apareceu com este **século fadado para tão grandes cousas**" (grifos nossos). É preciso chamar atenção também para o "narcisismo histórico" que marca essa autoconsciência temporal que assinala o advento da modernidade em passagens do século XVIII para o século XIX. Um tempo presente experimentado e representado pelos sujeitos neles inseridos como sendo único, importante e passageiro. Fugacidade comemorada em nome de um apreço ainda maior por um futuro que se julga de antemão como melhor, via ideia de progresso.

Ao lado da ascensão do frenesi em relação à educação das mulheres, a segunda metade do século XIX brasileiro continua convivendo durante um bom tempo com a presença da escravidão. As páginas de anúncios dos jornais brasileiros do período prenunciam o modo de configuração que as grandes cidades brasileiras foram tomando ao longo do século XX, em que produtos materiais detentores das mais avançadas tecnologias, incorporados na arquitetura urbana de certas regiões da urbe, convivem lado a lado com imensas extensões de onde essa modernidade planejadora parece escapar.

A percepção naturalizada dessa desigualdade, fator que possibilitou a conformação atual das nossas metrópoles e que ainda permite sua manutenção, também está presente nas páginas dos anúncios daquele jornal produzido anos antes, onde as referências ao refino da ciência e da Europa compartilhavam o mesmo espaço da violência de um discurso de perseguição a um indivíduo sem liberdade legal.

A IDEIA NA IMPRENSA PARAIBANA OITOCENTISTA

No Brasil do século XIX os jornais caracterizavam-se, de maneira geral, pela efemeridade, pela periodicidade irregular e pela miscelânea de informações. Seja para informar, instruir ou divertir, um jornal repercutia notícias de outros jornais nacionais e estrangeiros, chegando com frequência a manter correspondentes internacionais.[1] Notícias, contos, poesia, piadas, folhetins compunham as páginas dos periódicos, que tinham também por característica a semelhança com um livro, a pequena quantidade de páginas, a escrita sob anonimato, as epígrafes.

Na Paraíba, *A Ideia*, jornal em questão nesta parte do artigo, apresenta-se como uma revista crítica, noticiosa e literária. De publicação quinzenal, tem seu primeiro exemplar datado de 1879. No arquivo consultado,[2] encontramos apenas cinco edições desse jornal: quatro de 1879 e uma de 1880. Uma epígrafe da primeira edição, de autoria de Eugène Pelletan,[3] diz-nos um pouco sobre o pensamento que permeia o jornal, ao enfatizar o Positivismo, doutrina comum a essa época e da qual o escritor francês citado era adepto. Na edição de 28/01/1880, temos uma descrição do Instituto Histórico Arqueológico Alagoano sobre a equipe[4] de *A Ideia*:

> "A IDEIA" - Com este titulo sahio á plena luz da publicidade n'esta capital, um **periodico redigido por uma pleiade de moços estudiosos**, que sempre **anhelantes de instrucção, — nas horas de lazeres procurão assim melhor cultivo ás lettras** do que se fazem dignos representantes e extremos deffensores. [...] (*A Ideia*, 28/01/1880, p. 3, grifos nossos)

Sob a batuta desses jovens estudantes de Direito, ao que tudo indica, *A Ideia* parecia estar engajada em reorientar o lugar da mulher no Brasil oitocentista. Ainda que em alguns momentos retrate as mulheres sob o viés religioso, como recatadas e dóceis ou, num viés masculinizante, como heroínas fálicas e distantes, o periódico

---

[1] No caso da Paraíba da segunda metade dos oitocentos, isso fica bastante nítido no periódico *O Liberal Parahybano*, de 1879.

[2] Conferir o interessante acervo *on-line* de publicações paraibanas oitocentistas: <http://www.cchla.ufpb.br/jornaisefolhetins/acervo.html>.

[3] Eugène Pelletan (1813-1884), pensador francês, escritor, polemista e defensor do republicanismo.

[4] Sabe-se que era encabeçado pelo jornalista e político Eugênio Toscano de Brito, sobrenome tradicional na história oficial da Paraíba.

em questão, em geral, constituiu-se como um instrumento mobilizador da opinião pública em respeito aos direitos da mulher, ao reclamar para ela acesso à educação e à igualdade social.

Uma das autorias que circulam nesse jornal costuma se identificar como Mephistopheles,[5] autodescrevendo-se como "um homem sério, um homem de trabalho, dedicado exclusivamente ao serviço público". Apesar de se considerar um homem sério, é sempre em tom jocoso que redige os artigos que assina, inclusive quando se dirige à mulher.

Mephistopheles é uma das múltiplas vozes que falam por meio de *A Ideia*. Em algumas edições, ele trata, em sua coluna, de assuntos já discutidos em páginas anteriores, estabelecendo um diálogo entre eles, mas sob a pena do humor, da ironia, que tão bem caracterizam esse personagem.

Vejamos duas diferentes leituras sobre a comemoração do Natal. A primeira consta na parte editorial do jornal e não está assinada. A segunda pertence à seção *Folhetim*, de responsabilidade de Mephistopheles:

> Approxima-se o aniversario de um grande dia.
> 25 de dezembro, é este o dia que a natureza saúda em suas galas e a humanidade bemdiz em suas alegrias.
> É que elle assignala ao genero humano uma epocha de prosperidades, é que elle clariou o berço de sua regeneração, é que, finalmente, indica o apparecimento de um personagem extraordinario, que veio transtornar as suas doutrinas, confundir a sua philosophia, reformar a sua moral e, por sublymes misterios de amor e de graça, derrogar as proprias leis que regulão a materia, por que esse personagem maravilhoso que possuia o segredo de todas as sciencias era Jesus Christo. [...] (*A Ideia*, 23 nov. 1879, p. 1)
> [...]
> Dizem que o melhor da festa é esperar por ella. Não sou desta opinião. O bom é ver o alvoroço no seu auge, todas as saias em movimento, as igrejas regorgitando de gente, que aos encontrões e em completa confusão prepara-se para a missa do gallo; não sendo possivel nessa occasião conhecer-se quem por desabafo de coração dá um braço forciori n'uma jovem, ou

[5] Personagem satânico da Idade Média, tomado como sinônimo do próprio diabo. Conhecido também pela versão de *Fausto* do escritor alemão Johann Wolfgang von Goethe.

> um biliscãosinho amoroso. Tudo isto passa-se na vespera, ligeiramente é verdade, mas de um modo deslumbrante. E quando chega o dia da festa com que anciedade não são recebidos os pratinhos de pasteis, os bolos, os queijos e os differentes assados que nos apresentão, exhalando um cheiro provocador, e á que addicionamos uns copinhos de excellente vinho!... E ha quem diga que o melhor da festa e esperar por ella! Puff!!! [...] (*A Ideia*, 13 dez. 1879, p. 12)

Na primeira passagem, o autor usa a lente religiosa para discorrer sobre a importância do Natal. Jesus é a figura central do argumento; o que se espera é a chegada do Natal como o dia em que se comemora o nascimento dele, não sem se remeter aos sérios conceitos newtonianos das ciências da época ao citar as leis gerais da matéria. Sob a pena de Mephistopheles, porém, impera a visão mundana da festa, que é uma oportunidade de se comer bem, e até de namorar, que é celebrar o agora em vez do que está por vir.

E é esse jornal, que abarca diferentes representações de gênero e de modernidade, que nos apresenta uma figura feminina como escritora, a francesa George Sand, pseudônimo masculino de Amandine Dupin, considerada uma das precursoras do feminismo no mundo.

ENTRE A PENA E O CHARUTO: AMANDINE DUPIN COMO GEORGE SAND

Anatomicamente mulher, George Sand transita entre os gêneros masculino e feminino. Essa dupla faceta de gênero traz dificuldades para o escritor do artigo divulgado no periódico que agora é o foco de nossa análise. Trata-se de uma espécie de biografia que se estende por duas edições de *A Ideia*. A saída encontrada pelo autor parece ter sido tanto a de ressaltar alguns aspectos do que seria sua suposta "natureza feminina" — omitindo os que iriam contra esse postulado — bem como exaltar algumas de suas atitudes masculinizadas — varrendo para debaixo do tapete outras possíveis, conforme tentaremos esclarecer a seguir.

No relato analisado, George Sand, enquanto figura feminina, é moralmente impecável e recatada sexualmente. Em seu polo masculino, Sand é celebrada pelo autor por ser impetuosa em suas atitudes no mundo público, corajosa ao defender suas ideias, emprestando-lhe a aura de heroína e mártir.

É preciso ressaltar o quanto há de montagem nessa representação construída pelo jornal paraibano em questão, o quanto essa escrita "inventa" à sua maneira uma personagem. Uma pergunta importante: por que nada foi dito sobre a Sand que tinha amantes, que mantinha relacionamentos amorosos com mulheres, que chocava a sociedade de sua época pela transgressão, ao vestir-se como homem,[6] ou fumar em público?

Na introdução do artigo intitulado George Sand, publicado na *Seção Literária* de 13/12/1879 no periódico *A Ideia*, a escritora é retratada com um "exemplo magnífico" de mulher que "apparece na historia dos povos cultos, resplandecente de intelligencia, de saber, de virtude e de valor". Note-se que a palavra virtude tem uma origem latina marcadamente ligada ao apreço que os romanos tinham pelo universo masculino, principais construtores do Império por meio das guerras de conquistas. Tem a mesma origem, por exemplo, da palavra virilidade ou da palavra virilha, esta última que remete diretamente à genitália masculina.

Em outro artigo publicado na mesma edição do jornal, imagens semelhantes aparecem atreladas ao feminino, como forma de valorizá-lo: "Será, entretanto, que a mulher não tenha provado uma só vez o seu **heroismo**, o seu valor, a sua constancia e a sua capacidade intellectual?" (grifos nossos).

Heroísmo, caráter cristalizado como apanágio masculino, natural ao guerreiro, é a palavra-chave que vai ancorando outras mulheres igualmente guerreiras, sobretudo pela escrita. Já a citada capacidade intelectual parece só terem aquelas que foram capazes de prová-lo. Teriam sido os casos de Joana d'Arc, Madame de Stäel, e a própria Sand:

> [...] Aqui mesmo em nosso paiz, quantos exemplos não temos de **abnegação**, de **heroismo** e de **talentos** da mulher.
> Não é porventura esta a patria de **Paraguassu** e de **Dirceo**[7]? Não é por ventura a patria de tantas, que **ao lado de seus maridos, pais e irmãos lhes igualarão em valor ante as balas dos holandezes**? Não é finalmente a patria das **illustres poetizas e escriptoras** Rita Joanna de Souza, Angela do

[6] Apenas no final do artigo publicado em *A Ideia* é dito que ela "tomou as vestes de homem" num sentido simbólico, não por uma atitude de rebeldia, mas "porque só ao homem lhe pareceu ser dada a gloria do renome e da posteridade".

[7] Marília de Dirceu, personagem do poeta árcade Tomás Antônio Gonzaga.

> Amaral Rangel, Delfina, Maria Ribeiro, Narcisa Amalia e tantas outras que cança innumerar? [...] (*A Ideia*, 13 dez. 1879, p. 1-3, grifos nossos)

Somente comprovando sua bravura enfrentando balas ou sua capacidade intelectual por meio da escrita, estaria a mulher em condições de igualdade perante o marido, o pai e os irmãos? Ser homem parece ser o suficiente para se ter valor, condição que lhe seria natural. Mulher e valor, por outro lado, parecem estar naturalmente dissociados. Para que essa união seja efetivada, são necessários adjetivos masculinos.

Já nas páginas de *O Sexo Feminino*, jornal declaradamente feminista da cidade de Campanha, Minas Gerais, publicado no ano de 1874, George Sand serve de exemplo para as demais, encorajando-as ao trabalho. Ela é aquela que, "'com a pena na mão' e trabalhando intelectualmente, faturou uma fabulosa quantia inimaginada para o universo doméstico da mulher que, 'ainda que vivesse duas vidas de cem anos, jamais chegaria a ganhar com o trabalho físico'" (*O Sexo Feminino*, 28/03/1874, p. 4 *apud* NASCIMENTO; OLIVEIRA, 2007, p. 448).

Essas caracterizações, que podem ser estabelecidas — por que não — como um jogo de poder, de forma a polarizar os sexos, dizem-nos muito dos que produzem e dos que se apropriam dos conteúdos dos jornais, o que nos leva a pensar no caráter pedagógico da imprensa. Ao veicular determinadas notícias de determinadas maneiras, busca, por um lado, consenso (aceitação por parte de quem lê); por outro, implementação de um outro modo de pensar o assunto em questão, ou seja, formação dos quadros mentais do leitor.

Falar de George Sand é entrar em uma miríade de possibilidades, é estar diante do mistério de ser humano. Segundo Perrot, o que há de valioso na experiência de Sand é que se comporta:

> como um indivíduo esquecido de seu sexo e indiferente ao sexo ao qual ela pertence. Este paradoxo é inerente à situação ambivalente que é a sua, às contradições com as quais esta pioneira é confrontada. Ela, que subverte as fronteiras, usurpa os domínios masculinos, confunde as pistas e assume identidades múltiplas. (PERROT, 2005, p. 414-415)

O caso de George Sand mostra que outras condições de ser mulher — para além das rígidas fronteiras que costumam separar os sexos —, de experimentar a clássica divisão de gênero, eram (e são) possíveis. Mas *A Ideia*, ao decidir falar sobre essa figura, retrata-a apenas como uma heroína de romance, um ideal a ser perseguido, exemplo distante, quase inalcançável.

Não desconsideremos, contudo, que, em um momento histórico em que a palavra pertencia prioritariamente ao homem, em que a vida da mulher delimitava-se predominantemente ao espaço do privado, trazer à tona a imagem de George Sand constitui-se, sem dúvida, um marco para a construção de novas oportunidades para o gênero feminino no período, e eis aí, certamente, um mérito da publicação de *A Ideia*.

PARA ALÉM DE GEORGE SAND...

Ao lado da figura de George Sand, outra escritora nos é apresentada na imprensa paraibana: a suíça Cecilia Bohl, que assina sob o pseudônimo de Fernan Caballero. Apesar de não se vestir como um homem nem de fumar em público, como o fez Sand, Bohl é representada na edição de 27/06/1877 de *O Conservador* como um ser quase masculino. Segundo o periódico em questão, diferentemente de muitas mulheres que lhe foram contemporâneas, ela

> conhecia profundamente o latim e fallava com admiravel facillidade o italiano, o francez e o allemão. Eram-lhe familiares muitas materias que nem sempre são do dominio dos estudos femininos, e comquanto as suas novellas e outros trabalhos litterarios revelem mais sentimento e mais engenho do que saber, ainda assim pela sua illustração mereceu o applauso dos doutos e foi o encanto da sociedade que a rodeou durante a vida. (*O Conservador*, 27/06/1877, p. 2)

Utilizar um pseudônimo masculino não fez de Bohl quase um homem, mas sim a forma como teria se tornado escritora, tal qual ela nos é apresentada pelo jornal: foi educada pelo pai[8] — em uma época em que tal responsabilidade era fortemente delegada à mãe —, conhecia outras línguas e era familiar a "muitas materias que nem sempre são do dominio dos estudos femininos", muito embora essas não sejam especificadas. Atividades e prendas domésticas, que costumam estar associadas ao universo de formação da mulher do século XIX, não são mencionadas.

[8] Comerciante de Hamburgo, foi cônsul em Cadiz.

Ainda assim, mesmo dominando assuntos convencionalmente fora do campo de conhecimento feminino — o que lhe valia uma admiração social em virtude de sua ilustração —, em sua escrita o "sentimento e engenho" sobrepujariam seu "saber", segundo o articulista. Apesar de sua trajetória social e intelectual marcadamente masculina, sua suposta "natureza feminina" estaria sempre embaçando esses outros fatores. Talvez fosse exatamente desse ponto negativo de origem, desse pressuposto de leitura masculina, que George Sand estaria fugindo ao adotar um nome de homem.

A utilização de pseudônimos masculinos por mulheres no século XIX era estratégia comum na literatura e na imprensa, visto que "[...] sua palavra pertence à vertente privada das coisas [...]. O que é recusado às mulheres é a palavra pública" (PERROT, 2005, p. 317-318). Era, portanto, uma forma de resistência da mulher, para se fazer ouvida, com o objetivo de tomar a palavra para ocupar o espaço público.

Ainda na *Seção Literária* do periódico *A Ideia*, de 1879, é preciso ressaltar o fato de que Sand, para o articulista, amaria mais a filosofia do iluminista Rousseau, a quem tomava como "apóstolo da verdade", "do que as sans doutrinas do Evangelho". Rousseau está presente também no mesmo texto anterior a *Seção Literária* da mesma edição que traz imagens de mulheres heroínas. Naquele, porém, ele representa o passado: "[...] Pois será crível que hoje, **no meio dos esplendores da vida industrial e entre as magnificencias com que o espirito humano tem enriquecido a civilização moderna**, pensemos ainda como Diderot, Montesquieu e **Rousseau**, a um seculo passado?" (grifos nossos).

O redator dos dois textos, embora não identificado, parece o mesmo. Nas duas oportunidades que teve para criticar a situação social da mulher, recorreu a Rousseau para endossar seu argumento. Entretanto, o filósofo iluminista soa ora como atrasado há um século, ora como "apóstolo da verdade". Não deixa de ficar evidente também a visão positiva que *A Ideia* mantinha dos evangelhos bíblicos.

Com relação ao casamento, seguindo o costume de sua época, o artigo afirma que Sand casou jovem, "aos 17 annos", com o barão Dudevant, "homem já não moço". O matrimônio, porém, foi desfeito alguns anos depois, quando George Sand abandona o marido para fugir com o amante Jules Sandeau, em cujo nome se inspira para adoção de seu pseudônimo. É em parceria com esse que ela escreve seu primeiro romance: *Rose et Blanche*.

Assim é descrita a introdução de Sand no casamento:

Tal como uma santa, uma devota do Senhor, que "entrevia os explendores magnificos de sua gloria", a sugestão é que Sand levava uma vida monacal, em paz, que foi desequilibrada pelos jugos do casamento. Essa informação, porém, não consta em nenhuma das versões que traçam a biografia da escritora de forma a pintar uma imagem esplendorosa da autora como uma virgem introduzida nos ritos matrimoniais.

Fica claro que o casamento, para o articulista anônimo, estaria ligado a "laços indissoluveis e eternos", sinônimo de "indissolúveis e eternos sacrifícios" que deveriam ser superados pelas mulheres virtuosas. Amantina, porém, por ser uma "grande alma fadada para a liberdade e para a luz, não podia achar no casamento senão a sombra e a dor".

Sob a imagem da tentação, argumenta o redator: "O corpo não resiste a tanto soffrer; nas grandes luctas do espirito cede a materia". Então, em refúgio nos Montes Pirineus, "no meio de uma natureza vivificante a louçã", ela foi, tal qual uma mocinha de folhetim, surpreendida pelo amor, "mas ella matou em seu espirito a faisca desse incendio voraz e com a resignação e heroismo da amada de 'Raphael' dice, ao pé das montanhas, com os olhos no céo azul, adeus aquellas doces illusões para voltar a apparente ventura dos laços conjugaes".

O heroísmo reside no fato de resistir às tentações do espírito, ao qual a matéria costuma, fatalmente, ceder. O amor é perigoso, porque causaria um incêndio voraz. Melhor abandonar a incerteza de uma ilusão e voltar para a ventura dos laços conjugais, mesmo que aparente.

Para espantar de si a tentação do amor proibido, chama em seu auxílio "a poesia, as artes e a sciencia". Obtém como resposta, todavia, a visão de "um horizonte infindo e banhado em lucidas auroras: era o horizonte litterario que ella mais tarde devia percorrer e assignalar com traços emmorredouros". Apesar dos esforços, Sand não consegue resistir à tentação; abandona "sua riqueza e o seu marido para seguir a liberdade que a seduzia".

Na verdade, ao se desvencilhar dos laços matrimoniais, George Sand já vivia aventuras amorosas com o também escritor francês Jules Sandeau. Essa atitude dela talvez seja omitida para que não sirva de mau exemplo para outras mulheres. Afinal de contas, ao abandonar a riqueza e o marido, o conforto e a segurança, ela partia em busca de uma liberdade que não era sólida, que não passava de sedução.

As obras literárias fruto dessa dolorosa experiência marital foram *Indiana*, *Valentina* e *Lélia*, "expressão viva e palpitante de seu soffrimento contra a instituição do matrimonio". A primeira delas foi o marco da estreia de Sand como escritora[9] e de seu pseudônimo, que aparece

[9] Anteriormente, Sand havia escrito *Rose et Blanche*, porém em parceria. *Indiana* marca a carreira independente da escritora.

> para occultar o nome da mulher illustre que não ouzou afrontar o escandalo e o ridiculo de uma sociedade que não concedia a mulher o direito de pensar e de livre, e, como se não julga-se bastante o pseudonymo, ella tomou as vestes de homem, porque só ao homem lhe pareceu ser dada a gloria do renome e da posteridade. (*A Ideia*, 13 dez. 1879, p. 8)

CONSIDERAÇÕES FINAIS

Seja em Relatórios de Presidentes de Província, seja na imprensa, a discussão que se estabelece na Paraíba da segunda metade do XIX é marcada por preocupações com temáticas como modernidade, gênero e educação. Epítetos do moderno aparecem nos dois suportes analisados, muitas vezes com matizes distintos e algumas vezes opostos.

A partir das imagens escolhidas pela imprensa paraibana oitocentista para representar algumas mulheres escritoras, podemos perceber quão tênue é a fronteira que separa os gêneros. George Sand e Cecilia Bohl, embora tenham nascido mulheres, apresentam características que podem ser atribuídas aos gêneros feminino e masculino e isso é algo que impactava bastante os jornalistas brasileiros.

No contexto da modernidade, o elemento feminino, mesmo tendo sido associado — inclusive por muitos homens — ao moderno, faz-se presente nos jornais com nuanças também masculinas. O jornal *A Ideia*, veículo próprio da modernidade, oferece, sem dúvida, novas possibilidades para representação da mulher na Paraíba oitocentista, ao dedicar algumas de suas páginas à controversa personalidade da escritora George Sand.

Seja com a pena na mão e o charuto na boca, seja sob a cordial imagem do sobrenome Caballero, essas mulheres escritoras tiveram reconhecimento público pelo trabalho com a escrita. Tendo algumas qualidades exaltadas e outras omitidas, é sob o olhar dos homens da imprensa que a pena escreveu a história dessas mulheres na Paraíba oitocentista.

FONTES

A Ideia. Revista critica, noticiosa e litteraria. Publicação quinzenal. Parahyba, anno I, n. 4, 23 nov. 1879.

______. Revista critica, noticiosa e litteraria. Publicação quinzenal. Parahyba, anno I, n. 3, 13 dez. 1879.

ACADÊMICO Parahybano. Publicação quinzenal. Parahyba, anno I, n. 2, 20 jul. 1866.

O CONSERVADOR. Orgão Constitucional e Catholico. Parahyba, anno III, n. 2, 27 jun. 1877.

RELATÓRIOS DOS PRESIDENTES DA PROVÍNCIA DA PARAHYBA DO NORTE. (1840-1880). Disponíveis em: <www.crl.edu/brazil/provincial>.

REFERÊNCIAS

BUITONI, Dulcília Helena Schroeder. *Mulher de papel* – a representação da mulher na imprensa feminina brasileira. São Paulo: Loyola, 1981.

CARVALHO, Marcus V. C. Moderno, modernidade, modernização: polissemias e pregnâncias. In: FARIA FILHO, Luciano Mendes de *et al.* (Org.). *Moderno, modernidade, modernização*: a educação nos projetos de Brasil – séculos XIX e XX. Belo Horizonte: Mazza, 2012. v. 1.

GUMBRECHT, Hans Ulrich. *A modernização dos sentidos*. São Paulo: Ed. 34, 1998.

KOSELLECK, Reinhart. *Futuro passado*: contribuição à semântica dos tempos históricos. Rio de Janeiro: Contraponto; Ed. PUC-Rio, 2006.

NASCIMENTO, Cecília Vieira do; OLIVEIRA, Bernardo J. O Sexo Feminino em campanha pela emancipação da mulher. *Cadernos Pagu*, 29, p. 429-457, jul./dez. 2007.

PERROT, Michelle. *As mulheres ou os silêncios da história*. Tradução de Viviane Ribeiro. Bauru: EDUSC, 2005.

______. *Mulheres públicas*. Tradução de Roberto Leal Ferreira. São Paulo: Fundação Editora da Unesp, 1998.

O Brasil para argentino ler: aproximações do livro *El Brasil intelectual*: impresiones y notas literarias, de Garcia Mérou

Luciano Mendes de Faria Filho
Bruna Marinho Valle Roriz

Este texto apresenta o recorte de uma investigação que busca identificar e analisar os saberes em circulação e as imagens construídas sobre o Brasil em obras publicadas na Argentina, nas primeiras décadas do século XX, mais precisamente no espaço temporal compreendido entre a troca de visitas presidenciais de Julio A. Roca ao Brasil (1899) e de Manuel Ferraz de Campos Salles à Argentina (1900), e a visita de Getúlio Vargas ao país vizinho em 1935.[1] O objetivo deste texto é apresentar os recortes e as seleções efetuados por Martín García Mérou, no leque de pensadores e pensamentos brasileiros do século XIX, para construir o seu "Brasil intelectual", apresentado no livro *El Brasil intelectual*: impresiones e notas literárias.

Esse livro pode ser definido como uma ampla resenha da produção intelectual brasileira, publicada em formato de livro, em 1900, pelo conceituado editor Félix Lajouane. Trata-se de um grosso volume de 454 páginas que teve 200 exemplares

[1] O subprojeto de pesquisa, "O Brasil para estrangeiro ler", integra o Projeto Moderno, modernidade, modernização: a educação nos projetos de Brasil, séculos XIX e XX, financiado pela Fapemig e pelo CNPq. Parte dos resultados foram apresentados em texto anterior (FARIA FILHO; RORIZ, 2012) no qual buscamos entender as representações sobre o Brasil construídas e divulgadas, nesse país, por um conjunto de livros publicados ao longo da primeira metade do século XX. Na continuidade da pesquisa, pretendemos expandir a investigação utilizando um questionário a respeito da circulação do livro e do seu diálogo com seus pares argentinos e brasileiros do período.

impressos em papel vergê. Ainda que date de 1900 a sua publicação, algumas passagens do livro levam a pensar que o texto fora escrito, anteriormente, no ano de 1896. Isso porque, já na dedicatória, Mérou sublinha que realizou a resenha do pensamento brasileiro durante o período em que representou a Argentina no Brasil, possivelmente enquanto era cônsul nesse país. Além disso, ao longo do livro, o autor menciona um trabalho de Tristão de Alencar de Araripe Junior, que foi publicado em 1896, como tendo acabado de aparecer: "el último libro de Araripe Junior acaba precisamente de aparecer, pero su contenido me era familiar por haberlo leído casi completo en las columnas de A Semana". Por fim, ao realizar uma análise do ensaio de Joaquim Nabuco sobre o político chileno José Manuel Balmaceda, Mérou, em uma nota, enfatiza mais claramente que: "excusado es advertir al lector que estas, como las páginas anteriores, fueron escritas en 1896 y que sus observaciones se aplican a condiciones substancialmente modificadas por el tiempo" (MÉROU, 1900, p. 250; 273).

Uma vez que o referido livro aborda questões referentes ao distanciamento entre brasileiros e argentinos no que diz respeito à produção intelectual desses dois países, é válido traçar algumas considerações acerca das relações estabelecidas entre o Brasil e os países hispano-americanos ao longo do século XIX e início do século XX. Nas análises sobre as relações entre os países da América Latina costumam surgir questionamentos a respeito do lugar ocupado pelo Brasil nesse subcontinente. Seria esse país dotado de costumes tão particulares ou formado por um desenvolvimento histórico tão distinto que fariam dele uma "outra" América? Tal tema vem sendo tratado em trabalhos de grande interesse que apontam para uma histórica oscilação nas relações entre o Brasil e o restante do subcontinente americano. Como observa Kátia Gerab Baggio, ao analisar as representações da América Latina construída por intelectuais brasileiros, "a identificação dos brasileiros como latino-americanos é fluida, variável, mais ou menos presente dependendo das circunstâncias e do momento histórico. Mas, não há dúvida de que as diferenças são mais destacadas do que as similitudes" (BAGGIO, 1998, p. 8).[2]

Realmente, as diferenças e similitudes entre o Brasil e o os países hispano-americanos foram destacadas ou atenuadas a depender dos interesses em jogo e das conjunturas históricas. Durante o período monárquico, por exemplo, as distinções

[2] Sobre este tema, ver também: CAPELATO (2000) e PRADO (2001).

foram mais evidenciadas em razão de o Brasil ser o único país regido por esse sistema de governo em meio a uma América Republicana. O vizinho monarquista era visto como uma possível ameaça, ao mesmo tempo em que, no Brasil, circulava uma imagem "caudillesca" e anárquica das antigas colônias espanholas, em contraste com a "estabilidade" e "tranquilidade" que eram, comumente, associadas à monarquia.

A proclamação da República brasileira, em 1889, não alterou substancialmente esse quadro. É verdade que já em alguns movimentos republicanos era possível perceber um maior desejo de aproximação com o restante da América, como ocorre nos trechos finais do Manifesto do Partido Republicano de 1870. Nesse, é enfatizado que "Somos da América e queremos ser americanos", associando a ideia de ser americano a ser republicano, ao mesmo tempo que se tenta construir uma ideia de pertencimento, por parte da população brasileira, ao continente americano. Entretanto, de acordo com José Murilo de Carvalho, esse ideal americanista estava mais focado nos modelos político-sociais norte-americanos, de forma que "[...] a América que os republicanos tinham diante de si e de quem copiavam as novas leis era a anglo-saxônica e não a hispânica" (CARVALHO, 1998, p. 273). Assim, não se pode dizer que a proclamação da República tenha representado uma efetiva aproximação entre o Brasil e o restante da América Latina, visto que "a República não destruiu as distâncias entre o Brasil e a América Hispânica, pois as diferenças, muito mais que as semelhanças continuavam a ser destacadas" (PRADO, 2001, p. 146).

Ainda que o modelo de República vislumbrado pelos pensadores brasileiros fosse o norte-americano, não se pode negar que a Proclamação incentivou a busca de informações a respeito das repúblicas hispano-americanas, em uma lógica de conhecer o outro para compreender os próprios desafios surgidos com a implantação do novo regime. Além disso, tendo em vista principalmente as relações entre o Brasil e a Argentina, países vizinhos e com grande protagonismo no Cone Sul, pode-se dizer que a adesão do Brasil ao sistema de governo republicano revelou-se propício para o estreitamento dos laços diplomáticos, ainda que temporariamente, entre os dois países. Tal estreitamento foi simbolizado pela visita do presidente argentino Julio Roca ao Brasil, e de Campos Salles à Argentina, "embora a troca de visitas, concretamente, não tenha tido significação maior no direcionamento da política exterior do Brasil, deixou um saldo de simpatia, de serenamento de ânimos entre as duas maiores repúblicas sul-americanas" (BUENO, 1991, p. 253). Além de contribuírem para um ambiente diplomático mais amistoso, as visitas presidenciais estimularam a produção de diferentes livros e fotografias, com o intuito de documentar as viagens e construir um saber a respeito desses dois países que, até então, julgavam-se pouco conhecidos. Entre esse material, pode-se mencionar o livro *Dr. Manuel Ferraz de Campos Salles: presidente de los Estados Unidos del Brasil*: homenaje de la "Tribuna", escrito por Agustín de Vedia, em 1900[3] e *El Brasil intelectual*: impresiones e notas literarias, objeto de nossa análise e discussão, neste texto.

LITERATURA E DIPLOMACIA

Inicialmente, é importante traçar algumas considerações a respeito do lugar de onde falava Martín García Mérou, já que, uma vez que não são neutros, os discursos devem ser associados com a posição de quem os cria ou reproduz (CHARTIER, 1990). Nesse sentido, deve-se enfatizar que o autor era um diplomata argentino que, por duas vezes, foi designado para trabalhar no Brasil.[4] Mérou, inclusive, comenta que adquiriu as suas primeiras noções a respeito da literatura brasileira em uma viagem com duração de três dias ao Rio de Janeiro, em que se encontrou com o brasileiro — também diplomata — Joaquim Francisco de Assis Brasil.[5] Mérou, ao se referir a Assis Brasil, comenta que

> su palabra elocuente y pintoresca me trazó a grandes rasgos el perfil de los principales publicistas del Brasil; su espíritu crítico penetrante me señaló las modalidades de los unos y las tendencias subjetivas de los otros. *Casi ninguno de los nombres que acudían a sus labios me era ni siquiera conocido*. Hoy, en su mayor parte, ellos me son familiares [...]. (1900, p. 193, grifos nossos).

Ainda que, pelo próprio caráter do ofício, os diplomatas costumem ter acesso às produções culturais dos países onde atuam, essa passagem evidencia que, no período analisado, a diplomacia detinha um lugar de grande privilégio no que se refere às trocas intelectuais, à circulação de saberes. Assim, pode-se dizer que "a diplomacia

[3] Este livro foi escrito como uma homenagem a Campos Salles por ocasião de sua visita. Nele se exaltam o republicanismo e o antiescravismo do presidente brasileiro.

[4] Em 1884, como secretário da representação do Rio de Janeiro, e em 1891, como cônsul no Brasil. Informações em: SORÁ, 2003.

[5] Assis Brasil, inclusive, foi ministro plenipotenciário do Brasil na Argentina.

[...] foi um dos caminhos mais frequentes entre os que possibilitaram o estabelecimento ou aprofundamento de relações intelectuais entre brasileiros e hispano-americanos" (BAGGIO, 2010, p. 143).

O papel de Mérou como diplomata fez também com que ele estivesse presente na comitiva de Julio A. Roca em sua visita ao Brasil, sendo o livro *El Brasil intelectual* dedicado ao presidente argentino. Em sua dedicatória, Mérou faz um agradecimento a Roca: "Mis esfuerzos constantes por hacer más íntimos los vínculos que nos ligan con aquel país, contaron siempre con su apoyo y con su simpatía" (p. V). O agradecimento corrobora a ideia de um interesse por parte do presidente argentino em estreitar os vínculos entre seu país e o Brasil. Para Mérou havia uma real necessidade dessa aproximação, pois se observava um enorme desconhecimento dos hispano-americanos no que se refere à produção literária brasileira; o autor frisa que os argentinos tinham acesso à parte da produção dos demais países da América Hispânica, o que não era costume ocorrer em relação às obras brasileiras: "De todas las literaturas sudamericanas, ninguna es tan poco conocida entre nosotros como la del Brasil" (1900, p. 1). Tal situação deveria ser revertida por meio de um maior intercâmbio intelectual entre esses dois países, o que nos faz pensar que Mérou, ao escrever a sua resenha literária, dispõe-se a iniciar esse movimento de aproximação e de maior circulação de saberes entre brasileiros e argentinos.

Esse argumento revela o caráter diplomático presente na obra de Mérou, o que foi muito bem analisado por Gustavo Sorá, em seu livro *Traducir el Brasil* (2003). Sorá atenta-se para a ideia de que o autor em questão apresenta o seu trabalho no livro *El Brasil intelectual* como uma missão, como uma ação diplomática. Essa pretensão demonstra a articulação entre a produção literária e a diplomacia, de forma que Mérou poderia se enquadrar na caracterização de um "escritor-diplomático", tão presente no cenário literário das primeiras décadas do século XX. Além disso, ainda que em sua época Mérou não fosse o único a observar o distanciamento entre o Brasil e a Argentina, a ênfase dada por ele à necessidade de vencer tal desconhecimento por meio de uma maior circulação de saberes foi bastante reproduzida posteriormente por autores argentinos e também brasileiros, de forma que, segundo Sorá, é possível se falar em uma "fórmula Mérou", afinal,

> Con el libro de García Mérou se produjo el primer estudio de síntesis de autor argentino, en el que el Brasil emerge como referencia de alteridad fundamental. Escribió un esquema de interpretación que posteriormente

> fue cristalizado por muchos de los que, al presentar la 'real' cultura brasileña en el escenario cultural, buscaron heredar la posición de 'embajador literario'. (SORÁ, 2003, p. 85)

O papel do Brasil como referência de alteridade é perceptível em vários momentos do livro em análise, uma vez que a premissa de problemas comuns permite um exercício de comparações, estabelecendo semelhanças e diferenças — cortes e suturas, para usar a expressão de F. Artog (1999) — entre a realidade brasileira e a argentina. Tais comparações auxiliam na construção de um conhecimento sobre o outro, ainda que esse outro seja um vizinho pouco conhecido. Assim, já no começo do livro, Mérou menciona as grandes conexões entre os processos históricos da Argentina e do Brasil, uma vez que

> nuestra historia política [da Argentina] está en contacto con la suya [do Brasil], desde la época colonial. Hemos cruzado nuestras armas en guerras gloriosas [...] nuestros intereses comerciales son solidarios y los productos de nuestro suelo se complementan, [...] hemos vaciado en el mismo molde nuestras instituciones políticas y hemos chocado con los mismos obstáculos al llevar a la práctica sus principios liberales. (MÉROU, 1900, p. 4)

As comparações, entretanto, não se operam apenas entre a Argentina e o Brasil. Em alguns momentos, percebe-se a intenção por parte do autor de inserir esses dois países no espaço mais amplo do continente americano, buscando traçar considerações sobre a realidade de ambos em comparação com outros países da América Latina. É o que ocorre, por exemplo, em sua interessante consideração a respeito das más condições de produção intelectual na Ibero-América. Sobre isso, Mérou, ao estudar a obra de José Veríssimo, comenta que esse autor brasileiro percebe com muito pesar a falta de estímulo e os obstáculos que prejudicam a produção intelectual na região. Logo o "escritor-diplomata" comenta que,

> y bien mirado, ni los brasileros ni los argentinos tenemos derecho de quejarnos, cuando nos comparamos con nuestros colegas de Colombia, de Venezuela, del Perú, de Centro-América. Allí, como aquí, por lo menos rodeamos de cierta consideración à algunos de nuestros escritores, hay nombres y reputaciones consagradas, hay uno que otro editor que emplea sus capitales en las aventuras de la publicidad (1900, p. 100).

Essa publicidade realiza uma oposição e um distanciamento em relação ao restante do continente que, ao mesmo tempo, permitem um movimento de aproximação entre argentinos e brasileiros.

VIDA INTELECTUAL BRASILEIRA *FIN DE SIGLO*: SUAS COLUNAS E SUAS NOVIDADES

Ao se propor a realizar uma resenha do pensamento intelectual brasileiro, García Mérou opera uma seleção dos autores e textos que serão abordados. Consciente dos limites de seu trabalho, chega a afirmar: "¡Cuántos otros espíritus distinguidos, que no he podido siquiera mencionar, desfilan en la memoria reclamando un puesto de honor en esta rápida reseña literaria!" (1900, p. 427). Por essa razão, é importante pensar em como o autor organiza o seu texto e a quais pensadores brasileiros é conferido um lugar de maior destaque.

Na organização do livro *El Brasil intelectual*, os capítulos são dedicados, respectivamente, ao pensamento de Silvio Romero (1851-1914), José Veríssimo (1857-1916), Alfredo Maria Adriano d'Escragnolle Taunay (Visconde de Taunay) (1843-1889), Assis Brasil (1857-1938), Araripe Júnior (1848-1911), Joaquim Nabuco (1849-1910) e Rui Barbosa (1849-1923). Por fim, Mérou traça algumas considerações a respeito dos jovens escritores brasileiros e do papel do periodismo neste país. Na apresentação dos autores, Mérou opera uma divisão entre diferentes produções intelectuais. No caso do Visconde de Taunay, Mérou detém-se a analisar sua obra literária, comentando os livros *Inocência, Quadros da Natureza* e *O Encilhamento*. Já nos casos de Silvio Romero, José Veríssimo e Araripe Júnior, o foco é dado à produção desses como críticos literários, ainda que em alguns momentos se comente a produção de tais autores no campo da própria literatura. Isso ocorre, por exemplo, com Araripe Júnior, quando Mérou menciona alguns de seus ensaios novelescos para logo concluir que o seu verdadeiro talento manifesta-se nas obras de crítica. Assim, pode-se dizer que a abordagem realizada por Mérou a respeito de diferentes escritores e períodos da literatura brasileira conta com os filtros proporcionados pelas obras críticas desses pensadores, construindo uma divisão entre autores de referência — que são os acima mencionados — e autores apenas referidos.

Nos capítulos dedicados a Silvio Romero, tal movimento torna-se particularmente claro. Mérou analisa, principalmente, os livros de Romero que estão dedicados à história da literatura brasileira ou aos textos filosóficos ou doutrinários, como *A*

Filosofia no Brasil (1878) e *Doutrina contra Doutrina* (1894). No que se refere à literatura do período colonial, o autor argentino aborda o tema tendo como base principal a *Historia da Litteratura Brazileira* (1886) e as opiniões de Romero são, frequentemente, enfatizadas, como o faz ao dizer que "El señor Romero elogia con razón la belleza de muchos de los versos de Basílio da Gama" (1900, p. 35).[6]

O destaque dado ao trabalho de Romero como fonte de informação a respeito da literatura brasileira não impediu, entretanto, que Mérou acessasse diretamente aos textos literários que menciona. O autor, inclusive, transcreve, nas páginas de *El Brasil intelectual*, trechos dos poemas *O Uruguai*, de Basílio da Gama, e *Caramuru*, de Santa Rita Durão, traduzindo-os para o castelhano. Além disso, ao mencionar o escritor Tobias Barreto — de quem Romero também se ocupa em sua *História da Literatura* —, Mérou observa que seu conhecimento a respeito desse não se limitava às referências contidas em tal livro: "He leído todos los versos suyos que transcribe el señor Romero, y otros dispersos en publicaciones variadas [...]" (1900, p. 65). Por fim, ainda que considere Silvio Romero como uma referência no estudo do pensamento brasileiro, não se exime de realizar algumas ponderações e críticas à sua obra, comentando que "[...] me deja un vacío en el espíritu, me parece confusa y poco ponderada, me hace difícil reconstruir en la mente el vasto todo que ha querido anima con el brillo de su palabra cálida y vibrante" (1900, p. 47).

José Veríssimo é também uma importante referência para Mérou no que tange à crítica literária. Em seu estudo sobre esse ensaísta e crítico paraense, Mérou propõe-se, então, a analisar os livros *Estudos brasileiros* (publicados em duas séries, a primeira em 1889 e a segunda em 1894) e *Cenas da vida amazônica* (1887), este último uma novela e não um trabalho de crítica.

Das muitas considerações a respeito do trabalho de Veríssimo, as questões referentes ao "espírito de imitação", presente na literatura brasileira chamam, particularmente, a atenção. Mérou transcreve diversos trechos de *Estudos brasileiros* em que Veríssimo verifica a carência de um caráter nacional no pensamento brasileiro, o que faria dele "uno de los más ardientes propagandistas de la independencia intelectual de la tierra de su nacimiento" (1900, p. 109). No argumento de Veríssimo, essa

[6] Foi principalmente por meio da obra de Romero que Mérou teve acesso a muitas informações sobre alguns períodos e produções da literatura brasileira. Essa leitura leva-nos a indagar sobre o lugar dos textos de Romero na divulgação do conhecimento sobre o pensamento intelectual do Brasil.

tendência à imitação intelectual relaciona-se com a falta de uma educação científica e com o pouco interesse que a instrução desperta entre os menos favorecidos. Para esse autor, a instrução pública brasileira seria extremamente desorganizada em todos os níveis e Mérou sublinha que a mesma dificuldade estava presente na Argentina. Outra comparação relevante ocorre quando Veríssimo afirma que, no Brasil, um escritor não consegue viver de suas obras e a ausência de uma base material representaria um obstáculo ao crescimento de um movimento intelectual no país. Mais uma vez, Mérou afirma ser a situação dos homens de letras na Argentina extremamente semelhante.

Para dar prosseguimento ao seu trabalho de apresentação dos principais críticos do Brasil, o autor de *El Brasil intelectual* dedica-se, por fim, aos estudos realizados por Araripe Júnior a respeito das obras de José de Alencar, Gregório de Mattos e Tomás Antônio Gonzaga. No que se refere ao primeiro, Mérou considera que, sem desconsiderar o grande mérito de Araripe Júnior, seu estudo a respeito de José de Alencar deixa um vazio, pois, quando se termina de lê-lo, a figura do escritor cearense permanece "turbia en nuestro espíritu". Já à biografia de Gregório de Mattos é dado um lugar de destaque não apenas na literatura brasileira, mas sul-americana, sendo esta: "[...] el trabajo literario más completo que haya sido escrito en Sud-América, a propósito de un poeta de la vida colonial" (1900, p. 230). O último dos poetas estudados, Tomás Antônio Gonzaga, é diretamente criticado por Mérou, que considera sua obra artificial e monótona. Ao traçar um paralelo com a literatura española, comenta que: "Gonzaga es ante todo un lírico a la manera del español Meléndez[7] [...] y demás pastores fingidos que inficionaron la decadencia literaria del siglo XVIII" (1900, p. 239). Por fim, assim como ocorre com Basílio da Gama e Santa Rita Durão, alguns versos de Gregório de Mattos e de Tomás Antônio Gonzaga são traduzidos e transcritos nas páginas de *El Brasil intelectual*, demonstrando que o autor teve acesso a eles e possui a intenção de divulgá-los aos seus leitores.

Mérou também reserva espaço em seu *El Brasil intelectual* para discutir as produções de dois importantes pensadores do período de transição do século XIX para o XX: Joaquim Nabuco e Rui Barbosa. Eles representariam, para Mérou, "las dos columnas más sólidas de la intelectualidad brasileira" (1900, p. 259) e, por isso, ne-

[7] A referência é a Juan Meléndez Valdés (1754-1817), poeta espanhol.

cessitavam ser devidamente abordados em uma resenha do pensamento intelectual brasileiro. Amenizando um pouco a ideia de uma grande ignorância na região do Prata a respeito da produção brasileira — argumento recorrente em *El Brasil intelectual* —, Mérou enfatiza que: "Ningún escritor brasilero es más conocido y apreciado entre nosotros que el Sr. Joaquín Nabuco" (1900, p. 259), ainda que este pensador estivesse afastado do campo da política por "su tendência conservadora".[8]

Mérou demonstra sua estima pela obra de Nabuco ao comentar que havia tido acesso ao livro *Reformas Nacionais*: o abolicionismo (1883) há mais de dez anos e "Desde entonces ese folleto me ha acompañado en mis largas excursiones, como si hubiera tenido la intuición de que algún día debía escribir estas impresiones de la vida intelectual del Brasil" (1900, p. 260). Assim, e mesmo que a escravidão houvesse sido abolida — o que para Mérou representava o fim de uma "doença" terrível —, este livro continuava tendo um grande interesse histórico e social. Além disso, seria Nabuco dono de um estilo de escrita insuperável no continente sul-americano, com a exceção do também brasileiro Rui Barbosa. Percebe-se, assim, que, mais uma vez, Mérou realiza o exercício de incluir a produção intelectual brasileira à do continente sul-americano, em um esforço de aproximar o Brasil da realidade intelectual de seus vizinhos.

Este estilo de escrita admirável do qual fala Mérou estaria trabalhado à perfeição no ensaio de Nabuco a respeito do político chileno José Manuel Balmaceda, presidente em tal país, de 1886 a 1891. Mérou ocupa-se desse ensaio para melhor expor a obra de Nabuco, apesar de revelar que, ainda que possua um amplo conhecimento a respeito do período Balmaceda, não se sentia confortável para realizar uma crítica totalmente independente por ser tratar de uma temática recente, que ainda despertava muitas paixões no Chile. Ainda assim, o "escritor-diplomata" discorda da abordagem de Nabuco por acreditar que os juízos desse pensador brasileiro estavam muito influenciados pelas condições políticas de seu próprio país. Além disso, é evidente no texto que as concepções republicanas de Mérou chocam-se com o pessimismo de Nabuco em relação a essa forma de governo e, sobre isto, o escritor defende que

> es cierto que las repúblicas de nuestro continente han pasado, con más o menos fortuna, por un período de agitaciones constantes desde principios

[8] No momento em que fala García Mérou, Joaquim Nabuco encontrava-se afastado da vida política por ser contrário ao regime republicano, defendendo a restauração da monarquia.

> del siglo [...]. Pero, es necesario también reconocer que las condiciones políticas de las más importantes secciones de nuestro continente mejoraran sensiblemente y todo hace esperar que la entrada en un régimen normal no es sino cuestión de tiempo. (1900, p. 290)

Apesar das discordâncias, ao encerrar o estudo da obra de Nabuco, Mérou faz um apelo interessante à juventude brasileira. O escritor argentino pede para que, ainda que as concepções políticas dessa juventude destoassem daquelas defendidas por Nabuco, que os livros desse autor fossem lidos, pois, por meio deles, poderiam ser obtidas valiosas lições de patriotismo e noção de bem público.

A outra sólida coluna da intelectualidade brasileira, Rui Barbosa, seria também "El primero de los hombres intelectuales del Brasil". Mérou ressalta o papel de destaque de Rui Barbosa em diferentes áreas: como orador impecável, literato, jurista, estadista. A obra *O Estado de sítio*: sua natureza, seus efeitos, seus limites (1892) demonstrariam o brilhantismo de Rui Barbosa no campo jurídico, sendo, segundo Mérou, uma das mais notáveis obras da literatura brasileira contemporânea. Ainda de acordo com o escritor argentino, o legado de Rui Barbosa seria particularmente significativo em sociedades como as nossas, em que o respeito à lei e à ordem ainda estariam se constituindo. "Todo el alegato de Ruy Barbosa abunda en sentencias que deberían quedar grabadas en el corazón de la juventud y llegar a constituir el evangelio políticos de estos pueblos nuevos" (1900, p. 340).

Na menção às *Finanças e política da República* (1892), Mérou aproveita para comentar a trajetória de Rui Barbosa como ministro da Fazenda (1889-1891) e sua questionada política econômica. Esse assunto seria de interesse uma vez que, na Argentina, os mesmos problemas econômicos relacionados à emissão de papel-moeda, à especulação e à organização bancária havia produzido males semelhantes ao verificado no caso brasileiro. Por fim, ao abordar o trabalho de Rui Barbosa como ensaísta, Mérou comenta o livro *Cartas de Inglaterra* (1895), que seria um grande estudo a respeito da produção de Thomas Carlyle.[9] Destaca-se a predileção de Rui Barbosa pelos livros ingleses, o que seria uma singularidade, uma vez que a literatura francesa é aquela que tanto no Brasil como na Argentina constituiriam "el pan del espíritu de nuestra juventud" (1900, p. 369).

[9] Thomas Carlyle (1795-1881), escritor escocês.

Se Sílvio Romero, José Veríssimo, Visconde de Taunay, Araripe Júnior, Joaquim Nabuco e Rui Barbosa são alguns dos grandes mestres da literatura contemporânea brasileira, há também jovens escritores, aos quais Mérou dedica um espaço ao final de sua resenha literária. Entretanto, quem são os jovens? Nomeando-os são, entre outros, Eduardo Prado (1860-1901), Olavo Bilac (1865-1918), Aluízio Azevedo (1857-1913), Raymundo Côrrea (1859-1911). São também, de forma geral, parnasianos, modernistas, pois, segundo Mérou, "Su nombre es legión". Percebe-se que o autor argentino, ao mencionar os "jovens", tem em mente uma nova geração: "hombres de la nueva generación", "los poetas de las jóvenes generaciones brasileiras" (1900, p. 385ss). Mérou parece, aqui, associar a noção de geração às ideias de mudança ou ruptura, trazendo o contraste e associando-se a uma "época" ou "escola de pensamento" (GIRARDET *apud* SILVA, 2002, p. 261-262). Afinal, os jovens escritores brasileiros não pertencem apenas a uma mesma faixa etária, mas perseguem outras formas de ideal e rechaçam os moldes tradicionais: "La tradición ingenua de la musa brasileira ha sido repudiada por estos hijos pródigos de la fantasía" (1900, p. 386).

No que se refere particularmente aos poetas, por exemplo, estes "se distinguen todos por su culto a la forma, por la maestría con que burilan la estrofa y pulen el verso hasta darle una consistencia y una corrección irreprochables", em uma clara alusão ao movimento parnasiano (1900, p. 397). Para expor o trabalho desses "poetas da forma", Mérou traduz, transcreve e analisa alguns poemas de Alberto de Oliveira (1857-1937) — presentes no livro *Sonetos e poemas* (1886) —, João Ribeiro (1860-1934), Fontoura Xavier (1856-1922) e Olavo Bilac (1865-1918), este último "el príncipe de los poetas de la juventud".

Finalmente, cumpre chamar a atenção para a forma muito periférica com que um dos grandes expoentes da literatura brasileira daquele momento (e dos anos vindouros), Machado de Assis, é referido no livro de Mérou. Não apenas ele não logra ganhar um capítulo à parte, como é referido muito rapidamente no texto. Caberia, pois, indagar, sobre os motivos do quase apagamento de um dos literatos mais respeitados do período, principal articulador da Academia Brasileira de Letras e seu primeiro Presidente, num contexto em que se buscava, justamente, divulgar a literatura brasileira no país vizinho. Teria esse esquecimento a ver com a forma nem sempre elogiosa com que Machado de Assis referia-se ao país vizinho em algumas de suas crônicas (RODRIGUES, 2013) ou simples desconhecimento do lugar do literato na cena intelectual brasileira? Ou haveria alguma razão mais profunda para este *apagamento* de Machado de Assis da vida intelectual brasileira capturada por Garcia Mérou?

O BRASIL DE MARTÍN GARCÍA MÉROU

A proposta de realizar uma síntese do pensamento intelectual brasileiro e o foco dado a alguns pensadores do país faz-nos indagar, em conclusão, a respeito de qual noção teria García Mérou a respeito da produção brasileira no campo das letras. Mais que isso: Qual seria o Brasil lido por esse escritor argentino e posto em circulação no livro *El Brasil intelectual*?

No momento em que escreve, o Brasil de Mérou era um país transformado pelo progresso, "purificado" pelo fim da escravidão e renovado pela mudança radical de suas instituições, agora republicanas. Nos políticos brasileiros daquele momento predominaria uma "honradez privada" e "el hábito de subordinar sus acciones a las exigencias de una escrupulosa moralidad", o que demonstra o tom elogioso e sensível utilizado por Mérou ao tratar da vida política brasileira de sua contemporaneidade. Contudo, o autor não desconsidera os momentos de instabilidade e agitação vivenciados na transição para o regime republicano, chegando a pronunciar que "las pasiones vibrantes que conmueven todavía al mundo político brasileiro no parecen por el momento manifestar tendencias a encontrar en un período de calma y tranquilidad" (1900, p. 319).[10]

Ainda que defensor do republicanismo, Mérou sustenta um argumento corrente em sua época, a saber: que a monarquia havia proporcionado um período de grande estabilidade ao Brasil, país que não conheceu o fenômeno do "caudillismo", tão comum em outros países da América do Sul. Tal tranquilidade seria, inclusive, uma das razões do próspero desenvolvimento literário verificado no Brasil, da formação de "una cultural literaria más sólida y original que la de las otras naciones sudamericanas" (1900, p. 19).

O destaque conferido ao valor da produção intelectual brasileira não impede, entretanto, que Mérou faça algumas críticas à mesma. Indo ao encontro das ideias de José Veríssimo, o autor acredita que, em um estudo do pensamento intelectual, uma das principais questões refere-se à existência de uma cultura artística autêntica na América do Sul, com características genuinamente nacionais. Observando o caso do Brasil, seria possível detectar um grande "espíritu de imitación que estraga la cultura

[10] Essas mesmas características foram por nós observadas em vários livros sobre o Brasil publicados na Argentina nas décadas iniciais do século XX. Cf. FARIA FILHO; RORIZ, 2012.

intelectual de aquella nación". Tal imitação teria se manifestado profundamente na literatura do período colonial — que não era mais que um ramo da produção portuguesa. Já no início do século XX, a adaptação às ideias estrangeiras, ainda que persistisse, ocorreria de forma mais seletiva e consciente, afastando-se da ideia de cópia pura e simples: "la literatura de Brasil, en consecuencia, se reduce a un proceso de adaptación de las ideas europeas a la sociedades americanas. Inconsciente en los tiempos coloniales, hoy ella trata de ser comprensiva; de la imitación servil de los primeros tiempos, ha pasado a la selección científica y literaria" (1900, p. 24). Para encerrar esse assunto, Mérou pergunta-se se poderia o Brasil aspirar a ter um pensamento próprio, dotado de "espírito brasileiro", quando ainda não teria, sequer, uma nacionalidade formada e homogênea. A resposta viria do literato francês Joseph Texte, pois, segundo esse pensador, as trocas e circulação de ideias entre países era algo, até então, permanente na história e "No hay literatura".

Ao pensar o Brasil por meio de sua literatura, é notável o destaque dado, em alguns momentos, à região norte desse país, não se restringindo aos grandes centros intelectuais brasileiros — como o Rio de Janeiro. Assim, para exaltar a enorme contribuição intelectual que o norte teria dado ao país, Mérou comenta que muitos dos grandes pensadores brasileiros são oriundos dessa região. Além disso, é no norte que se encontraria "la cepa genuinamente brasilera"; enquanto no sul, a originalidade da raça já havia se perdido em função da grande presença do elemento imigrante.

CONSIDERAÇÕES FINAIS

O último capítulo de *El Brasil intelectual* é dedicado ao livro *Cartas da Europa* (1894) escrito por Manuel Ferraz de Campos Salles. Como se sabe, Campos Salles era presidente do Brasil no momento de publicação da resenha literária de García Mérou e desenvolveu um importante papel nos estreitamentos dos laços diplomáticos com a Argentina. Assim, Mérou enfatiza que:

> no quiero cerrar estas páginas, sin consagrar una palabras a la faz literaria del talento distinguido del actual primer magistrado del Brasil, Doctor Manoel Ferraz de Campos Salles. Todos conocen al orador parlamentario, al jurista eminente [...]; pero no todos saben que el Dr. Campos Salles posee un brillante talento de escritor. (1900, p. 440)

A presença de Campos Salles em um livro a respeito do pensamento intelectual brasileiro demonstra, mais uma vez, as relações entre a literatura e a diplomacia. Mérou termina seu livro realizando os mesmos apelos percebidos na introdução, ou seja, a necessidade de se estimular, entre brasileiros e argentinos, um maior conhecimento a respeito de suas respectivas produções literárias, promovendo, assim, uma circulação de saberes entre esses dois países de grande destaque na América do Sul. Terminamos com uma citação que condensa bem esse interesse:

> [...] el Brasil y la República Argentina deben marchar unidas, deben estrechar sus filas contribuyendo juntas a mantener y exaltar la civilización en esta parte del continente sudamericano, para propender a esta obra de fraternidad, he querido mostrar a mis compatriotas algunos de los aspectos de la vida literaria brasileira. (1900, p. 453)

Mais de 100 anos depois, esse entrelaçamento de destinos continua tão salutar quanto problemático nas relações entre os dois vizinhos *sudamericanos*!!!

REFERÊNCIAS

FRANÇOIS, Hartog. *O espelho de Heródoto*. Ensaio sobre a representação do outro. Belo Horizonte: Ed. UFMG, 1999.

BAGGIO, Kátia Gerab. *A "outra" América*: a América Latina na visão dos intelectuais brasileiros das primeiras décadas republicanas. Tese (Doutorado) – Departamento de História, FFLCH-USP, São Paulo, 1998.

BAGGIO, Kátia Gerab. Ronald de Carvalho e toda a América: diplomacia, ensaísmo, poesia e impressões de viagem na sociabilidade intelectual entre o Brasil e a Hispano -América. In: BEIRED, José Luis Bendicho; CAPELATO, Maria Helena; PRADO, Maria Lígia Coelho (Org.). *Intercâmbios políticos e mediações culturais nas Américas*. São Paulo: EdUSP, 2010. p. 143-190.

BUENO, Clodoaldo. A proclamação da República no Brasil e seus efeitos nas relações com a Argentina: um interlúdio na rivalidade. In: *A visão do outro*: seminário Brasil-Argentina. Brasília: Ed. FUNAG, 2000.

CAPELATO, Maria Helena Rolim. O gigante brasileiro na América Latina: ser ou não ser latino-americano. In: MOTA, Carlos Guilherme (Org.). *Viagem incompleta*: a experiência brasileira (1500-2000): a grande transação. São Paulo: Ed. Senac, 2000.

CARVALHO, José Murilo de. Brasil: outra América?. In: *Pontos e bordados*: escritos de história e política. Belo Horizonte: Ed. UFMG, 1998. p. 270-274.

CHARTIER, Roger. *A história cultural*: entre práticas e representações. Rio de Janeiro, Bertrand do Brasil, 1900.

FARIA FILHO, L. M.; RORIZ, B. M. V. O Brasil para estrangeiro ler: livros publicados sobre o Brasil na Biblioteca Nacional de Maestros de Buenos Aires, 1900-1935. In: GIL, Natália; ZICA, Matheus da Cruz e; FARIA FILHO, Luciano Mendes de. (Org.). *Moderno, modernidade e modernização*: a educação nos projetos de Brasil – século XIX e XX. Belo Horizonte: Mazza, 2012. p. 53-80.

MÉROU, Martín García. *El Brasil intelectual*: impresiones y notas literárias. Buenos Aires: Félix Lajouane Editor, 1900.

PRADO, Maria Lígia Coelho. O Brasil e a distante América do Sul. *Revista de História*, São Paulo, n. 145, p. 127-149, 2001.

RODRIGUES, J. P. C. S. Da revolução à regeneração: crônicas de Machado de Assis e de Olavo Bilac sobre a Argentina. *Antíteses*, Londrina, v. 6, p. 127-148, 2013.

SILVA, Helenice Rodrigues. *Fragmentos da história intelectual*: entre questionamentos e perspectivas. Campinas: Papirus, 2002.

SORÁ, Gustavo. *Traducir el Brasil*: una antología de la circulación internacional de ideas. Buenos Aires: Libros del Zoral, 2003.

"A hora atual do mundo": Carneiro Leão, Orestes Guimarães e a modernidade educacional no Brasil dos anos de 1920

Solange Aparecida Hoeller
Carolina Ribeiro Cardoso da Silva
Vera Lucia Gaspar da Silva

INTRODUÇÃO

"A hora atual do mundo"[1] anuncia a necessidade de sintonizar o projeto educacional brasileiro com a modernidade educacional de países considerados mais avançados. Esse é um entre muitos argumentos que compõem discursos inscritos nas páginas de obras de relativa circulação nacional e que são tomadas neste trabalho como fonte, com base nas quais se busca refletir sobre possibilidades de interpretação acerca da modernidade educacional no Brasil dos anos de 1920.

O eixo de análise gira em torno dos conceitos de moderno e modernidade, no desafio do enfrentamento teórico-metodológico que marca esses conceitos — tendo em vista a já anunciada e denunciada polissemia que os envolve — no sentido de compreender modos como certas narrativas discursivas, imbricadas nessas noções, foram construindo uma ideia de educação e modernidade no Brasil dos anos de 1920.

Como fontes foram escolhidas duas obras de educadores que ocuparam espaço na cena pública nesse período: *À margem da história da República* - Tomo I[2]

---

[1] Expressão citada por Carneiro Leão (1924-1981).

[2] O *Tomo I* contempla sete produções, explicadas por Alberto Venâncio Filho — em um texto introdutório para segunda edição do livro, em 1979 — como sendo três de caráter mais narrativo de autoria de Celso

(1924/1981), organizada por Vicente Licínio Cardoso, com estreitamento para o texto de Antonio de Arruda Carneiro Leão – "Os deveres das novas gerações brasileiras"; e *Suggestões sobre a educação popular no Brasil*, de Orestes de Oliveira Guimarães, publicada em 1924. Carneiro Leão[3] (1924) e Orestes Guimarães[4] (1924), como a chamada dos títulos das suas produções sinalizam — "deveres" e "sugestões"—, colocaram-se como porta-vozes do povo brasileiro, dirigindo-se não apenas à geografia específica de algum estado ou a um ponto específico para a área educacional, mas delineando o que acreditavam que deveria ser providenciado para suplantar o indesejável em termos de "educação popular para o Brasil", no caso das "sugestões" de Orestes; e dos "deveres das futuras gerações brasileiras" para o progresso do país, no caso de Carneiro Leão.

Os textos, considerados como representativos do "pensamento político e cultural renovado", apresentam uma análise quase sempre comparativa entre passado, presente e futuro, possibilitando também compreender, além do pensamento educacional, o pensamento social do período. As referências ao passado frequentemente recebem um tom de crítica ao regime político do Brasil Império ou mesmo anterior a ele, como algo a ser superado, adaptado às necessidades do presente.

Esses "intérpretes" apontam as causas e soluções do que consideram as problemáticas daquele momento (anos de 1920). Ainda que se tenha que ter em conta as diferentes condições de produção entre as obras de Orestes Guimarães e Carneiro Leão — a primeira sob encomenda e a segunda de ordem mais "independente" —

Vieira, Jonathas Serrano e Nuno Pinheiro; e as outras quatro que podem ser lidas como representativas do "pensamento político e cultural novo", cujos autores são Carneiro Leão, Gilberto Amado, José Antonio Nogueira, e Oliveira Vianna (VENÂNCIO FILHO *apud* CARDOSO, 1981, p. 14).

[3] Antonio de Arruda Carneiro Leão nasceu em Recife/PE (1887-1966). Formou-se em Ciências Jurídicas e Sociais pela Faculdade de Direito do Recife. Na área da docência, atuou como professor de Filosofia na Universidade do Recife; no Colégio Pedro II, no Rio de Janeiro; na Universidade do Rio de Janeiro; na Cadeira de Administração Escolar da Faculdade Nacional de Filosofia da Universidade do Brasil. Na área da administração pública, foi Diretor-geral da Instrução Pública do Distrito Federal (Rio de Janeiro) entre 1922 e 1926; Secretário da Justiça e Negócios Interiores de Pernambuco (1928-1930); Diretor da Escola Normal de Artes e Ofícios Wenceslau Braz; Diretor do Ministério da Agricultura, Indústria e Comércio (1931-1933); Diretor do Instituto de Pesquisas Educacionais do Distrito Federal. Neste texto será tratado por Carneiro Leão.

[4] Orestes de Oliveira Guimarães (1871-1931) nasceu em Taubaté/SP. Concluiu o curso da Escola Normal de São Paulo, estado onde atuou como professor do ensino primário de escola isolada e diretor de Grupo Escolar. Em Santa Catarina foi Diretor do Colégio Municipal de Joinville, Inspetor Geral do Ensino do Estado (1911-1918) e Inspetor Federal das Escolas Subvencionadas pela União (1919-1930). Neste texto será tratado por Orestes Guimarães.

não se pode deixar de avaliar que ambas significam possibilidades de interpretação dos problemas existentes e das soluções defendidas por seus autores e são representativas das discussões presentes nos anos de 1920.

De um conjunto de autores que tratam acerca da modernidade, optamos por trazer à cena Jacques Le Goff (1997), em obra na qual aborda questões relativas aos conceitos de moderno, modernidade, modernização e modernismo. No tocante ao *moderno* o autor evidencia o caráter histórico e polissêmico do par *antigo/moderno* e argumenta que esse binômio desenvolveu-se em um contexto complexo. Afirma ele que "[...] cada um dos termos e correspondentes conceitos nem sempre se opuseram um ao outro: 'antigo' pode ser substituído por 'tradicional' e 'moderno', por 'recente' ou 'novo' [...]" e acrescenta que "[...] qualquer um dos dois pode ser acompanhado de conotações laudatórias, pejorativas ou neutras". Ainda segundo o autor, este par — *antigo/moderno* — e o seu jogo histórico e dialético são gerados entre aquilo que é moderno, no qual a consciência da *modernidade* nasce do sentido de ruptura com o passado. *Antigo* ainda se desloca para outros comparativos: *modernidade, modernização, modernismo* (LE GOFF, 1997, p. 2).

Em outro estudo, Jacques Le Goff (1990) refere-se ao moderno e outros concorrentes: moderno/novidade e moderno/progresso. Se de uma dada perspectiva o termo moderno indica uma ruptura com o passado, por outra, os termos *novo, novidade* e *progresso* podem suscitar outras interpretações. Com o advento do Cristianismo, o novo assume uma posição, em certa proporção, destinada ao sagrado — Novo Testamento, novo mundo, vida nova — e, "mais do que uma ruptura com o passado, 'novo' significa um esquecimento, uma ausência do passado [...]. O 'moderno' também se defronta com o que se situa na esfera do progresso" que engendra o verbo progredir e o adjetivo progressista (LE GOFF, 1990, p. 179), o que pode ser interpretado também como possibilidade de futuro.

As produções que procuravam interpretar o Brasil na década de 1920 podem ser reconhecidas tanto em obras literárias — artigos publicados na imprensa jornalística, em teses de conferências e congressos educacionais — quanto em livros de autoria única ou em coletânea de textos de autores distintos. André Botelho chama a atenção para escritos comumente identificados pela expressão "ensaísmos",[5] que

[5] Para este estudo tomamos por base o artigo "Passado e futuro das interpretações do país", publicado no periódico *Tempo Social*, Revista de Sociologia da USP (v. 22, n. 1, p. 47-66). Entre as obras que o autor elegeu

apresentam interpretações do Brasil nas décadas de 1920 e 1940. Entretanto, alerta acerca do cuidado que se deve tomar ao aproximar esses escritos em suas características comuns, de forma a não tomá-los como uma unidade, como se "formassem um todo coerente ou estável", pois corre-se o "risco de deixar de reconhecer e de qualificar as diferenças significativas existentes entre eles" (BOTELHO, 2010, p. 48).

Apesar de não tomarmos as obras em análise enquanto unidade discursiva, conforme destacado por Botelho, é possível identificar semelhanças entre algumas delas. Uma importante marca observada em produções desse período é justamente o discurso pretensamente moderno que carregam, estabelecendo uma narrativa temporal entre passado, presente e futuro, fazendo referência a práticas realizadas em momentos históricos passados, apontando "problemas do presente" (anos de 1920), e propondo soluções para o futuro, apresentado muitas vezes como sinônimo de progresso.

As obras tomadas como centrais no presente texto — "Os deveres das novas gerações brasileiras", de Antonio de Arruda Carneiro Leão, e *Suggestões sobre a educação popular no Brasil*, de Orestes de Oliveira Guimarães — apresentam essas características e serão tomadas como possibilidades de interpretar projetos educacionais propostos e defendidos para o Brasil na segunda década do século passado, que podem ser representativos do que se propunha como moderno.

Entendendo que o lugar de produção é elemento importante na compreensão de um texto, consideramos necessário precisar o *locus* de produção e publicação dessas obras. A primeira, *Os deveres das novas gerações brasileira*, está contida no livro *À margem da história da República*, organizado por Vicente Licínio Cardoso e publicado originalmente em 1924. Segundo palavras do organizador, trata-se de um livro "[...] inquérito sem perguntas e sem respostas. Um depoimento. Uma afirmação coletiva de ideais, de crenças e de almejos" levado a efeito por "homens da geração nascida com a República" (CARDOSO, 1981, p. 15). A obra, supostamente neutra, aponta deficiências e desencantos do idealismo republicano, como é possível perceber na afirmação apresentada logo nas páginas iniciais: "esta não era a República dos meus sonhos'" (VENÂNCIO FILHO *apud* CARDOSO, 1981, p. 2). A coletânea é

para as suas análises estão: *Populações meridionais*, de Francisco José Oliveira Vianna (1920-1973); *Macunaíma*, de Mário de Andrade (1928-1962); *Retrato do Brasil*, de Paulo Prado (1928-1962); *Casa-Grande & Senzala*, de Gilberto Freyre (1933-1998); *Raízes do Brasil*, de Sergio Buarque de Holanda (1936-1995).

escrita por doze personalidades[6] que custearam a impressão e garantiram a distribuição de cem volumes entre autoridades federais e estaduais, bibliotecas, imprensa e associações. Apesar de ter um organizador, a responsabilidade dos textos é atribuída individualmente a seus respectivos autores, sendo esta uma característica ressaltada por Vicente Cardoso: "A originalidade do livro é que cada um deles responde apenas pelo que fez. Não há chefes, diretores ou empresários. Todos são senhores de suas responsabilidades, de suas crenças e de suas opiniões" (CARDOSO, 1981, p. 15). Os problemas apresentados e as soluções apontadas anunciavam certa predestinação do livro, registrada por seu organizador:

> O livro de agora será de futuro um prefácio ou um epílogo: prefácio inicial de uma obra maior exigida pelo ambiente de nossa pátria, ou um epílogo sombrio onde serão inscritos e conservados os nomes dos visionários tombados por não haverem encontrado o estímulo, protetor e oportuno. (CARDOSO, 1981, p. 17)

É nesse contexto de produção que Antonio Carneiro Leão escreve seu texto, apresentando "os deveres das novas gerações brasileiras".

No tocante à produção de Orestes Guimarães, temos um lugar de produção marcadamente distinto. Trata-se de uma produção individual, com origem em sugestões apresentadas ao Ministro da Justiça e Negócios Interiores — João Luis Alves — em 1923. A elaboração do texto não foi espontânea, mas fruto de um telegrama enviado por Pereira Júnior, Diretor do Gabinete do Ministro, à Orestes Guimarães. Já a publicação da obra foi iniciativa de seu autor, com solicitação de autorização aceita pelo Ministro e efetivada em 1924 com o título "Sugestões sobre a educação popular no Brasil".

A leitura dos textos de Carneiro Leão e Orestes Guimarães evidenciou aspectos comuns nos discursos desses educadores-governantes, que favorecem reflexões

[6] Trata-se de Carneiro Leão, Celso Vieira, Gilberto Amado, Jonatas Serrano, José Antonio Nogueira, Nuno Pinheiro, Oliveira Vianna, Pontes de Miranda, Ronald de Carvalho, Tasso da Silveira, Tristão de Athayde e Vicente Licínio Cardoso. Alberto Venâncio Filho observa tratar-se de onze bacharéis em direito e um engenheiro civil (o organizador), um "conjunto de homens" com trajetórias de relevância no cenário brasileiro e que ganham relevo na medida em que são situados naquele momento histórico — anos de 1920 — "em que, por força de várias circunstâncias, o país entrava num grande esforço de introspecção" (VENÂNCIO FILHO *apud* CARDOSO, 1981, p. 3).

acerca de interpretações do Brasil na segunda década do século passado, a saber: o desencanto com a República; os lugares de enunciação de discursos acerca da educação e a relação entre passado, presente e futuro, enquanto recurso discursivo que coloca em debate questões educacionais e sociais do país; a educação enquanto "o maior dos problemas nacionais"; a necessidade de "adaptar o país à hora atual do mundo", ou seja, à modernidade requerida. É especialmente sobre esses aspectos que nos debruçaremos no decorrer deste texto.

OS DEVERES DAS NOVAS GERAÇÕES BRASILEIRAS E SUGESTÕES SOBRE A EDUCAÇÃO POPULAR NO BRASIL

Como já anunciado, o desencanto com a República e a volta ao passado para explicar questões do presente (anos de 1920) e projetar o futuro — não apenas as de caráter educacional, mas também aquelas que envolviam aspectos sociais do Brasil — estão presentes nas retóricas de Orestes Guimarães e de Carneiro Leão.

Entre "os deveres das novas gerações", segundo Carneiro Leão, cabia "estudar e conhecer a alma nacional, as possibilidades nacionais, as necessidades nacionais", ainda que isso significasse voltar ao tempo (LEÃO, 1924/1981, p. 23). Defende que, para realizar uma "nova obra de construção" nacional, era necessário conhecer o Brasil, sua história, seu *passado*; porém, mais do que isso, para se projetar o Brasil grandioso do *futuro* era preciso, no *presente* (década de 1920), identificar suas potencialidades e necessidades, apontando caminhos para superar os atrasos que freavam o avanço e a modernização do país. O autor também utilizou desse recurso para interpretar as possíveis causas dos problemas enfrentados pela educação e pela sociedade:

> Até 1888 e 1889, éramos uma Nação com uma organização social, marcada por uma diferenciação de classes, definida. Tínhamos, de um lado, os senhores, proprietários da terra, detentores das posições, e, do outro, o mundo dos escravos, sem direito algum e com o dever de trabalhar para o desenvolvimento da fortuna dos seus donos. A classe intermediária — libertos e apaniguados — ocupava os ofícios e as profissões manuais, atingindo, muito raramente, de ordinário pela cultura, pelo diploma de bacharel ou de doutor, as posições liberais e políticas. Uma tal organização econômica e social, apesar de suas injustiças, mantinha um certo equilíbrio na vida do país, dando um aspecto de estabilidade, de gravidade e de lisura política. [...] A abolição, libertando, porém,

> uma população ainda considerável de escravos, e a República, um ano depois, nivelando-a, igualando-a, juntamente com o resto do povo, aos ex-senhores, deram, a todos, as possibilidades de atingirem as mais elevadas situações políticas e sociais. [...] Não sendo mais a cultura, a tradição, a cor, a hombridade e a fortuna, os predicados para a ocupação dos postos públicos, aos quais todos poderiam rapidamente ascender, começou a luta desenfreada para conquistá-los. [...] Entraram logo em fusão elementos de todos os matizes. O expurgo tinha de ser demorado e doloroso. Daí que se começasse a efetuar, pela cultura, uma seleção conveniente decorreria muito tempo. O caldeamento, aliás, ainda não está feito. (LEÃO, 1924/1981, p. 21-22)

O Brasil descrito por Leão vivenciava um "novo" momento social, encharcado de problemas que precisavam ser solucionados. Por isso, ele completa: "O Brasil precisa de um espírito novo, capaz de sacudir a vida nacional, acordando-a para a realidade do mundo contemporâneo. E, felizmente, não obstante todos os vícios reinantes, começa a soprar um vento de renovação" (LEÃO, 1924/1981, p. 20). A renovação viria da "geração atual", dos "elementos que se preocupam das coisas nacionais, com seriedade e afinco" e, que, como ele, tinham o "olhar fixo no futuro da pátria e não nos interesses e posições pessoais" (LEÃO, 1924/1981, p. 22). Apesar de ter o "olhar fixo para o *futuro*", dedica boa parte de seu texto para falar sobre o *passado* da instrução pública no Brasil e sua situação no *presente* (década de 1920). Segundo Carneiro Leão, "a instrução no Brasil refletiu, naturalmente, todas as vicissitudes sofridas pela nacionalidade". Voltando a falar sobre o período colonial ele afirma:

> Dois fatores retardavam, pois, aqui, o desenvolvimento da instrução popular: *um*, a formação da nossa nacionalidade, por longo tempo com as suas duas populações de senhores e escravos, delimitadas e inconfundíveis; *outro*, o ensino dado pelos jesuítas, cujo espírito impregnado do sentir da sua época desconhecia a existência do povo e organizava, apesar de sua simpatia pelos indígenas, uma instrução para as elites, de tendências claramente aristocratas. [...] Foi D. João VI quem chegando ao Brasil com a corte portuguesa em 1808, fugindo dos soldados de Napoleão, logo começou a se preocupar diretamente com a nossa instrução. [...] Proclamada a independência em 7 de setembro de 1822, a Constituição de 1824 decretou a gratuidade da instrução primária e o governo tratou de fundar escolas. [...] Quanto à instrução primária, desde 1834, o 'Ato

> Adicional' tirara das atribuições do governo central para a entregar aos Estados e Municípios, cujas respectivas Assembléias deveriam legislar a respeito. (LEÃO, 1924/1981, p. 27, grifo nosso)

A República, no entanto, também não resolvera os problemas da instrução, mantendo a mesma orientação de tirar as atribuições do governo central e entregá-las aos estados e municípios, de modo que, "sofrendo não raro as vicissitudes de Estados e Municípios pequenos, pobres e atrasados, o ensino primário — que é a educação popular por excelência — tem marchado lentamente no Brasil" (LEÃO, 1924/1981, p. 28). A falta de uma instituição administrativa para a instrução primária, reclamada por Leão, fica evidente no seguinte questionamento:

> A monarquia nada realizou. Como explicar, porém, que a República criando um Ministério de Instrução, entregando-o a um dos mais ilustres e convictos apóstolos desse regime — Benjamim Constant — não só o fechasse em seguida, mas não cogitasse, nunca mais, da educação popular, meio único capaz de efetuar a democracia? (LEÃO, 1924/1981, p. 25)

Se a monarquia "nada realizou", caberia aos "homens das gerações nascidas com a república" apontar os caminhos mais modernos, científicos e racionais para realizar a obra da reconstrução do país pela educação popular. Ou seja, para enfrentar uma realidade ainda presa em tradições, mas que não cabe mais em si, seria necessário modernizar: as cidades, os hábitos, a vida em sociedade, a cultura. E a educação coloca-se, ainda que retoricamente, como possibilidade de realizar, por meio da "instrução do povo", parte significativa dessa tarefa. Mas, para isso, era necessária uma instituição administrativa que "não direi que possa controlar, mas que tenha uma vista de conjunto, uma influência, ao menos moral, sobre a instrução pública primária" (LEÃO, 1924/1981, p. 28).

A produção escolhida para compor esta reflexão ao lado da de autoria de Carneiro Leão é, conforme já anunciado, de Orestes Guimarães. Trata-se de texto produzido por demanda diferente, mas num contexto político-social alinhado ao que serve de cenário para a produção de Carneiro Leão — Brasil dos anos de 1920 — e também anuncia o que o país ainda não havia alcançado, com problemas de longa data. O título da produção de Orestes Guimarães é sugestivo e indica que pretende tratar da "educação popular no Brasil", assim como o de Carneiro Leão que remete seus argumentos ao contexto amplo do país e ao futuro: às novas gerações brasileiras.

O investimento de Orestes Guimarães realça, entre os problemas a serem cuidados, o estudo das "condições geraes do ensino primário, a louça da casa", que, antes do mais, deveria ser conhecida e familiar" e, alinhada a essa preocupação, cita a necessidade de criação do Conselho Nacional de Educação, propondo, em detalhes, como organizá-lo tecnicamente (orçamento, instâncias, atribuições etc.), bem como, sugerindo, por meio dele, como atender questões mais pontuais em âmbito pedagógico. Na ocasião, defendeu que o Conselho poderia ser o "centro propulsor da diffusão e elevação do ensino primário, da educação popular brasileira", cuja organização na maioria dos Estados era "nulla ou cheia de defeitos" (GUIMARÃES, 1924, p. 19). Para Orestes Guimarães, a União precisaria intervir, pois a construção das bases educativas e da nacionalidade se personificava no poder do Estado. O clamor de Orestes Guimarães também aliava termos referentes ao que julgava como maior "problema nacional":

> o ensino primário ou, antes, a educação popular — sufficientemente apparelhada, graduada e difundida dentro dos moldes de um verdadeiro systema, no qual, como partes integrantes, se incluam escolas complementares profissionais que se adaptem e correspondam ás múltiplas necessidades das diversas zonas do paiz — é, por certo, o problema nacional de maior relevância econômica, social e política [...] nenhum problema é mais brasileiro, nenhum outro brada mais á consciência nacional, nem de nenhum depende mais a real intensificação do nosso destino de povo [...]. (GUIMARÃES, 1924, p. 15)

Tanto Orestes Guimarães quanto Carneiro Leão prestam-se a apontar o caminho que colocaria o Brasil no prumo e faria alcançar o progresso e modernidade pretendidos, ao mesmo tempo que denunciam o passado e os problemas ainda existentes. Como timoneiros, apontavam as mazelas do presente, as soluções prejulgadas e propunham projetos os quais atenderiam os ideais almejados. A corrida em direção ao progresso do Brasil dar-se-ia, segundo Carneiro Leão, pela via da educação e da cultura: "nesta época de civilização de base científica, onde tudo se procura fazer pela cultura, a educação é a maior necessidade do Brasil" (LEÃO, 1924/1981, p. 19). Evidencia-se aqui o que aponta Carlos Eduardo Vieira (2007, p. 393): "O discurso político, característico dos intelectuais do início da República, foi gradativamente subsumido por um discurso científico e técnico que potencializou sua força política ao representar-se como análise racional, objetiva e isenta de paixões".

Outros intelectuais do mesmo período também mobilizam uma retórica de aposta na educação como estratégia de superação do atraso nacional. Segundo Vieira (2007, p. 387), "A crença no papel salvífico da educação mobilizava a intelectualidade abeísta [da ABE – Associação Brasileira de Educação]", o que podia ser percebido pelo discurso de Mário Pinto Serva na ocasião da I Conferência Nacional do Ensino:

> [...] o problema da educação do povo brasileiro é o mais nacional de todos os problemas. É o maior problema da história nacional. É quase o único problema nacional, porque a educação, generalizada e ampla, naturalmente por si, resolve todos os demais problemas. É a infraestrutura da organização coletiva (CNE, t. 103). (SERVA, 1927, *apud* ASSOCIAÇÃO..., 1927, p. 643).

Para Carneiro Leão a educação e a cultura seriam condições para se alcançar o progresso, a modernidade e um futuro auspicioso, pois "No nosso país precisamos de cultura por toda a parte, e para tudo: cultura física, higiênica, profissional, mental, moral, social, política e cívica. [...] Formar a nacionalidade e o país, organizá-los e adaptá-los à hora atual do mundo são os fins da cultura que proclamo" (LEÃO, 1924/1981, p. 19-20). As palavras de Carneiro Leão ganham maior força se compreendidas no contexto no qual foram pronunciadas, período em que o discurso dos intelectuais estava fortemente associado à construção do mundo civilizado, ordenado, racional, científico: moderno. Conforme observado por Vieira (2007, p. 381): "O *ethos* moderno construiu seus sentidos mais profundos acenando para o futuro, para o dever-ser, para a construção de uma nova forma de civilidade". Para atingir o objetivo de modernizar o Brasil era preciso, portanto, "formar a nacionalidade e o país" e adaptá-lo "à hora atual do mundo". "Um povo retardatário, doente, mal organizado, de péssimas finanças, vida econômica perturbada, cultura diminuta, lentidão de trabalho, atraso social, parasitismo político, não só desorganiza as suas relações no exterior, mas cria uma vida nacional deficiente, anárquica, pobre, senão mais ou menos servil e periclitante" (LEÃO, 1924/1981, p. 19).

Ao apontar alguns dos problemas do Brasil, o autor reforça o caminho já apresentado como estratégia para solucioná-los: a educação.

> Num país como o nosso, da extensão territorial, da multiplicidade de raças imigrantes, da dificuldade de comunicações, da diversidade de fortunas e de possibilidades dos diversos Estados, entre si, a educação que intensifi-

> car a unidade de cultura e a unidade de espírito será a mais apropriada à preparação da homogeneidade nacional e da grandeza do nosso futuro. (LEÃO, 1924/1981, p. 23).

Todavia, salienta que "as questões de educação não são simplesmente pedagógicas, porém, nacionais, na mais alta expressão do termo" (LEÃO, 1924/1981, p. 20). Para ele, "um povo vale o que vale sua mentalidade. E essa é mais ou menos brilhante, mais ou menos prática, conforme a cultura difundida". Por isso, reafirmava: "É de cultura que necessita o Brasil. Cultura física, mental, profissional, cívica, social e política" (LEÃO, 1924/1981, p. 22). Para a superação das condições apontadas, na visão dele, era necessário estudar e tratar da educação em todos os níveis — primário, secundário, profissional e superior — pois esse conjunto correspondia "aos diversos estágios mentais das classes que se apresentam para o perfeito funcionamento social" (LEÃO, 1924/1981, p. 22).

É certo que o analfabetismo do país era apontado por Carneiro Leão como um dos grandes indícios do atraso da nação, mas ele considerava a questão de forma mais ampla. A educação deveria compreender não apenas o ensino das letras; o Brasil que se pretendia moderno precisava de cultura em todas as suas dimensões. Carlos Eduardo Vieira (2007), ao tratar da relação entre os intelectuais e o discurso da modernidade, ajuda a perceber que tanto o discurso de Carneiro Leão quanto o de Orestes Guimarães podem ser tomados como expressão de um dado cenário social:

> A modernidade, da condição de ideia e de espírito do tempo, passou à condição de vontade. Vontade orientada para produzir o encontro entre a cultura científica e a cultura política, entre o conhecimento tecnológico e as práticas administrativas do Estado, entre a ação educativa e a formação de uma sociedade ordenada, asseada e laboriosa. Projeto ambicioso sobre as ideias de ordem, de verdade, de racionalização, de desenvolvimento e, sobretudo, de progresso. (VIEIRA, 2007, p. 381)

A cultura a ser difundida deveria levar em consideração as especificidades do Brasil, sua história, seu povo, suas características próprias, sem, contudo, desconsiderar o cenário internacional, especialmente os contextos americano e europeu, apontados como símbolos de modernidade. Era "preciso ver o Brasil, com critério nacional, mas dentro da harmonia internacional" (LEÃO, 1924/1981, p. 20). Nessa perspectiva, como afirma Vieira (2007):

> O americanismo passou a ser incorporado no discurso sobre a modernidade como referência direta e literal da experiência social, econômica, cultural ou política norte-americana, mas também como uma nova etapa civilizatória de progresso. [...] As experiências educativas americana e europeias foram mobilizadas no discurso educacional nos sentidos de engendrar modelos e de realçar a ideia do atraso brasileiro. [Não se trata da] "transposição de modelos ou aculturação, mas sim da recepção da experiência alheia na formação de um discurso sobre o moderno que buscava se impor como diagnóstico objetivo e projeto necessário para a sociedade brasileira" (VIEIRA, 2007, p. 393).

Considerando o texto escrito por Carneiro Leão, o exemplo norte-americano e europeu foi trazido no sentido de "observar o que se passa lá fora, para aproveitar as lições fornecidas pelos povos mais velhos, mais experientes e mais cultivados" e, com isso, "saber escolher o que mais nos convém. Entre a *organização americana* da diversidade de métodos educativos, da independência da organização e a *preocupação da Alemanha*, intensificando, preparando, pela unidade da educação a unidade de cultura e a unidade nacional [...]" (LEÃO, 1924/1981, p. 22-23, grifo nosso).

Entretanto, não apenas a situação do ensino em países norte-americanos e europeus servia de modelo para afirmar o atraso do Brasil. Ao escrever suas "sugestões sobre a educação popular no Brasil", Orestes Guimarães (1924) utiliza o mesmo mecanismo de comparação, mas dessa vez tomando como exemplo países da América Latina:

> É triste, senão vexatorio, vermos o que se passa em nosso paiz em materia de instrucção primária, emquanto os Governos da Argentina, Chile, Uruguay, etc., annualmente, com uma regularidade que attesta a *excellencia dos seus apparelhamentos de tal instrucção*, publicam magnificos e volumosos relatorios, digestos, annaes e obras de propaganda sobre os mais variados assumptos didacticos e de educação popular [...]. (GUIMARÃES, 1924, p. 16, grifo nosso)

Algumas práticas utilizadas pelos intelectuais do período para produzir, veicular e recepcionar o discurso sobre a relação entre educação e modernidade no contexto estadual, nacional e internacional são apresentadas por Carneiro Leão:

> A cultura universal, sobretudo nos fenômenos sociais, se generaliza de tal modo, na *imprensa*, em *conferências*, em *congressos* contínuos, nos quais todos os povos concorrem com a sua experiência e o reclamo das suas necessidades, que se tem hoje, quase tangível, diante dos olhos e da inteligência, a marcha da civilização e a visão do caminho mais curto e mais claro ao evoluir de cada país, segundo o seu tipo social e cultural. [...] Não se trata mais de espíritos elaborados friamente, no insulamento dos gabinetes, em tratados clássicos, em teorias e princípios imutáveis, em ideais e postulados preconcebidos, mas afeitos à observação da vida cotidiana, *em marcha acelerada para a frente*. (LEÃO, 1924/1981, p. 20, grifo nosso)

Na perspectiva de demarcação das conferências ou congressos educacionais como lugares para se discutir problemas e propor soluções, apresenta-se que Carneiro Leão e Orestes Guimarães foram organizadores e propositores de teses apresentadas na Conferência Interestadual do Ensino Primário, promovida, por intermédio do governo federal em 1921, na capital do país — Rio de Janeiro —, a qual foi citada por ambos em seus textos aqui analisados. As conferências evidenciam a presença de sentidos compartilhados no interior do discurso educativo em circulação no período e, ao mesmo tempo, apresentam tensões e divergências político-sociais.[7] Nelas reuniam-se diferentes "intelectuais modernos" que, como aponta Vieira (2007), assumiram "a missão de desmistificar, interpretar, controlar e, sobretudo, intervir sobre o mundo natural e social" (VIEIRA, 2007, p. 381).

Em Santa Catarina, a Primeira Conferência Estadual de Ensino Primário ocorreu em julho de 1927 e teve como um dos mentores Orestes Guimarães, que auxiliou na sua organização. Tal Conferência esteve inserida num contexto social que clamava por mudanças, aliás este era um dos propósitos para se articular tais eventos: expor e discutir o que se tinha como problemas e propor soluções e mudanças no sentido de superá-los (HOELLER, 2014).

No cenário nacional, a Primeira Conferência Nacional de Educação articulada por intermédio da Associação Brasileira de Educação (ABE), realizada na cidade de Curitiba em 1927, principiou uma sequência de eventos congêneres promovidos por

[7] Vieira cita como uma das divergências o "intenso debate entre clericais e anticlericais sobre os rumos da república e, por extensão, da educação pública" que "marcaram a imprensa paranaense e a ambiência cultural de Curitiba na virada do século XIX e nas primeiras décadas do século XX" (VIEIRA, 2007, p. 385).

essa entidade, que delinearam um campo de disputas políticas, teóricas e institucionais (VIEIRA, 2007, p. 386). Este objetivo fica explícito no conteúdo de ata de reunião da diretoria da ABE:

> Prosseguindo na execução de seu programa educacional, resolve a Associação Brasileira de Educação realizar, em todos os Estados do Brasil, *conferências nacionais* de educação com a participação de todas as unidades federativas, visando à congregação de todos os professores brasileiros em torno dos mais elevados ideais de civismo e de moral. Combate-se destarte o espírito separatista que por vezes se revela aqui, ou ali, trabalhando-se nobremente pela unidade nacional. (ABE, 14/10/1927 *apud* VIEIRA, 2007, p. 386, grifo nosso)

As conferências estaduais e nacionais realizadas no Brasil ao longo da década de 1920 podem ser interpretadas como representativas de projetos educacionais para o Brasil e, concomitantemente, como elemento representativo da modernidade requerida no campo educacional em diálogo com outros contextos — político, social, cultural. Os partícipes dessas conferências não estavam ali por acaso, a forma de compor esse público foi desenhada pensando, também, no seu produto. As conferências se desenrolam num terreno dos grandes debates nacionais que, na área da educação, culminam com o Manifesto dos Pioneiros, em 1932.

No intuito de mostrar como a reclamação da renovação e de ajustar o país à "hora atual do mundo" era recorrente no cenário educacional no início da República, Carneiro Leão traz para seu texto um trecho escrito por José Veríssimo, em 1890, no livro intitulado *A educação nacional*:

> O nosso sistema geral de instrução pública não merece de modo algum o nome de educação nacional. É, em todos os ramos — primário, secundário e superior — apenas um acervo de matérias, amontoadas, ao menos nos dois primeiros, sem nexo ou lógica, e estranho completamente a qualquer concepção elevada da pátria. (VERÍSSIMO, 1890, *apud* LEÃO, 1924/1981, p. 25)

Para Leão, desde que Veríssimo escrevera tais palavras, até aquele momento, nada de prático havia sido feito, porque "esses generosos precursores" encontravam-se "fora da administração pública, permanecendo desatendidos e esquecidos", sendo este "um grande mal para o Brasil" (*idem*). Mas a defesa de uma instituição que administrasse a educação nacional não era apenas uma reivindicação de José Veríssimo e Carneiro Leão. Conforme já indicamos neste texto, Orestes também aponta como uma de suas principais sugestões a criação de um Conselho Nacional de Educação a funcionar como "um verdadeiro centro propulsor da diffusão e elevação do ensino primario, da educação popular brasileira, cuja organisação, na maioria dos Estados, é nulla e cheia de defeitos [...]" (GUIMARÃES, 1924, p. 19). Orestes Guimarães havia participado como um dos secretários na I Conferência Interestadual do Ensino Primário ocorrida em 1921 e relata que, na ocasião, o Dr. Alfredo Pinto, então Ministro da Justiça, havia determinado a organização de uma estatística do ensino primário no Brasil. Para tal fim, solicitou a todos os presidentes e governantes de Estado que atendessem aos pedidos de informação sobre os assuntos dirigidos por Orestes Guimarães, enquanto secretário. O resultado é relatado por ele:

> Após alguns mezes de exhaustiva correspondencia telegraphica com os Governos Estaduaes, muitos Estados não puderam prestar informações sobre o numero das suas escolas municipaes e particulares, notando-se entre elles: Amazonas, Pará, Maranhão, Piauhy, Ceará, Rio Grande do Norte, Alagoas, Rio de Janeiro e Goyaz. O Districto Federal não conhecia o numero das suas escolas particulares. Tinha, no entanto, segundo penso, 21 inspectores para uma área de mil e poucos kilometros quadrados... [...] (GUIMARÃES, 1924, p. 20)

Com esse depoimento, Orestes apontava uma das funções do Conselho Nacional de Educação: recolher dados estatísticos destinados a elucidar a situação do ensino primário em nível nacional. Além dessa, caberia ao Conselho examinar assuntos ligados ao ensino, elaborar novos planos de estudos, examinar obras relativas à propagação de métodos de ensino mais modernos, colher informações sobre a situação do ensino nos diferentes estados, prestando informações ao Governo Federal. Mesmo tendo como foco central o ensino primário, a ação do Conselho Nacional de Educação, segundo Orestes, deveria abranger o ensino normal, profissional e secundário em virtude da correlação desses níveis com o ensino primário, considerado a base de todos os outros. Para Orestes, portanto, a ação do Conselho Nacional não deveria "restringir-se apenas ao *ensino elementar*, mas completar, logo que possivel, o systema de educação popular brasileira, coordenando-a e, sobretudo, elevando-a, de fórma a tornal-a integral, como base do progresso economico e politico do paiz" (GUIMARÃES, 1924, p. 25, grifo e grafia do original).

Um "novo" argumento é apresentado por Carneiro Leão para justificar a necessidade de um sistema nacional: a "disparidade das somas despendidas pelos Estados na instrução popular, sem nenhuma relação com a importância e as populações respectivas" demonstrando, segundo ele, "a falta de orientação geral" (LEÃO, 1924/1981, p. 28). Para reforçar seu argumento apresenta, em seu texto, o quadro do último recenseamento escolar (até o ano de 1920), com o nome dos estados, a população global e a população escolar de cada um, associados às rendas públicas e despesas com a instrução, seguida da percentagem dos orçamentos estaduais gastos com o ensino.

O quadro, extraído do relatório organizado por Orestes Guimarães e Mello e Souza, por designação da Conferência Internacional do Ensino Primário, evidenciava que a percentagem de crianças em idade escolar, sem escola, variava muito de estado para estado. Ou seja, não havia uma distribuição homogênea de recursos para as diferentes regiões, acentuando a heterogeneidade brasileira, considerada um fator de atraso. Pela riqueza de informações que apresenta optamos por reproduzi-lo aqui.

Quadro 1. Recenseamento escolar elaborado por ocasião da Primeira Conferência Interestadual do Ensino Primário, 1921

Os Deveres das Novas Gerações Brasileiras					
ESTADOS[1]	População do Estado	População Escolar	Renda do Estado	Despesa com o ensino primário	Percentagem da despesa
Amazonas	497.817	54.986	1.595:000$000	1.001:400$000	10%
Pará	969.048	116.285	9.539:966$882	1.005:773$288	10%
Maranhão	794.112	95.293	5.302:480$835	448:570$905	8%
Piauí	505.000	60.600	1.932:871$000	195:000$000	10%
Ceará	1.396.181	167.541	5.898:178$294	1.052:590$500	17%
Rio Grande do Norte	520.147	62.517	4.033:000$000	432:118$000	10%
Paraíba	725.680	87.075	6.722:569$000	680:000$000	10%
Pernambuco	1.966.404	235.968	25.907:318$000	775:792$000	3%
Alagoas	1.307.514	156.891	6.497:465$060	509:116$500	8%
Sergipe	490.648	58.977	5.489:748185	519:480$000	9%
Bahia	3.212.554	385.386	29.361:500$000	1.450:000$000	5%
Espírito Santo	476.464	57.175	5.406:500$000	532:468$135	10%
Distrito Federal	1.157.873	138.944	67.042:842$500	11.081:120$000	17%
Rio de Janeiro	1.549.202	185.904	21.471:119$357	2.403:094$225	11%
São Paulo	4.950.316	594.037	137.484:000$000	23.218:000$000	16%
Paraná	727.630	87.315	11.917:184$250	1.326:589$299	11%
Santa Catarina	608.433	73.010	7.158:000$000	1.503:000$000	20%
Rio Grande do Sul	1.961.973	225.435	34.300:000$000	4.097:614$000	12%
Minas Gerais	5.319.727	688.367	56.189:056$850	6.384:587$000	15%
Mato Grosso	255.065	27.007	4.718:230$705	601:624$000	12%
Goiás	526.370	63.164	2.113:681$000	152:260$000	7%
	29.887.098	3.571.887	446.637:241$195	59.570:159$762	11%

1. Estatística extraída do relatório recentemente organizado pelos srs. Orestes Guimarães e Mello e Souza, por designação da "Conferência Internacional do Ensino Primário".

Fonte: Leão (1924/1981, p. 29).

Além de indicar a ausência de um sistema de administração nacional como problema do *presente*, Carneiro Leão ainda apontava outras causas do atraso da educação no país, como a desatenção ao povo analfabeto, o alto índice de crianças em idade escolar fora das escolas, o "indiferentismo" político e a mentalidade ultrapassada difundida nas escolas, pautada em "livros de teorias e postulados" e na "escravização da memória verbal" (LEÃO, 1924/1981). Ao se propor "estudar os problemas fundamentais para a organização da grandeza da pátria", na década de 1920, Leão considerou: "A questão primordial é convencermo-nos de que o nosso problema máximo é a educação integral, desde a formação do indivíduo físico — sadio, inteligente, capaz — até a organização cívica, política, e social, passando pela preparação profissional e técnica, literária e científica" (LEÃO, 1924/1981, p. 23). Para superar os problemas nacionais seria preciso "educar, trabalhar, produzir, economizar", pois era chegada uma hora decisiva para o país, da qual dependeria a "nossa afirmação ou a nossa fraqueza, como nacionalidade" (LEÃO, 1924/1981, p. 20 e 23):

> Seremos um povo homogêneo, uno, independente economicamente, ou permaneceremos uma nacionalidade heterogênea, conservando vários núcleos de outras raças inassimiláveis no nosso sangue, com o domínio dos capitais estrangeiros, no reinado nacional do funcionalismo e do parasitismo de Estado.

Para esse autor, ter-se-ia uma nação forte e nobre, desde que se compreendesse as necessidades existentes e se trabalhasse com "olhar fixo no futuro da pátria e não nos interesses pessoais", pois "é de cultura que necessita o Brasil. Cultura física, mental, técnica, profissional, cívica, social e política. Trabalhemos!" (LEÃO, 1924/1981, p. 30).

CONSIDERAÇÕES FINAIS

Após demonstrarem a desilusão com a República, apontarem a necessidade de superar o passado e indicar possibilidades de soluções para resolver os problemas do presente, Carneiro Leão e Orestes Guimarães inscrevem-se, por meio de seus textos, como intelectuais modernos de seu tempo: com o olhar voltado para o futuro.

Carneiro Leão e Orestes Guimarães têm proximidades tanto por suas escritas (aqui analisadas) quanto por lugares que ocuparam: ambos estiveram presentes na Conferência Interestadual do Ensino Primário, promovida pelo governo Federal (1921); na ocasião, fizeram parte da comissão de organização, como mentores intelectuais do evento; propuseram teses e compuseram comissões de análise. Também estiveram a serviço do governo federal em outras ações ao longo dos anos de 1920. Vale lembrar que já no início dos anos de 1920, na Conferência citada, esses intelectuais colocavam-se como aqueles que tinham legitimidade para apontar os problemas, para propor soluções e projetos para o Brasil e que contemplavam a modernidade pedagógica pela via da educação e da cultura.

Carneiro Leão (1924) e Orestes Guimarães (1924), como a chamada dos títulos das suas produções sinalizam — "deveres" e "sugestões" — colocaram-se como porta-vozes do povo brasileiro. Dirigiram-se não apenas à geografia específica de algum Estado ou a um ponto específico para a área educacional, mas delinearam o que acreditavam que deveria ser providenciado para suplantar o indesejável em termos de "educação popular para o Brasil", no caso das "sugestões" de Orestes; e dos "deveres das futuras gerações brasileiras" para o progresso do país, no caso de Carneiro Leão.

Os textos, considerados como representativos do "pensamento político e cultural renovado", apresentam uma análise quase sempre comparativa entre passado, presente e futuro e suscitam possibilidades de compreensão não apenas do pensamento educacional, mas também do pensamento social dos anos de 1920. As referências ao passado quase sempre recebem um tom de crítica ao regime político do Brasil Império ou mesmo anterior a ele, como algo a ser superado, adaptado às necessidades do presente.

No presente (década de 1920), esses "intérpretes" apontavam as causas e soluções do que consideravam as problemáticas daquele momento. Já a grandeza do futuro do país deveria ser alcançada por meio da resolução de problemas do presente, dos quais a educação era apontada como o maior de todos.

Ainda que se tenha que considerar as diferentes condições de produção entre as obras de Orestes Guimarães e Carneiro Leão — a primeira sob encomenda e a segunda de ordem mais "independente" —, não se pode deixar de avaliar que ambas significam possibilidades de interpretação de problemas existentes, de soluções defendidas por seus autores que são representativas de discussões presentes nos anos de 1920 e indiciam tensões pertinentes aos campos educacional e social.

FONTES

BRASIL. ANNAES DA CONFERÊNCIA INTERESTADUAL DE ENSINO PRIMÁRIO. Rio de Janeiro: O Norte, 1922. Publicada na seção Documentos, da *Revista História da Educação*, Pelotas, p. 121-202, abr. 2000. Disponível em: <http://seer.ufrgs.br/asphe/article/view/30164/pdf>. Acesso em: 05 nov. 2013.

ASSOCIAÇÃO BRASILEIRA DE EDUCAÇÃO. I Conferência Nacional de Educação: Curitiba, 1927. Publicação organizada por COSTA, M. J. F. F.; SHENA, D.; SCHMIDT, M. A. MEC. SEDIAE/Inep. IPARDES. Brasília, 1997.

CARDOSO, V. L. Apresentação e prefácio. In: *Á margem da historia da República*: ideaes, crenças e affirmações. Rio de Janeiro: Annuario do Brasil, 1924.

CARDOSO, Vicente Licínio. Introdução e prefácio. In: *À margem da história da República*. Brasília: Ed. UnB, 1981.

GUIMARÃES, O. *Suggestões sobre a educação popular no Brasil*. Florianópolis: Livraria Moderna Paschoal Simone & Cia, 1924.

LEÃO, A. C. Os deveres das novas gerações brasileiras. In: CARDOSO, Vicente Licínio. *À margem da história da República*. Brasília: Ed. UnB, 1924/1981.

SANTA CATHARINA. Annaes da 1ª Conferência Estadual do Ensino Primário. Florianópolis, Off. Graph. da Escola de Aprendizes de Artífices, 31 de julho de 1927.

REFERÊNCIAS

BOTELHO, A. Passado e futuro das interpretações do país. *Tempo Social, Revista de Sociologia da USP*, v. 22, n. 1, p. 47-66, 2010.

CARVALHO, L. B. O. B. de; CARVALHO, C. H. *O lugar da educação na modernidade luso-brasileira no final do século XIX e início do século XX*. Campinas: Alínea, 2012. v. 1.

HOELLER, S. A. O. *As conferências educacionais*: projetos para a nação e modernidade pedagógica nos anos de 1920 – Brasil. Tese (Doutorado) – Universidade Federal de Santa Catarina, Programa de Pós-Graduação em Educação, Florianópolis, 2014.

LE GOFF, J. *História e memória* (1924). Tradução de Bernardo Leitão [*et al.*]. Campinas: Ed. Unicamp, 1990.

LE GOFF, J. Antigo/Moderno. In: *Enciclopédia Einaudi*. v. 1. Memória-História. Lisboa, 1997, p. 370-392.

RICUPERO, B. *Sete lições sobre as interpretações do Brasil* (Org.). São Paulo: Alameda, 2007.

VIANNA, F. J. O. *Populações meridionais do Brasil*. 6. ed. Rio de Janeiro: Paz e Terra, 1973.

VIEIRA, C. E. Intelectuais e o discurso da modernidade na I Conferência Nacional de Educação (Curitiba-1927). In: BENCOSTTA, Marcus Levy Albino (Org.). *Culturas escolares, saberes e práticas educativas*: itinerários históricos. São Paulo: Cortez, 2007. p. 379-400.

Educação e Ciências Sociais: discussões do intelectual brasileiro João Roberto Moreira (1912-1967)

Leziany Silveira Daniel

O intelectual brasileiro João Roberto Moreira (1912-1967)[1] foi um educador atuante em órgãos como o Instituto Nacional de Estudos Pedagógicos (Inep) e o Centro Brasileiro de Pesquisas Educacionais (CBPE), no Brasil. Os estudos realizados por Moreira durante sua trajetória possuem um viés marcadamente preocupado em

---

[1] João Roberto Moreira nasceu em Mafra/SC, em 1912. Aproximou-se das propostas escolanovistas, inspirando-se nelas para seu trabalho no Grupo Escolar Conselheiro Mafra em Joinville, sob sua Direção (1934-1935). Exerceu o magistério na Escola de Professores de Ponta Grossa – 1933-1934. Em 1937, Moreira passou a trabalhar no Instituto de Educação de Florianópolis, onde exerceu as funções de professor e diretor, até 1943. Nesse período, Moreira iniciou seu contato com Fernando de Azevedo, que o ajudou na publicação de seu primeiro livro *Os sistemas ideais de educação*, em 1945. Em 1944, passou a atuar em órgãos federais. Trabalhou como técnico do DASP (1944-1946). Como técnico de educação, dirigiu a Seção de Documentação e Intercâmbio do Inep (1949-1951). Foi diretor técnico do Colégio de Cataguases (MG) em 1951; Coordenador e Vice-diretor do Colégio Nova Friburgo da Fundação Getulio Vargas, no Rio de Janeiro (1952-1953). Em 1952, foi convidado por Anísio Teixeira (Inep) a coordenar a Campanha de Inquéritos e Levantamentos do Ensino Médio e Elementar (CILEME). Em 1955, as funções da CILEME foram incorporadas ao Centro Brasileiro de Pesquisas Educacionais (CBPE), do qual foi diretor do Setor de Planejamento (1957), chefiando, posteriormente, a Divisão de Estudos e Pesquisas Sociais. Em 1954, Moreira publicou *A educação em Santa Catarina* e em 1955 a *Introdução ao estudo do currículo da escola primária*. Já em 1957, foi designado coordenador da Campanha Nacional de Erradicação do Analfabetismo (CNAE). Em 1960, Moreira publicou dois de seus trabalhos mais densos e articulados: *Teoria e prática da escola elementar*: introdução ao estudo social do ensino primário, e *Educação e desenvolvimento no Brasil*. Em 1961, foi designado para o Departamento Nacional de Educação do MEC e logo após destituído em decorrência da renúncia do Presidente Jânio Quadros. Passou, então, a coordenar um projeto de pesquisa sobre educação e desenvolvimento socioeconômico no Centro Latino Americano de Pesquisas Sociais (1961-1962). Em 1961, passou a trabalhar no Escritório Regional da Unesco para América Latina (Chile), e trabalhando nos cursos do Centro Latino-Americano de

estabelecer as relações entre a Educação e as Ciências Sociais.[2] Essas discussões integravam um movimento de constituição do próprio campo educacional no Brasil, que procurou dar maior estatuto científico aos estudos relacionados à Educação, a partir dos conhecimentos produzidos no interior das Ciências Sociais. Naquele momento, a ciência apareceu como possibilidade de intervenção social, com o objetivo principal de 'modernizar' a sociedade. Partimos, assim, do pressuposto de que João Roberto Moreira participou de um momento em que os conhecimentos oriundos das Ciências Sociais e sua articulação com a Educação tornaram-se fator fundamental para formulação e implementação de determinadas políticas de Estado, partindo, assim, de determinados projetos de modernização da sociedade, evidenciados por inúmeros intelectuais.[3] Esse

---

Formação de Especialistas em Educação e do Centro de Planejamento da Escola de Economia da Universidade do Chile. Em 1964, quando retornou ao Brasil para assumir um cargo de direção no Departamento Nacional de Educação, seu filho foi preso por motivos políticos. Decidiu, então, voltar ao Chile, à frente do Escritório Regional da Unesco. Permaneceu no Chile até fevereiro de 1965, quando reassumiu no Brasil seu cargo no Inep/CBPE. Em 1966, foi para o exterior como Professor-Visitante e Consultor da Universidade de Porto Rico, organizando ali o Centro de Estudos Internacionais de Educação Comparada. Faleceu em 21 de maio de 1967, na cidade de São João do Porto Rico (PAIXÃO, 1999, 2002; DANIEL, 2003, 2009).

[2] Cabe salientar que Moreira vem sendo estudado há alguns anos por pesquisadores da história da educação e, nesta perspectiva, vale-nos destacar alguns dos trabalhos que, de alguma maneira, enfatizam sua trajetória ou discutem suas perspectivas teóricas, principalmente acerca da constituição do campo científico educacional brasileiro. Destacam-se o trabalho de Paixão (2002), que mostra a importância da obra de Moreira para o entendimento da constituição do campo da Sociologia da Educação no Brasil; na mesma direção, com a proposta de estudar Moreira no interior da tradição da Sociologia da Educação brasileira, Brandão *et al.* (1996) produzem um estudo, "O esquecimento de um livro", que visa analisar o livro *Educação e desenvolvimento no Brasil*, publicado pelo intelectual em questão, nos anos 60 do século XX, no interior do Centro Latino-Americano de Pesquisas em Ciências Sociais (CLAPCS); e também Xavier (2002-2003), ao analisar duas obras produzidas por Moreira, no período em que participou da Campanha de Inquéritos e Levantamentos do Ensino Médio e Elementar (CILEME), mostra o caráter prático da pesquisa e como as temáticas da modernização e da crença no desenvolvimento econômico orientaram questões em torno da organização do ensino e dos estudos desenvolvidos no país.

[3] Partilhamos das indicações de Vieira (2007a; 2007b), caracterizando Moreira como um *intelectual*, cujo comportamento como homem público revela quatro características marcantes: a primeira se refere ao sentimento de pertencimento que Moreira tinha a um determinado estrato ou grupo social, constituindo-se como *técnico especializado* nos estudos do campo da educação, com uma produção e atuação que sempre tiveram como foco a organização do ensino e da educação nacional, articulado com os principais intelectuais preocupados com essa temática; a segunda característica se refere ao seu sentimento de *missão social*, procurando ele se colocar como um intelectual preocupado com a reorganização da sociedade, como um agente incentivador e participante dos principais encaminhamentos educacionais; já a terceira característica se remete ao seu entendimento de que seria principalmente por meio da educação, tomada como questão central para o êxito do *projeto moderno de reforma social*, que os problemas sociais seriam sanados; e por último, o fato de entender o Estado como agente político na efetivação do projeto moderno de reforma social.

entendimento insere-se no próprio Movimento pela Escola Nova, no qual os intelectuais da Educação percebiam-se responsáveis pela sua viabilização. Para tanto, a análise dessa relação permitiu-nos discutir aspectos relacionados ao processo de construção de determinadas áreas das Ciências Sociais, entre elas a Sociologia, e de sua contribuição para os estudos na área da Educação. Assim, consideramos que Moreira, a partir da relação que procurou estabelecer entre a Educação e as Ciências Sociais, participou de dois momentos principais, indicados por Brandão *et al.* (1996, p. 10):

> Se nas décadas de 20 e 30 a aproximação entre educação e as ciências sociais se inseria em um projeto mais amplo de procura de um estatuto científico para os estudos superiores em educação (Universidade do Distrito Federal/Universidade de São Paulo), em 50 e 60 o que parecia mover essa reaproximação era a necessidade de uma base mais segura — científica — para as propostas de intervenção nos sistemas educacionais da perspectiva do planejamento educacional.

No primeiro período indicado, Moreira iniciava sua atuação no campo educacional, partindo de pesquisas diletantes e baseadas em especulações teóricas. Particularmente, no Estado de Santa Catarina, quando atuava como professor e diretor do Curso Normal do Instituto de Educação de Florianópolis, Moreira produziu e publicou seus primeiros estudos sobre essa temática (DANIEL, 2003). As principais fontes para análise são seus artigos publicados na revista *Estudos Educacionais*, do Curso Normal do Instituto de Educação de Florianópolis, discursos proferidos por ele, bem como seu primeiro livro publicado *Os sistemas ideais de educação*, de 1945. Já naquele momento, nesses escritos, Moreira refletia acerca do papel da Educação, do valor da ciência para o homem e do estatuto científico da Pedagogia.

De forma geral, consideramos que uma questão central apareceu como amálgama em todos os textos de Moreira, neste período: Qual o papel das ciências (principalmente a Psicologia e a Sociologia) no oferecimento dos conhecimentos necessários à ação da Pedagogia no campo educacional? Para tanto, Moreira procurou perseguir os seguintes temas: os limites e as potencialidades das ciências; o desenvolvimento, a validação e a consolidação científica da Psicologia e Sociologia Educacionais; a análise da função da Educação na sociedade; a avaliação dos sistemas de Educação, ponderando sobre as reais formas de efetivação dos ideais da Escola Nova; e as possibilidades da prática para implementação dos ideais pedagógicos.

Moreira, nesse momento, embasado diretamente no entendimento de Durkheim, entendia que a Educação era um fato social e, portanto, uma necessidade social, porque seria por meio dela que a sociedade garantiria a sua continuidade (MOREIRA, 1941). A escola seria o lugar, por excelência, onde a Educação intencional ocorreria, preocupando-se, assim, com os meios e fins de realização desta Educação. À ciência caberia fornecer o saber necessário para o estabelecimento das regras de ação, pois, segundo ele, "a lei que a ciência formula, permitindo prever o que acontecerá em dadas circunstâncias, se constitui, ao mesmo tempo, em um poder de ação nas mãos do homem" (MOREIRA, 1941, p. 17).

Percebemos, assim, um discurso que procura justificar e qualificar o papel da ciência no melhor direcionamento da Educação, no qual, naquele período, início do século XX, os sistemas de ensino nacional estavam sofrendo reformas, procurando-se melhor definir os meios e os fins desta Educação. Moreira, nessa perspectiva, atribuiu à ciência função clara e central no auxílio da definição dos rumos sociais, econômicos, políticos e educacionais nacionais, sendo esta geratriz de técnicas e ações para intervenção na realidade. Ao atuar no governo catarinense, no momento em que produziu essas reflexões, Moreira parece construir a legitimação de seu próprio papel de educador e intelectual no interior do Estado. Ao utilizar-se de preceitos científicos para embasar a Educação, Moreira justificou seu papel como articulador entre os conhecimentos científicos e a Pedagogia, colaborando no melhor direcionamento de políticas educacionais. Moreira entendia, assim, que a ciência era instrumento fundamental para a consolidação e validação das ações da Pedagogia, área que era marcada desde o seu princípio pelos embasamentos *intuicionistas*, que precisava ser superado, procurando, assim, discutir a aceitação ou não da Pedagogia como ciência.

Para ele, a Pedagogia não era ciência, se analisada a partir de sua definição clássica. O principal motivo seria o fato de ela não ser desinteressada, embora a ciência pudesse partir da formulação de problemas práticos, resolvendo-os, ainda que não intencionalmente, algumas vezes. Assim, para Moreira, "o trabalho científico pode originar-se [...] em problemas de ação, mas, depois de incorporado definitivamente à ciência, constitui com esta um todo independente e desinteressado, outra coisa não visando que o inteligível" (MOREIRA, 1945, p. 21).

Ele também não concordava que a Pedagogia fosse ser considerada *ciência normativa*, já que entendia que norma ou regra não constituía fato a ser considerado de forma impessoal. Diante dessas considerações, atribuiu ao trabalho da Pedagogia os seguintes passos: problema de ação, que seria a de educar; recurso à ciência, utilizando-se principalmente da Biologia e da Sociologia; organização de um plano, no caso a criação de um sistema de Educação; e a constituição de uma técnica, nesse caso, a didática e a prática pedagógica. Diante disso, concluía: "Em vez de ciência, é, portanto, a pedagogia uma técnica com fundamentos teóricos baseados em diversas ciências, às quais se costuma dar o impróprio nome de auxiliares" (MOREIRA, 1945, p. 19). Atualizava, assim, a definição de *teoria prática* atribuída por Durkheim à Pedagogia, ponderando que, naquele momento, a técnica poderia resultar da conversão da lei científica em regra de ação. Caberia, então, à Pedagogia a função imperativa, preocupada com "o estabelecimento do dever-ser, no sentido normativo", utilizando-se dos conhecimentos científicos para definição das normas e regras de ação na sua intervenção na realidade educacional (MOREIRA, 1945, p. 22).

Todavia, embora considerasse o papel central das Ciências da Educação para uma maior e melhor intervenção científica da Pedagogia na realidade, Moreira destacava a fragilidade dessa colaboração pelo fato de as Ciências da Educação, naquele momento, especialmente a Sociologia e a Psicologia, encontrarem-se em fase de constituição. Admitida essa vulnerabilidade, Moreira procurava estudar e analisar as condições de criação e desenvolvimento da Sociologia e da Psicologia, ponderando sobre o impacto dessas ciências no campo pedagógico.

Realizada a revisão das condições em que se encontravam, especialmente os campos da Psicologia e da Sociologia, e indicando, ao mesmo tempo, suas potencialidades e seus limites, Moreira propunha um campo de estudos articulados, entre os conhecimentos sociológicos e psicológicos para o embasamento da ação da Pedagogia. Percebia que mesmo com essas graves dificuldades era impossível entender a Educação e proporcionar formas de ação à Pedagogia sem que se articulasse e se utilizasse dessas duas áreas de conhecimento, pois para ele havia "um mútuo condicionamento entre os fenômenos sociais e os psíquicos, embora não se deva e não se possa identificá-los" (MOREIRA, 1945, p. 81). Ao refletir e avaliar estudos realizados por diversos autores que propunham essa articulação, Moreira concordava com Johan Von Schimid,[4] que indicava o campo de estudos intitulado *Psico-sociologia*, embora enfrentando problemas na definição de seu objeto e dos métodos de estudo, em virtude do processo de criação e afirmação desse campo.

[4] Moreira não referenciou a obra utilizada por ele para fazer essa análise.

Assim como faz a crítica do momento em que a Psicologia, tentando se afastar da Filosofia, adere ao monismo materialista, Moreira não concordava com qualquer tipo de *sociologismo* ou *psicologismo* na explicação das questões educacionais.[5] Afirmava que, para se entender o que era Educação e o que se queria obter com ela, era preciso compreendê-la como fenômeno para depois saber o que ela devia ser. Para Moreira não era possível determinar os fins da Educação somente a partir de uma interpretação finalista, construída pela Psicologia e pela Biologia. A Educação precisava ser estudada a partir dos métodos sociológicos, já que cabia à Sociologia explicar os fenômenos educacionais, que faria uma interpretação finalista da Educação, reservando-se à Biologia e à Psicologia determinar os meios para a prática pedagógica. Dessa forma, "a realidade deve conter em equilíbrio o individual e o social, porque, sem esse equilíbrio, é impossível torná-la inelegível" (MOREIRA, 1945, p. 127).

Assim, observamos que, nessa primeira fase, Moreira baseava suas análises e proposições a partir da teoria de Durkheim, denotando às Ciências Fontes da Educação, em especial à Psicologia e à Sociologia educacionais, caráter central no fornecimento de conhecimentos científicos necessários para a intervenção da Pedagogia.

Já na segunda fase, décadas de 1950 e 1960, os termos Ciências Fontes da Educação e Pedagogia Científica são substituídos, mais fortemente, no discurso de Moreira, pela preocupação em torno da maior aproximação entre a Educação e as Ciências Sociais. Podemos perceber, assim, que embora com a mesma preocupação, a nomenclatura e os conceitos utilizados sofreram mudanças. As principais fontes de análise, desse período, são os artigos publicados na *Revista Brasileira de Estudos Pedagógicos*, bem como alguns livros de sua autoria. Nessa fase, atuando junto ao CBPE e aos organismos internacionais, em especial, a Sociologia e agora a Antropologia, foram tratadas por Moreira como importantes áreas em diálogo com a Educação, num processo em que os conhecimentos mais seguros deveriam agora vir, segundo intelectuais como Anísio Teixeira, de pesquisas mais fortemente baseadas em dados empíricos, necessidade essa considerada fundamental para o estabelecimento de um

[5] Essa preocupação de Moreira ajuda a corroborar o entendimento de Cunha (1995), que mostra que está equivocada a afirmação de que a *escola nova* era essencialmente *psicologista*. Segundo ele, seria superficial tal afirmação, pelo menos no período em que "as vozes dos pioneiros da Escola Nova se mantiveram ativas" (p. 19) e considera que "a Psicologia, embora uma das ciências básicas da Escola Nova, não se encontra sozinha neste patamar; ela não se constitui isoladamente das ciências sociais, no cerne do pensamento escolanovista" (p. 41).

melhor e mais seguro planejamento, pois esse era "tido como o instrumento por meio do qual seria possível organizar o processo de mudança que redundaria no desenvolvimento" (XAVIER, 2000, p. 53).

Nesse momento, ao integrar o grupo de Anísio Teixeira, no CBPE, Moreira participou de pesquisas que tinham como principal respaldo as indicações da Escola de Chicago,[6] baseadas nos Estudos de Comunidade[7] e na construção de conhecimentos a partir de novas metodologias de pesquisa, rompendo com certa tradição, da qual o próprio Moreira fazia parte, de especulações a partir de grandes sistemas teóricos, no interior de um processo em que "o discurso em defesa de uma análise científica da realidade social — conhecer para planejar — funcionou como antídoto ao diletantismo e ao conservadorismo das elites dirigentes e terminou agindo como uma alavanca para a criação de instituições de pesquisa" (XAVIER, 2000, p. 75). Segundo Xavier (2000, p. 53):

> configurava-se na época um novo padrão de se fazer sociologia (baseada no emprego de métodos de estudo de caso e de observação participante, da técnica de história de vida, de mapas para localizar fenômenos ecológicos, da experiência em enquetes, *surveys* e entrevistas) e um novo universo temático (estudo de comunidades, assimilação e aculturação, mobilidade social) advindo de uma matriz considerada na época a mais moderna e científica). (grifo do autor)

Da mesma forma que Moreira, Anísio Teixeira entendia que os conhecimentos advindos das Ciências Fontes da Educação, entre elas a Sociologia, continuavam a

[6] Destaquemos que Moreira, ainda na década de 1940, em Santa Catarina, já tivera contato com dois dos mais significativos representantes da Escola de Chicago no Brasil: Donald Pierson e Emílio Willems. Apesar desta relação, no período indicado, as pesquisas de Moreira conservaram muito mais análises teóricas baseadas em especulações do que reflexões realizadas a partir de dados empíricos, coletados por ele mesmo.

[7] De acordo com Silva (2002), os Estudos de Comunidade foi uma metodologia utilizada pela Escola Livre de Sociologia e Política de São Paulo, no pós-1939, sendo mais tarde levada para o CBPE. Para tanto, "esse tipo de método ia ao encontro do ideal de pesquisa educacional de Anísio Teixeira: filosoficamente os Estudos de Comunidade partiam de dados empíricos de acordo com a perspectiva pragmatista de Dewey; metodologicamente, a base desses estudos é o trabalho de campo, facilitando a intervenção (objetivo último do Centro). Até na perspectiva temática, o foco tradicional desses estudos eram os processos de modernização e diversidade, convergindo para a visão de Teixeira sobre a escola como instrumento de divulgação de um estilo de vida urbano, moderno e mais racional" (p. 111).

fornecer o embasamento para a realização das pesquisas educacionais. Moreira continuava a entender a ciência como resultante de problemas práticos, sem um valor pragmático direto, contudo, "a ciência não é sem compromisso com o homem, não pode e não deve ausentar-se dos seus problemas" (MOREIRA, 1955, p. 96). Moreira, nesse sentido, questionava os conceitos e entendimentos acerca de *ciência pura* e de *ciência aplicada*, destacando que a *ciência pura*, aquela desinteressada e sem qualquer ligação com os problemas humanos, não existiria. Para ele, o purismo em ciência seria ideológico, pois "a ciência é um instrumento humano de ação, justamente porque, pela apuração de seus métodos, pelo caráter universal de suas leis, permite a aplicação em qualquer época e lugar" (MOREIRA, 1954, p. 35). Em contrapartida, também questionava a aplicação totalmente prática da ciência, pois o pragmatismo seria resultante daquela época, de sua economia e de seus problemas. Ao realizar essa discussão acerca do suposto caráter puro da ciência ou de seu valor pragmático, Moreira, na verdade, justificava o próprio papel da ciência naquele momento, pois, na sua visão, a ciência ajudava a conhecer o mundo e a pensar em questões práticas, sendo o meio de controle do universo, concluindo que "cada lei é sempre uma possibilidade de aplicação, embora não necessariamente. A ciência é um imenso poder que o homem, conscientemente, vem acumulando através dos tempos" (MOREIRA, 1954, p. 43).

Moreira discutia, nesse sentido, as consequências da utilização das pesquisas científicas para a própria realização e validação das pesquisas educacionais, indicando a necessidade do surgimento de um novo momento na pesquisa educacional. Moreira entendia que a Educação devia constituir-se em corpo teórico, coerente, sistemático e preciso em que a pesquisa deveria ser comprometida com problemas práticos, específicos e imediatos, não tendo sentido *ciência pura* em Educação. No caso específico da Sociologia, essa deveria subordinar suas pesquisas a um programa de necessidades educacionais, destacando ainda a necessidade de se construir no Brasil uma *ciência geral da Educação*, com uma pesquisa "imediatamente comprometida com problemas práticos, específicos e imediatos" (MOREIRA, 1954, p. 45). Ressalte-se que, no momento em que publicou essas reflexões, Moreira estava iniciando sua participação no Centro Brasileiro de Pesquisas Educacionais, o que demonstra sua preocupação em entender como se daria a articulação entre a Educação e as Ciências Sociais, sem perder de vista as análises teóricas acerca dos problemas educacionais, a perspectiva de resolvê-los e a importância de construir um espaço específico para pensar estas problemáticas, nesse caso, com a participação de educadores e cientistas sociais. Para tanto, entendia que a articulação entre os estudos do campo da Educação e o das Ciências Sociais era fundamental para a melhor definição dos ideais educacionais.

Na definição dos ideais educacionais, Moreira partia do próprio entendimento de educação, sendo essa um processo complexo, representando tanto meio de hereditariedade quanto de transmissão e de preservação social, assim como de transformação ou mudança social, entendida "como um processo em desenvolvimento, capaz de se transformar, de se diferenciar no tempo e no espaço, em virtude da sua própria natureza contraditória" (MOREIRA, 1957, p. 99).

Moreira partia do pressuposto de que o homem não nascia predeterminado biologicamente, embora considerasse que a mudança social dependia também do homem como ser biológico, e que sua educação acontecia ao longo da vida. Todo homem seria educado porque era ser social, porque só podia viver em sociedade, sendo a Educação uma consequência necessária da sociedade humana.

Assim, ele apontava que definir os ideais educacionais não seria tarefa fácil, ocorrendo vários exemplos na história em que houve uma distância entre a formulação de ideais educacionais e sua real efetivação. Para Moreira, o alcance do sucesso dos ideais educacionais estaria fundamentado num planejamento que não buscasse a concretização de ideais além dos limites e das possibilidades reais de uma época ou de uma sociedade. Esses ideais não podiam ser revolucionários integralmente, não podendo ser fator de mudanças radicais, pois entendia que o desenvolvimento de sistemas educacionais não se fazia a partir do nada, nem a partir de saltos bruscos ou de mudanças abruptas. Considerava, assim, que o planejamento educacional "se quer e precisa inovar, tem que ultrapassar o velho e ainda existente, sem, entretanto, destruí-lo e desprezá-lo, justamente porque é uma ultrapassagem, se assim nos podemos exprimir" (MOREIRA, 1957, p. 99). Moreira considerava que, para a melhor realização deste planejamento, "o educacionista, isto é, quem faz da educação seu objeto de estudo, necessita uma preparação que, por sua extensão, profundidade e universalidade, lhe tornam as atividades uma das tarefas mais difíceis, árduas e complexas, no campo das ciências e das técnicas de aplicação científica" (MOREIRA, 1957, p. 100). Nesse sentido, encontra a justificativa, por um lado, do valor das pesquisas educacionais baseadas em dados empíricos e, por outro, o próprio valor da Educação para a organização de uma determinada sociedade.

Para Moreira, as Ciências Sociais, nesse limiar, assumiam papel central no encaminhamento das soluções para os problemas educacionais e para a realização de um planejamento mais eficaz. Moreira entendia também que os estudos em Ciências Sociais seriam importantes para definição do conceito de homem, pois concorriam para a melhor definição dos ideais educacionais de cada sociedade.

Recorrendo à história, Moreira procurava entender os ideais acerca de homem, pensados em determinada época, a partir de uma determinada sociedade, procurando articular essa análise ao surgimento e à contribuição das Ciências Sociais para pensar o próprio homem. Destacava, nesse sentido, o *psicologismo* em Educação, no qual se passou a pensar em como ensinar; na formulação do conceito social da Educação, a partir, principalmente, de 1918, com as contribuições de Froebel, Dewey, Kilpatrick e outros estudiosos norte-americanos; na articulação estabelecida entre a Educação e a Sociologia, a partir de Durkheim; e nas contribuições da Antropologia para se estudar as relações do homem com o resto da natureza.

Moreira, nesse momento, embora considerasse a importância de Durkheim para os estudos em Educação, não deixava de tecer críticas à sua teoria, comentando o fato de Durkheim considerar a Educação um fato social, sujeita, então, ao *determinismo sociológico*, resultante das mudanças sociais.

A Educação, dessa forma, acompanharia a mudança, dificilmente sendo fator de mudança. Assim, Moreira retoma, nos anos de 1950 e 1960, uma discussão realizada ainda nos anos de 1940, quando condenava o *fatalismo sociológico* apontado pela teoria de Durkheim. Ao tecer essa crítica, Moreira procurava valorizar a importância da Educação como um dos fatores de mudança social. A construção e a defesa de tal entendimento coadunavam-se com os projetos educacionais e de pesquisa com os quais estava envolvido e que tomavam a Educação como importante fomento para a resolução de problemas sociais.

Como já destacamos, a Antropologia passou a ganhar importância no interior do campo de estudos educacionais, a partir dos anos 50 do século XX. Moreira cita, em especial, o congresso de entidades norte-americanas, 1951, em que discutiram o valor da Antropologia para o planejamento educacional. Para tanto, Moreira ressaltava a necessidade de relação dos programas escolares e do currículo com a cultura nacional e regional. Além disso, pelo fato de considerar que a Educação variava de acordo com as sociedades, bem como com a própria escola, a partir das exigências sociais, Moreira considerava que os estudos modernos em Sociologia e em Antropologia Cultural contribuíam para "os esclarecimentos dos deveres sociais da escola" (MOREIRA, 1960, p. 43).

Moreira passou a entender a Sociologia como "estudo dos fenômenos sociais totais" (MOREIRA, 1963, tradução nossa), segundo a definição proposta, inicialmente, por Marcel Mauss e, posteriormente, desenvolvida por Georges Gurvitch. A teoria desenvolvida por Gurvitch (1968) retomou a tradição sociológica de Durkheim, que indicava a especificidade da realidade social e a irredutibilidade a qualquer outra realidade, devendo ser explicada pelas propriedades características do todo.

Percebemos, assim, que, nesse momento, Moreira vinculou-se, metodologicamente, à Escola de Chicago, mantendo vínculos com a Sociologia Educacional Francesa, em especial caracterizada pela retomada e ampliação da teoria de Durkheim. Segundo Moreira, "para compreender os fatos sociais é necessário configurá-los em campo. Considerando-os como totalidade cuja estrutura depende da sociologia global" (MOREIRA, 1965b, p. 15). Ao adotar a concepção de Gurvitch, Moreira distinguia o objeto da Sociologia e o das Ciências Sociais particulares. Dessa forma, as Ciências Sociais estudavam aspectos particulares da sociedade, cabendo à Sociologia o estudo mais amplo acerca desta, que era o de buscar "a compreensão e a explicação total da sociedade humana ou de uma dada sociedade, todavia as outras ciências estudam partes ou aspectos particulares da sociedade" (MOREIRA, 1963, p. 2, tradução nossa).

Por considerar a Educação um fato social, complexo e total, Moreira entendia que essa era componente da *realidade social total*, sendo um tipo de *fenômeno social total*, conforme indicado por Gurvitch, pois ela constituía conjunto de maneiras ou modos de os indivíduos, os grupos e as classes ligarem-se com o todo e no todo.

Utilizando-se também da metodologia proposta por Gurvitch, Moreira procurava estudar a Educação, a partir de dois enfoques: o horizontal e o vertical ou de profundidade (MOREIRA, 1963). Ao abordar a Educação, a partir do enfoque horizontal, procurava entendê-la como um *aparato social*, como organização que dispõe de normas, regras e aparatos de convivência. Procurava entender as mudanças nestas normas ou regras, denominadas *fatos circunstanciais*, priorizando saber como e por que se produziram tais alterações. Além desse enfoque, Moreira destacava que era preciso perceber a Educação também sob o ponto de vista da profundidade, com suas várias camadas, ou seja, seu sistema e seus instrumentos materiais; leis e regulamentos de sua interpretação; relações íntimas, coletivas e de indivíduo para indivíduo dentro do sistema; comportamentos espontâneos não estruturados dentro do sistema e entre os sistemas e outros aparelhos organizados e seus substratos na sociedade etc. (MOREIRA, 1965b).

Diante do exposto, acerca da Sociologia, Moreira destacava a importância dos estudos desenvolvidos no campo específico, agora, da Sociologia da Educação para estudar os fenômenos educacionais. Para ele, a Sociologia da Educação era o estudo sociológico das instituições especificamente educativas, seus papéis e suas funções, sua constituição e sua organização e também suas introjeções e projeções sociais. A Sociologia da Educação tinha como objeto principal a escola, considerando que "é por meio desta instituição que a sociedade procura estabelecer certos padrões de conduta, tidos como essenciais ou fundamentais na vida social de nossos dias, quer seja ela considerada do ponto de vista material e econômico, quer do ponto de vista moral e cultural" (MOREIRA, 1965a, p. 1). Dessa forma, os estudos desenvolvidos pelo campo da Sociologia da Educação contribuíam diretamente para um melhor planejamento educacional.

Embora considere a Educação como processo de socialização em que as novas gerações se incorporaram e se ajustaram ao grupo social de que faziam parte, Moreira considerava que a Sociologia da Educação não se interessava somente pelos processos particulares dessa socialização. Para ele, a Sociologia da Educação também se preocupava com certos aspectos importantes do fenômeno total, que apresentavam configuração problemática para a sociedade (MOREIRA, 1965a, p. 2).

Moreira destacava que a Sociologia da Educação utilizava-se dos fenômenos históricos para compreensão das sucessões dos fatos, localizando a Educação na condição em que ela acontecia. Tais estudos histórico-sociais podiam ajudar a avaliar os meios empregados para obter determinados fins, em termos educacionais. Além de utilizar-se de estudos acerca da História da Educação, Moreira também atentava para o fato de se realizar estudos em Sociologia da Educação para entender a forma de como a Educação acontecia naquele momento. Sob esta perspectiva, destacava os estudos realizados a partir da Educação Comparada, área de estudos privilegiada por ele em muitos de seus estudos.

Assim, os problemas educacionais seriam problemas humanos, sendo que sua solução científica dependeria do conhecimento científico acerca da natureza humana. Conforme ainda destacava na década de 1940, Moreira não deixava de levar em conta as dificuldades enfrentadas pelas Ciências Sociais na determinação de suas prerrogativas científicas, considerando que "todas essas contingências dificultam enormemente a eficiência dos auxílios que tais ciências podem dar ao planejamento educacional, que ainda contém muito de empírico e de hipotético" (MOREIRA, 1960, p. 24). No caso específico da Sociologia da Educação, Moreira a considerava um ramo muito novo da Sociologia, ainda "em fase de desenvolvimento e em exploração de terreno" (MOREIRA, 1960, p. 4), contudo, salientava que as Ciências Sociais, em geral, ofereciam soluções hipotéticas que auxiliariam a Educação, por isso "consequentemente, em Educação, ou melhor, na solução de problemas educacionais, o processo técnico de planejamento terá que obedecer ou satisfazer-se ou subordinar-se a estas condições conjeturais de muitas das leis e teorias das Ciências Sociais e Psicobiológicas" (MOREIRA, 1960, p. 24).

Podemos destacar, ao final, que Moreira denotou ao estabelecimento da relação Educação e Ciências Sociais uma importância central, sendo tema de suas reflexões ao longo de sua trajetória. Também a Sociologia foi eleita por Moreira como campo de estudos privilegiado para pensar a Educação e a sociedade. Contudo, a forma como pensou e como estabeleceu essa relação sofreu alterações com o tempo, acompanhando tendências e nuanças teóricas. Num primeiro momento, sua base teórica, em Sociologia, encontrou-se fundamentada em Durkheim, denominada de Sociologia Educacional, contudo, considerada na década de 1950, teórica e genérica demais. Neste segundo momento percebemos a forte influência da Escola de Chicago, com a realização dos Estudos de Comunidade, continuando, todavia, ancorado na tradição sociológica francesa, de viés durkheiminiano, privilegiando a teoria de Gurvitch. Nesse sentido, a Sociologia da Educação, procurando assumir caráter mais científico, fundamentada em pesquisas empíricas e com um novo entendimento acerca da própria função da Sociologia, ocupa novo espaço, levando Moreira a se especializar nessa perspectiva. Percebemos que ele articulou, por um lado, uma teoria com aspecto mais global de explicação da realidade, a partir de Gurvitch, e, por outro, uma metodologia que partia da realidade, fornecendo dados empíricos. Por isso, mais uma justificativa de alguns estudos sobre Moreira, como o de Paixão (2002), considerá-lo um Sociólogo da Educação, já que procurou especializar-se, acompanhando o movimento teórico deste campo e utilizando-se da própria especialização e importância da Sociologia para os estudos de questões educacionais.

Destacamos, enfim, que Moreira participou de um momento em que se iniciava o processo de institucionalização das Ciências Sociais, na mesma medida em que se intensificava o processo de profissionalização e racionalização da esfera educacional. Nos seus estudos publicados, bem como nas atuações que marcaram sua trajetória, Moreira passou a participar de um projeto que, a partir da fundamentação científica nas Ciências Sociais, refletiu sobre a Educação e a organização dos sistemas de ensino, bem como pretendeu colaborar no direcionamento de políticas de Estado para essa área, subsidiando o encaminhamento dado por este e pelos organismos internacionais à Educação no Brasil e nos países latino-americanos, em especial a partir de sua especialização na área da Educação Comparada. Para George Bereday, especialista da Educação Comparada, no seu livro *Método Comparativo em Educação*, de 1968, Moreira pode ser considerado um estudioso da Educação Comparada, na América Latina.

Considera-se, assim, que Moreira participou desse projeto implementado na América Latina por esses organismos e coadunou com muitos dos intelectuais que acreditavam no papel central das Ciências Sociais para o encaminhamento das políticas nacionais, bem como na sua função como intelectual que buscava compreender o sistema histórico-social e fornecia subsídios para intervenção. Moreira integrou, nesse sentido, um "projeto de modernização da sociedade e de edificação de uma ciência do desenvolvimento e de mudança planificada" (BLANCO, 2007, p. 105).

REFERÊNCIAS

Fontes

MOREIRA, João Roberto. Apresentação de estudos educacionais. *Estudos Educacionais*, Florianópolis, ano I, n. 1, ago. 1941.

MOREIRA, João Roberto. Educação, sociedade e ideais educacionais. *Revista Brasileira de Estudos Pedagógicos*, Rio de Janeiro, v. 27, n. 65, p. 83-100, jan./mar. 1957.

MOREIRA, João Roberto. O humanismo. *Revista Brasileira de Estudos Pedagógicos*, Rio de Janeiro, v. 14, n. 60, p. 45-103, out./dez. 1955.

MOREIRA, João Roberto. O valor da ciência e os estudos educacionais. *Revista Brasileira de Estudos Pedagógicos*, Rio de Janeiro, v. 21, n. 53, p. 21-47, jan./mar. 1954.

MOREIRA, João Roberto. *Os sistemas ideais de educação*. São Paulo: Companhia Editora Nacional, 1945.

MOREIRA, João Roberto. Súmula do conteúdo "Delimitação do campo da sociologia da educação", da disciplina de Sociologia da Educação, ministrada Escola de Sociologia e Política, PUC-Rio, 1965a.

MOREIRA, João Roberto. Súmula do conteúdo "La sociologia y las ciências sociales". Centro Latinoamericano de Formación de Especialistas en Educación Unesco, Universidad de Chile, 1963. Datilografado.

MOREIRA, João Roberto. Súmula do conteúdo "O conceito de educação como fenômeno de totalidade", da disciplina de Sociologia da Educação, ministrada Escola de Sociologia e Política, PUC-Rio, 1965b.

MOREIRA, João Roberto. *Teoria e prática da escola elementar*: introdução ao estudo social do ensino primário. Rio de Janeiro: Inep, CBPE, 1960.

Bibliografia

BLANCO, Alejandro. Ciências sociais no Cone Sul e a gênese de uma elite intelectual (1940-1965). Tradução de Luiz Carlos Jackson. *Tempo Social*, São Paulo, v. 19, n. 1, p. 89-114, jun. 2007.

BRANDÃO, Zaia *et al.* O esquecimento de um livro. Tentativa de reconstituição de uma tradição intelectual no campo educacional. *Revista Brasileira de Educação*, Rio de Janeiro, n. 3, p. 18-30, set./dez. 1996.

CUNHA, Marcus Vinicius da. *A educação dos educadores*. Da escola nova à escola de hoje. Campinas: Mercado das Letras, 1995.

DANIEL, Leziany Silveira. *João Roberto Moreira (1912-1967):* itinerários para uma Racionalidade ativa. 224f. Tese (Doutorado em Educação) – Programa de Pós-Graduação em Educação, Universidade Federal do Paraná, Curitiba, 2009.

DANIEL, Leziany Silveira. *Por uma psico-sociologia educacional*: A contribuição de João Roberto Moreira para o processo de constituição científica da Pedagogia nos cursos de formação de professores catarinenses nos anos de 1930 e 1940. 2003. 163f. Dissertação (Mestrado em Educação) – Centro de Ciências da Educação, Universidade Federal de Santa Catarina, Florianópolis, 2003.

PAIXÃO, Léa Pinheiro. João Roberto Moreira. In: FÁVERO, Maria de Lourdes de Albuquerque; BRITTO, Jader de Medeiros (Org.). *Dicionário de educadores no Brasil*. Da colônia aos dias atuais. Rio de Janeiro: Ed. UFRJ, 1999. p. 270-276.

PAIXÃO, Léa Pinheiro. O catarinense João Roberto Moreira. Um sociológico da educação esquecido. *Perspectiva – Revista do Centro de Ciências da Educação*, Florianópolis, v. 20, n. especial, p. 57-84, dez. 2002.

SILVA, Graziella Moraes Dias da. *Sociologia da sociologia da educação*: caminhos e desafios de uma 'policy science' no Brasil (1920-1979). Bragança Paulista: Edusf, 2002.

VIEIRA, Carlos Eduardo. Intelectuais e o discurso da modernidade na I Conferência Nacional de Educação (Curitiba-1927). In: BENCOSTTA, Marcus Levy Albino (Org.). *Culturas escolares, saberes e práticas educativas*: itinerários históricos. São Paulo: Cortez, 2007a.

VIEIRA, Carlos Eduardo. *Intelectuais, educação e modernidade*: da Escola Moderna ao Movimento pela Escola Nova (1900-1950) – Fase 2. Curitiba: CNPq, 2007b. 24f. Projeto em andamento.

XAVIER, Libânea Nacif. *Para além do campo educacional*: um estudo sobre o Manifesto dos Pioneiros da Educação nova (1932). Bragança Paulista: Edusf, 2002.

XAVIER, Libânea Nacif. Reformar a escola, modernizar a cultura: Anísio Teixeira e a educação republicana. In: JÚNIOR, Gilson Pôrto; CUNHA, José Luiz (Org.). *Anísio Teixeira e a escola pública*. Pelotas: Universidade Federal de Pelotas, 2000.

XAVIER, Libânea Nacif. Visões sobre a Escola Elementar Brasileira na década de 1950. *Educação em Foco*, Juiz de Fora, v. 7, n. 2, p. 48-56, set./fev. 2002/2003.

O outro como modelo, exemplo ou lição: nações estrangeiras e a instrução pública em Minas Gerais no século XIX[1]

Rita Cristina Lima Lages

Este texto apresenta resultados de uma pesquisa (LAGES, 2013) sobre as experiências dos países estrangeiros que serviram como parâmetros para os dirigentes políticos e educacionais na elaboração de propostas para o ensino público da Província de Minas Gerais no período compreendido entre a Independência, em 1822, e a Proclamação da República, em 1889. A principal base empírica do trabalho são as análises dos Relatórios de Presidentes de Província de Minas Gerais, produzidos ao longo do século XIX. Outros documentos, sobretudo as publicações da imprensa periódica, aportam elementos enriquecedores para análises. No domínio das proposições teórico-metodológicas considera-se que a *circulação* de conhecimentos — promovida tanto pela mobilidade de sujeitos em diferentes espaços culturais, no caso, em países estrangeiros, quanto pelo recurso da circulação de impressos de um modo geral — proporcionou condições que possibilitaram a *apropriação* das *expertises* estrangeiras. Ainda nesse movimento, considera-se os sujeitos produtores dos discursos como *mediadores culturais*, na qualidade de detentores de características que promoveram a aquisição dos conhecimentos de outras culturas, que se mostraram válidos à solução dos problemas do campo da educação pública em Minas Gerais.

---

[1] Este trabalho apresenta resultados de uma pesquisa de doutorado realizada no Programa de Pós-graduação em Educação da UFMG, sob orientação do Prof. Dr. Luciano Mendes de Faria Filho. A pesquisa obteve o financiamento da Fapemig e contou com recursos do CNPq.

Considerar os presidentes da província e demais autores dos discursos sobre a instrução como *mediadores culturais* mostra-se uma estratégia pertinente, na medida em que se pretende compreender como esses sujeitos, produtores dos discursos sobre a instrução, filtram esses referenciais à luz das necessidades erigidas no campo educacional. Com esse propósito, serão tomados os sentidos de *mediadores culturais* — ou *passeurs culturels* — a partir das orientações de Serge Gruzinski (1991; 2001; 2005), e Thais Nivia de Lima e Fonseca (2012).

Ao caracterizar os processos da primeira globalização no século XVI, que instaura novos espaços de circulações, intercâmbios e conflitos entre culturas, Gruzinski nos permite compreender os *passeurs* a partir desse contexto. Define, como *passeurs*, os sujeitos que se deslocaram para esse mundo recém-descoberto e que estabeleceram relações entre os dois mundos; que promoveram a circulação de ideias, projetos, costumes, hábitos, crenças, valores etc.

Fonseca (2012), ao tratar das noções de mestiçagem e de mediadores culturais a partir das perspectivas propostas por Serge Gruzinski, afirma que "a ocidentalização da época moderna, ocorrida na conquista da América, incluiu também o território e as populações nativas ou imigradas do que hoje é o Brasil, e implicou — assim como ocorreu nos domínios espanhóis — a transferência de valores, saberes e práticas" (p. 303). Segundo a autora, "se por um lado, pretendia-se replicar no novo mundo as formas de ser e de fazer da Europa, por outro, foi impossível encerrar esse processo na mera reprodução por meio de imposição" (p. 303). E sobre as aprendizagens dessas formas ao modo europeu, Fonseca pondera que essas se faziam "em meio a diferentes formas de apropriação, de diferentes leituras, marcadas pela presença dos fragmentos das diferentes culturas em contato, num movimento de descontextualização".[2] Essa descontextualização se desdobrou em maneiras diferentes "que acabavam por recontextualizar as práticas culturais, nos quadros de uma sociedade misturada e instalada em outra geografia" (p. 303).

No processo de recontextualização das práticas, quando essas adquirem novos significados ao se instalarem em outras geografias, Fonseca afirma que "na perspectiva sugerida por Gruzinski, também há que se considerar a noção de mediadores culturais, pois não parece ser possível pensar nas mestiçagens sem a atuação dos seus

[2] A autora toma o termo "descontextualização" em Serge Gruzinski.

agentes" (p. 307). Sendo esses agentes, indivíduos ou objetos. Ao se aproximar de uma definição do papel do mediador, Fonseca considera que "o mediador cultural é sujeito "entre dois mundos", capaz de produzir leituras, interpretações e sínteses no movimento de mão dupla, no qual circulam elementos, ou fragmentos das culturas em contato" (FONSECA, 2012, p. 307, grifos da autora).

Fonseca (2012) refere-se aos mediadores culturais como uma noção no campo da historiografia que pode ser tomada "como instrumento analítico importante para a pesquisa em história da educação, em diferentes períodos históricos" (p. 298).

As leituras dos autores referidos nos levam, portanto, a reconhecer os sujeitos como *mediadores culturais* a partir de algumas condições necessárias: são sujeitos que circularam pelo mundo ou mantiveram contato com culturas estrangeiras por outros meios. Esse contato viabiliza o processo de *apropriação* dessa cultura para o universo do mediador, quando a cultura estrangeira adquire outro significado; quando o mediador, ao transmitir essa cultura, coloca em jogo sua subjetividade, seu repertório cultural, suas crenças etc. Além disso, faz-se necessário levar em conta a mobilidade do mediador e seu pertencimento a redes de sociabilidade; fatores que potencializam e efetivam a transmissão e circulação da cultura apropriada.

Os conceitos de *apropriação* e *circulação*, a partir das proposições de Roger Chartier (1991), podem contribuir para um bom entendimento do papel dos *mediadores culturais* no jogo da circulação de culturas, na medida em que esses sujeitos identificam os conhecimentos que circulam, apropriam-se deles e os fazem circular novamente em outros universos sob seu filtro.

Ao se propor "compreender como nas sociedades do Antigo Regime, entre os séculos XVI e XVIII, a circulação multiplicada do escrito impresso modificou as formas de sociabilidade, autorizou novos pensamentos, transformou as relações de poder", Chartier (1991) parte do pressuposto de "que toda reflexão metodológica enraíza-se, com efeito, numa prática histórica particular, num espaço de trabalho específico" (p. 177). Como metodologias específicas para seu estudo, Chartier estabeleceu três polos de trabalho, quais sejam: o estudo crítico de diversos gêneros textuais; a história do livro e de todos os suportes do escrito; e a análise das práticas, ou dos vários modos como os bens simbólicos são apreendidos, produzindo usos e significações diferenciados (p. 178). Esses modos diferenciados de recepção/apreensão, presente em sua operação, entendidos como processos de *apropriação.*

Na medida em que este trabalho toma por base principal os discursos presidenciais — e procura obter deles a mobilização de conhecimentos e práticas das nações estrangeiras concernentes à organização do campo educacional — realizar interpretações desse movimento com base nos processos de *circulação* e *apropriação* tal qual descritos de Chartier mostrou-se operacionalmente válido.

As experiências consideradas de êxito das nações vistas como adiantadas na marcha de civilização são tomadas como parâmetros pelos discursos da elite política dirigente da Província de Minas Gerais para a organização do campo instrução pública. Tais experiências encontravam-se vinculadas aos princípios do liberalismo, bem como às ideias de civilização, progresso e modernidade da nação brasileira; e o que se definiu por uma busca teleológica da civilização alinhada ao ideal de formação do Estado Nacional e à participação do Brasil no concerto das nações civilizadas. Esse discurso atravessa todo o século XIX e avança pelo XX.

Sobre as propostas e os princípios destacados, citemos alguns exemplos de discursos: ao comungar do espírito da necessária reforma da instrução pública que atravessa todo o século XIX, a comissão designada pelo presidente da província, Pedro de Alcântara Cerqueira Leite, para avaliar o estado da instrução em 1865, manifestou, por sua vez, a opinião de que "a reorganização do ensino público era desde muito aconselhada pelas necessidades de adaptá-lo ao aumento da população disseminada na província e às ideias modernas, postas em prática nos países mais adiantados" (MINAS GERAIS, 1865, p. 28). Uma das propostas para adaptá-lo a essas "ideias modernas" praticadas no estrangeiro seria adotar os princípios da *educação popular.*

Já o Diretor-geral da Instrução Pública, em 1859, no relatório sobre o estado da instrução, apresentado ao Presidente Carlos Carneiro Campos, avalia que "um dos mais importantes corolários da liberdade das instituições modernas tem sido o reconhecimento de que o povo deve ser tão acuradamente instruído, quanta é a elevação das funções sociais a que é chamado a exercer" (p. 24). Esse excerto compunha seus argumentos sobre as necessidades da "realização da ideia de uma instrução profissional, cuja conveniência tanto se apregoa nos países cultos da Europa" (MINAS GERAIS, 1859, p. 24).

Além da *instrução popular* e da *educação profissional*, outras proposições ou princípios para a educação mostraram-se mais evidentes nos discursos: a *gratuidade* e *obrigatoriedade* do ensino, e a *filantropia* como recurso para o êxito da instrução das camadas desvalidas da população.

Faria Filho e Sales (2009) avaliam as referências a outros países como uma estratégia comum não apenas no Brasil, mas em outros países da América Latina. Ademais, argumentam que devemos tomar tais estratégias como possuidoras de caráter pedagógico e de persuasão, não se constituindo, portanto, como uma retórica vazia, as quais pretendem demonstrar sentido do "próprio processo civilizatório vivido pelas sociedades humanas" (p. 29-30). Os princípios e propostas para a organização do campo educacional apresentados deverão, pois, ser tomados a partir de tais pressupostos.

Um levantamento do repertório lexical dos discursos da presidência permitiu-nos saber que, ao se referirem às nações estrangeiras, os sujeitos as tomavam como *modelo, exemplo ou influência*. E as práticas que serviam de *exemplos* ou *lições* deveriam ser *transplantadas, copiadas, imitadas, aplicadas* ou *seguidas*. Esses elementos discursivos levam-nos a compreender as considerações de José Veríssimo (1906) quando, nos últimos anos do século XIX, afirma que já era sabido até que extremo se levara "a cópia das modas, dos usos, da literatura e dos costumes franceses". No campo da política era "à Inglaterra que arremedava" (p. 175-176). E que, naquelas horas, era "a grande república norte-americana" que iria servir de modelo. E, ao conclamar para uma educação *à brasileira*, orienta-nos a nos aprofundarmos na ideia de que "tendo muito a aprender dos Estados Unidos, não devemos [pôr-nos] simplesmente a macaqueá-los irrefletidamente" (p. 175-176).

Destacam-se, a seguir, exemplos de discursos sobre a educação em Minas Gerais, ao longo do século XIX, que nos deixam saber da mobilização lexical da qual acabamos de tratar.

O presidente Bernardo Jacintho da Veiga, em 1840, apresenta as "bases do sistema primário", de acordo com ele, indicado como "muito digno de *transplantado* da França" para a Província:

> Apresentando-vos, Senhores, neste resumo as bases do sistema de ensino primário, que pelo Cidadão especialmente incumbido de estuda-lo na Europa *é indicado como muito digno de ser transplantado da França para a nossa Província*, e eu não ponho dúvida os bons resultados que poderíamos obter sendo ele exatamente pratica-lo em todas as suas partes. Considero sim as dificuldades com que temos de lutar em um País novo, e carecido ainda de muitos recursos, como vós bem sabeis, e daí concluo [...] que os nossos passos devem ser necessariamente lentos; mas por isso mesmo cumpre que redobremos os esforços até conseguir o grande fim que nos propomos. (MINAS GERAIS, 1840, p. 45, grifos nossos)

A comissão, designada pelo presidente Pedro de Alcântara Cerqueira Leite, avalia, em 1865, o estado da instrução pública da província. E ao se pronunciar sobre quais critérios deveriam ser adotados para o auxílio material a alunos pobres, toma como referência a França, "de cujo exemplo sobre organização de ensino tanta *influência*" (p. 40) já havia recebido a província:

> Ora para averiguação deste caso, a comissão entende que o meio mais eficaz será sem dúvida o do concurso, e não uma arbitrária designação seja por parte de quem quer que for; e tanto mais quanto *isto se acha em prática na França, de cujo exemplo sobre organização de ensino tanta influência temos já recebido*. (MINAS GERAIS, 1865, p. 40, grifos nossos)

O presidente Pedro Vicente de Azevedo, em 1875, pronuncia-se a respeito dos rumos da educação popular, a qual, segundo avalia, deveria seguir o caminho do ensino profissional, e assim favorecer na província o desenvolvimento da indústria e da agricultura, *à imitação* de "tantas escolas da livre Suíça ou da grandiosa pátria de Lincoln" (p. 20). Também a inspeção de ensino deveria *imitar* os exemplos da Inglaterra e Bélgica, organizando, para isso, juntas escolares:

> Quem dera que *nos fosse dado imitar tantas das escolas da livre Suíça, ou da grandiosa pátria de Lincoln*, colocando um jardim à porta de cada escola em que o professor pudesse entreter com os discípulos no intervalo dos estudos, explicando-lhes algumas noções tão uteis para quem, como nós, habita estas regiões ubérrimas da América, e que tanto tem a esperar do desenvolvimento da agricultura e das indústrias, em geral, bem dirigidas e aproveitadas.
> [...] e oxalá pudéssemos organizar juntas escolares, *à imitação das que em muitos lugares da Inglaterra e da Bélgica* tão bons resultados produzem em favor das escolas municipais. (MINAS GERAIS, 1875, p. 20, grifos nossos)

Ao referir-se à necessária reforma do ensino público da província em 1879, os Estados Unidos são tomados pelo presidente Manoel Gomes José Rebello Horta como *modelo* difícil de imitar, dada sua "atividade prodigiosa e progresso surpreendente" (p. 28-29):

> A reorganização do ensino público era desde muito aconselhada pelas necessidades de adapta-lo ao aumento da população disseminada na província e às ideias modernas, postas em prática nos países mais adiantados. [...]
> [...]

> *Longe de indicar os Estados Unidos como um modelo, que nos seria impossível imitar em sua atividade prodigiosa e progresso surpreendente*; devo ponderar que a difusão universal da instrução, do desenvolvimento das faculdades intelectuais dos indivíduos de todas as classes, foram os móveis poderosos da preeminência reconhecida àquele país. (MINAS GERAIS, 1879, p. 28-29, grifos nossos)

Pode-se *adotar* com feliz êxito na província o regime de subvenção das câmaras municipais às escolas, ao modo do que ocorre em muitos países da Europa. Assim se pronuncia o vice-presidente Joaquim José de Santana, em 1880. Propõe, igualmente, que os professores, "bem compenetrados de sua missão, se restrinjam inteiramente a ela, sem que sejam distraídos por nenhuma outra ocupação" (p. 10-14). O título de professor deve bastar-lhes, assim como ocorre na Alemanha, Inglaterra, Estados Unidos e França; constituindo-se esse em *um exemplo bom e digno de ser imitado*:

> As câmaras municipais têm na lei de 1º de outubro de 1828 a atribuição de fiscalizar e promover o ensino. Sem recursos e incentivos, não satisfazem a prescrição legal; entretanto, em todos os países da Europa, à exceção da Rússia e da Inglaterra, as câmaras em grande parte fundam e subvencionam as escolas. *É um regime que pode*-se *adotar com feliz êxito.* [...]
> Ademais, é necessário que os professores, bem compenetrados de sua missão, se restrinjam inteiramente a ela, sem que sejam distraídos por nenhuma outra ocupação. O título de professor deve bastar-lhe. A Alemanha, a Inglaterra, os Estados Unidos e felizmente agora a França dão a este título, quando dignamente obtido, toda consideração que lhe merece. *O exemplo é bom e digno de ser imitado.* (MINAS GERAIS, 1880, p. 10-14, grifos nossos)

O Inspetor Geral da Instrução Pública, José Aldrete de Mendonça Rongel de Queiroz Carreira, em seu relatório dirigido ao presidente Teófilo Otonni, no ano de 1882, propõe que se criem na província jardins de infância para que as crianças se libertem da negligência que preside a educação na primeira infância, *a exemplo* do que já ocorria na "Alemanha, Bélgica, Inglaterra, União Americana, Itália, Suíça, França e República Argentina" (p. 16):

> Conheço sobejamente o pendor que tem V. Ex. para realizar nesta província o sistema de educação — Fröbel — criando aqui, *a exemplo* da Alemanha,

> Bélgica, Inglaterra, União Americana, Itália, Suíça, França e República Argentina, estabelecimentos denominados — Jardins de infância — onde vão as crianças libertar-se da negligencia, que fatalmente preside à educação de sua primeira infância, período durante o qual, em geral, serve-lhes de mestre o acaso. (MINAS GERAIS, 1882, p. 16, grifos nossos)

Esse mesmo Inspetor da Instrução Pública refere-se, igualmente — em uma *circular* anexa ao seu relatório — à necessidade de edifícios escolares na província. Para esse intento, ao se pautar nos princípios da filantropia, afirma ter apelado ao patriotismo do generoso povo mineiro, constituindo, dessa forma, uma comissão de cidadãos "devotados ao bem público", incumbidos de promover a obtenção de meios pecuniários para a aquisição ou construção dos prédios necessários. A contribuição voluntária, uma "nobre iniciativa do grande povo americano", mostrava-se como uma *fecunda lição* a ser aproveitada pela província mineira:

> Foi deste modo que, em poucos anos, e graças quase que exclusivamente à criadora e nobre iniciativa do grande povo americano, a receita da instrução pública nos Estados Unidos, resultante da contribuição voluntária, acusa anualmente uma arrecadação surpreendente, a qual, criteriosamente aplicada, lhe tem elevado o nível moral a ponto de nada ter que invejar às instituições seculares da Europa. Cumpre-nos, pois, *aproveitando tão fecunda lição*, elevar também, pela dedicação e esforços de todos, os créditos deste grande Império, nossa cara pátria, à altura pressagiada por quantos pensadores lhe tem procurado calcular o futuro. (MINAS GERAIS, 1882, p. 20, grifos nossos)

Se, por um lado, o léxico grifado nos discursos acima reportados nos leva a compreender quando José Veríssimo (1906) defende que a educação brasileira teria se organizado a partir de uma espécie de prática do arremedo aos países estrangeiros; por outro, embora a mobilização de termos, feita pelos sujeitos dos discursos, encontre-se em tal campo semântico, as abordagens historiográficas, privilegiadas pelo estudo que ora se apresenta, permitem-nos abordar a construção desses discursos como processos de apropriação. As nações estrangeiras podem ser tomadas como modelos ou exemplos, mas aquilo que se toma delas — exemplos, lições etc. — são conteúdos de apropriação. Isso reitera mais uma vez as orientações de Chartier (1991), na medida em que podemos afirmar que os sujeitos produtores dos discursos sobre a educação em Minas Gerais se apropriaram dos conhecimentos em circulação naquele momento e lhes conferiam o sentido necessário para a organização do espaço ao qual pertenciam. Enfatiza-se aqui o papel da imprensa e dos impressos de uma forma em geral como efetivos promotores da circulação de conhecimentos. Destacam-se, do mesmo modo, as estratégias que possibilitavam o contato com esses conhecimentos — as viagens empreendidas, as exposições internacionais ou ainda a criação de bibliotecas. Nessa operação, reforça-se o entendimento dos sujeitos produtores do discurso como *mediadores culturais*, na medida em que, a partir das características que lhes são peculiares,[3] possibilitaram a circulação de *conhecimentos estrangeiros* para a necessária organização do campo educacional em Minas Gerais.

Podemos, com base nos discursos produzidos, afirmar que esses processos de apropriação se efetivaram, ou não, de forma refletida. Referimo-nos aqui a formas refletidas de apropriação quando os sujeitos procuravam demonstrar a aplicabilidade dos exemplos estrangeiros à realidade da província ou do Brasil. Identificamos no Relatório Presidencial de 1880, de Joaquim José de Santana, a experiência da Alemanha, Inglaterra, Estados Unidos e França — países que dariam ao título de professor o valor que lhe é devido — como um "exemplo bom e digno de ser imitado". Encontramos, no entanto, ponderações nesse mesmo discurso sobre os insucessos que poderiam advir dos atos de apenas copiar ou repetir servilmente aquilo que se praticava em outros países; a saber:

> É bom, sem dúvida, conhecer-se tudo que produziram os grandes homens dos outros povos; porém, muito melhor ainda é saber servir-se do que eles fizeram, para fazer novas descobertas.
>
> Na indústria, mesmo na agricultura, este espírito de invenção é sobretudo útil. As maquinas de exploração, em um país que tenha caráter especial, procedem certamente, dos mesmos princípios científicos, que no resto do mundo; diferem, porém em muitos pormenores, deixados ao espírito inventivo dos que as aplicam.

---

[3] Entre as características, a partir das quais os sujeitos podem ser considerados como *mediadores culturais*, destacaram-se neste estudo: pertencimento a várias redes de sociabilidade (políticas, culturais, econômicas, sociais), deslocamento/circulação entre uma realidade e outra, e, muito especialmente, o domínio de línguas estrangeiras como condição de possibilidade de acesso às culturas estrangeiras; esse foi o caso, por exemplo, do cidadão Rodrigo José Ferreira Brettas, o qual, como Diretor-geral da Instrução Pública em 1859, e membro da comissão que avalia o estado da instrução em 1865, não apenas indica a leitura de obras em francês para o aprendizado da agricultura, como cita trechos no próprio idioma.

> *Copiar, repetir servilmente o que faz em outros países e condenar-se fatalmente a insucessos*, dos quais há já muitos a registrar-se no Brasil. (MINAS GERAIS, 1880, p. 14, grifos nossos)

Ainda no domínio da apropriação das experiências estrangeiras, faz-se necessário dizer que essas se deram também como formas de negação da adequação de experiências de outros países no Brasil. Isso posto, a tomada das práticas de outras nações como parâmetros para a organização do campo educacional em Minas Gerais não representou, portanto, uma unanimidade. Mostra-se como um caso exemplar dessa posição, o discurso do presidente Joaquim Floriano de Godoy, no ano de 1873:

> Os teoristas tem argumentado com *exemplos* da Europa e principalmente da Alemanha; *mas seus argumentos são improcedentes ou inaplicáveis para o Brasil.*
> Lá, a par de uma legislação previdente e adaptada aos costumes e índole do povo, há os grandes recursos do tesouro do Estado, as penas correcionais, a bolsa dos filantropos, as associações particulares, que põem em pé de igualdades a classe pobre com a dos protegidos da fortuna.
> As populações condensadas, as vias de comunicação e a imediata ação dos governos e interessados [...] determinam no velho mundo a razão dos progressos da instrução. (MINAS GERIAS: Relatório de 1873, p. 38, grifos nossos)

A partir do acima exposto, não nos parece que o presidente Floriano de Godoy fosse contrário ao desenvolvimento da instrução na província mineira. O que ele avalia é que muito ainda havia o Brasil de caminhar no desenvolvimento material para, assim, proceder ao modo dos países do Velho Mundo no terreno da educação. É o que deixa transparecer na sequência de seus argumentos: "As conquistas do espírito, sem o colorido do interesse material, não assentam bem aos que, como nós, apenas saímos do obscurantismo colonial, a um povo que ensaia sua vida política" (p. 38).

Sobre as apropriações das práticas dos países estrangeiros no plano da instrução pública, procuramos refletir mais detidamente sobre aquelas que se mostraram mais recorrentes, intentando perceber o que essa frequência denunciava sobre as questões mais urgentes para a efetiva difusão da instrução. Temas que não devem ser considerados de forma isolada, e sim, por meio das relações intrínsecas que guardam entre si. São eles: gratuidade, obrigatoriedade, instrução popular e filantropia.

Quando temos a prática da filantropia erigida como garantia da frequência e permanência dos alunos das classes desvalidas na escola, e, igualmente, os princípios da obrigatoriedade e gratuidade como questão de grande ordem a ser aplicada, podemos concluir que a frequência foi o grande enfrentamento na difusão da instrução da província mineira no século XIX. Além desses, a preocupação com a instrução profissional, assim como se praticava nos países considerados adiantados, também se mostrou inequívoca nos relatórios.

Isso não quer dizer, de modo algum, que questões tangentes aos níveis orgânicos tenham sido menos importantes. Ver o que as nações estrangeiras faziam para a obtenção de uma qualidade no ensino igualmente se manifestou em estratégias dos dirigentes políticos e educacionais. Isso se deu na busca: do mais eficiente e eficaz método de ensino para a alfabetização; dos métodos de ensino baseados nos princípios da ciência moderna para as diversas matérias de ensino; da formação dos professores, bem como de suas condições de trabalho; da realização e participação dos professores em conferências pedagógicas, ocasiões para se aperfeiçoar as práticas de ensino; da construção de prédios escolares de acordo com as condições ideais de conforto; da regulação dos tempos escolares; da inspeção do ensino etc.

A frequência dos países, conjugada com as reflexões sobre o inventário das apropriações, possibilita-nos estabelecer algumas pautas e relações: a França, que na primeira metade ocupa praticamente a totalidade das referências feitas, continuará como país mais mencionado ainda na segunda metade do século. A partir desse período, entretanto, justapostas às experiências francesas, serão mobilizados os feitos de outros países europeus e, principalmente, uma espécie de enaltecimento aos Estados Unidos, por seus prodígios no domínio da educação.

Entre os países europeus, além da França — os adiantados, conforme se considera — destacam-se a Inglaterra, a Alemanha (Prússia) e a Holanda, como aqueles que apresentam as condições favoráveis para o êxito na difusão da instrução: legislação previdente, índole da população, vias de comunicação e transporte, população condensada, diferentes formas de subsídios à causa da instrução etc. A Alemanha e a Holanda são considerados como *países clássicos* da instrução pública. A Alemanha, ou Prússia, como país precursor da obrigatoriedade de ensino — desde 1763.

Ainda no inventário de apropriações, a França segue, na segunda metade do século XIX, como paradigma no que concerne à organização do ensino em todas as dimensões. As experiências francesas — prescrições ou práticas efetivas — foram mais mobilizadas do que as de quaisquer outros países. Continuou, reverenciada a

Lei Guizot, de 1833, como a grande inspiração para a organização do campo legislativo educacional da província mineira, como foi o caso da Lei Mineira nº 13, de 1835, primeira lei orgânica da instrução pública. Os autores franceses desfrutam de uma hegemonia em relação àqueles que são mobilizados para a busca de preceitos ou exemplos para a organização da instrução pública: não apenas os literatos, como Victor Hugo, juristas e outros — todos esses com atuação no campo da política educacional francesa — mas ainda escritores de tratados de economia política, de manuais da indústria; estes, prescritos para as práticas de ensino nas terras mineiras.

Mas essa França mesma, que não apenas prescreve, mas coloca em prática os princípios da instrução pública, com todos os seus *modi operandi*, não atinge os fins aos quais se propôs desde sua Revolução Liberal. Fins esses que se fizeram reverberar para as outras nações, principalmente por meio da figura de Condorcet e de suas proposições que protagonizavam o avanço da instrução pública no atendimento a todas as camadas da população, e no pleno desenvolvimento dos indivíduos em todas as suas capacidades intelectuais.

Faz-se necessário ponderar e relativizar, no entanto, que as assertivas acima foram construídas com base nos dados dos relatórios analisados por este estudo. Buscamos nos próprios relatórios as justificativas que nos dessem conta do porquê das mobilizações das experiências das nações estrangeiras, e que, igualmente, possibilitassem estabelecer relações entre os dados quantitativos e qualitativos.

A França, foco das luzes do século, não conseguira, já no avançado do século XIX, vencer a causa da instrução. Trata-se aí de uma relativização feita pelo presidente Antônio Gonçalves Chaves, em 1884, quando, diante do quadro ainda não animador do estado da instrução pública na província mineira, toma o exemplo francês. Este pode ser tomado como caso exemplar das reflexões acima:

> Este estado parece satisfatório, quando na França, o foco das luzes do século, há pouco tempo ainda, apesar do vigoroso impulso que ali recebera a causa da instrução elementar do ministério Guizot em 1833 e da revolução de 1848, havia 423 comunas, onde completamente faltavam escolas públicas ou particulares para ambos os sexos. (MINAS GERAIS, 1884, p. 15)

A partir da segunda metade do século XIX, quando os Estados Unidos aparecem como o país mais referenciado depois da França, os temas mobilizados não diferem em seu conjunto. O que vai instalar os norte-americanos em uma posição diferente daquela dos franceses será o enaltecimento daquele país pelo seu prodígio na difusão da instrução para todas as classes em um curto espaço de tempo. Tomemos mais uma vez o discurso exemplar do presidente Manoel José Gomes Rebello Horta, em 1879:

> Longe de indicar os Estados Unidos como um modelo, que nos seria impossível imitar em sua atividade prodigiosa e progresso surpreendente; devo ponderar que *a difusão universal da instrução, do desenvolvimento das faculdades intelectuais dos indivíduos de todas as classes*, foram os móveis poderosos da preeminência reconhecida àquele país. (MINAS GERAIS, 1879, p. 28-29, grifos nossos)

Não nos remete, pois, as ponderações do presidente Rebello Horta às proposições iluministas, de cunho liberal, para a educação, na medida em que afirma que "a difusão universal da instrução, do desenvolvimento das faculdades intelectuais dos indivíduos de todas as classes, foram os móveis poderosos da preeminência reconhecida àquele país"? O brilho dos Estados Unidos como a pátria prodígio no domínio da educação se fez refletir na província mineira pelas lentes dos autores franceses ou radicados no França, quais sejam: Laboulaye, Laveleye, Hippeau e Buisson. Ou porque foram lá ver como faziam os norte-americanos, ou, de outro modo, conheceram suas práticas, e, posteriormente, transformaram esses conhecimentos em obras escritas, que tão rapidamente se fizeram traduzir em outros países.

É importante destacar alguns enaltecimentos feitos por Laveleye à pátria norte-americana por suas práticas de uma educação realmente, aos olhos do autor, instituída de acordo com os preceitos liberais: a escola primária gratuita, universal, laica, igualitária; promotora, pois, da felicidade social, porque "faz esquecer as diferenças sociais, atenua as animosidades religiosas, arranca os preconceitos e as antipatias" (p. 276- 277).

> A escola primária, todos os Americanos declaram, é a base do estado, o cimento da federação. Gratuita para todos, aberta a todos, recebe sobre seus bancos os filhos de todas as classes e de todos os cultos, ela faz esquecer as diferenças sociais, atenua as animosidades religiosas, arranca os preconceitos e as antipatias, e inspira a cada um o amor da pátria comum e o respeito das instituições livres. (LAVELEYE, 1865, p. 276- 277)

Mesmo tom de enaltecimento na voz de Célestin Hippeau, na apresentação de sua obra *A instrução pública nos Estados Unidos*:

> Não dissimulei os sentimentos de admiração que me inspirou o espetáculo por uma grande nação, que considera a educação pública como o primeiro e mais indispensável dever, e que a si mesma se impõe os mais pesados sacrifícios para lhe dar uma organização sem igual no mundo. (HIPPEAU; 1871, p. 6-7)

Se os Estados Unidos se mostraram como "a menina dos olhos" da educação de preceitos liberais para os autores franceses, conforme demonstrado, também os prodígios dos progressos daquela nação, se não fizeram brilhar os olhos, muita surpresa causou aos ingleses, como registra o trecho do relatório do presidente Rebello Horta em 1879.

> A comissão enviada pelo governo inglês a uma das exposições de New York, insistindo sobre a necessidade da instrução em larga escala, disse a tal respeito o seguinte:
> "Temos alguns engenheiros, alguns mecânicos, e um número considerável de bons operários; mas na América parece que toda a população pertence a estas duas classes.
> Não há arte europeia que não seja exercida na América com mais habilidade do que na Europa, ainda que aqui esteja conhecida e inventada desde muitos séculos. É alguma coisa terrível para os outros povos pensarem no avanço de uma nação composta de Francklins, de Stephensons e de Wats".
> (MINAS GERAIS, 1879, p. 28-29)

Interessante tomarmos as profissões que se fizeram mais notáveis aos olhos dos ingleses: engenheiros, mecânicos e operários, como a totalidade da população daquele país. O uso de um recurso hiperbólico na linguagem já denunciava aquilo que era mais notório. Vale ressaltar, igualmente, que, quando os ingleses afirmam que "não há arte europeia que não seja exercida na América com mais habilidade do que na Europa" (p. 29), a arte, no caso, refere-se à indústria: conforme o trabalho com o léxico realizado, *arte*, nos dicionários da época, era uma das designações para *indústria*.

Os exemplos acima serviram para instituir os Estados Unidos como a pátria de uma educação liberal efetiva, a pátria do trabalho, das máquinas, das artes mecânicas e da engenharia; a pátria do progresso material. Na conjunção de progressos: o humano, por meio da instrução escolar de todas as classes, que fazia desaparecer as desigualdades; o material, porque seus trabalhadores, suficientemente instruídos e pagos, não falhavam na incumbência de suas tarefas de produção do progresso da nação.

Críticas se fazem necessárias,[4] principalmente diante da ausência de conflitos ou tensões nas apropriações dos exemplos norte-americanos: o enaltecimento unânime do modo como se encontrava organizada a educação escolar nos Estados Unidos, conforme observado nos relatórios. Ajudam-nos, nesse sentido, os juízos de Sandra Jathay Pesavento (1997) sobre o fenômeno das Exposições Internacionais no século XIX como "vitrines da modernidade". A Exposição Universal da Filadélfia em 1876 é avaliada por Pesavento como um evento voltado para o enaltecimento maior da nação americana; um acontecimento que visava exaltar a superioridade e sucesso dos Estados Unidos e de todas as sociedades que compartilhassem de seu ideal. As principais imagens veiculadas por esse evento teriam sido aquelas da democracia bem sucedida norte-americana, de uma sociedade de direito civil solidamente construída, de celeiro mundial. Destaca-se, do mesmo modo, a pátria americana como a terra de oportunidades, materialmente enriquecida e tecnologicamente avançada (PESAVENTO, 1997, p. 148). Esse efeito "vitrine" atingira os resultados desejados, a ponto de refletir as luzes daquele país nas obras dos autores franceses — ou comissões inglesas —, que foram lá, senão para assistir aos espetáculos, ao menos para assentar seus olhares no foco das luzes que seus desejos selecionaram. Certamente, aquilo que jazia à sombra não lhes interessava constar em suas obras ou relatos, visto que não interessariam na resolução dos problemas de suas respectivas nações. Na busca de soluções, o olhar vê tal qual o desejo.

Entre as questões teórico-metodológicas que possibilitaram a análise dos relatórios da presidência destacou-se o recurso da *circulação de ideias e conhecimentos* como condição de possibilidade para que Minas Gerais soubesse e se apropriasse daquilo que faziam outros países no domínio da educação. Nesse sentido, a imprensa e a produção de impressos se mostraram como potenciais e efetivos participantes desse fenômeno. E se reitera o entendimento da tomada dos exemplos das nações estrangeiras para a organização do ensino público da província mineira como *processos*

---

[4] Para estabelecer contrapontos, ver também: PRADO, Eduardo. *A ilusão americana*. 6. ed. São Paulo: Alfa-Ômega, 2001.

de apropriação, pois, como nos diz o vice-presidente Joaquim José de Santana, em 1880, "a adoção de ideias e programas aceitos nos países mais adiantados, o escrupuloso cuidado em aplica-los, tem incontestavelmente melhorado o ensino" (p. 10). E finalmente, esses sujeitos, presidentes, vice-presidentes, diretores e inspetores da instrução pública como *mediadores culturais*, dadas suas peculiaridades de formação e conhecimentos adquiridos, suas atuações políticas, seus engajamentos culturais e sociais, e, principalmente, o pertencimento a redes de sociabilidades várias, que os fazem circular em espaços culturais, sociais, políticos e geográficos diversos.

A análise das apropriações das práticas dos países estrangeiros para a organização do campo educacional baseou-se, sobretudo, na compreensão desse movimento como instituidor de estratégias que visavam à instalação da província mineira, e por extensão a nação brasileira, no *locus* das nações civilizadas, no qual se chegaria pelo exercício da instrução pública; na razão direta da qual se promoveria a civilização, grandeza e opulência dos Estados.

REFERÊNCIAS

BUISSON, Ferdinand (Dir.). *Dictionnaire de Pédagogie et d'Instruction Publique.* Paris: Hachette, 1887. 2 v. em 4.

BUISSON, Ferdinand. *Rapport sur l'instruction primaire à l'Exposition Universelle de Philadelphie en 1876.* Paris: Imprimerie Nationale, 1878. 688p.

CHARTIER, Roger. *A história cultural entre práticas e representações.* Lisboa: Difel, 1990.

CHARTIER, Roger. O mundo como representação. *Estudos Avançados*, v. 11, n. 5, São Paulo. p. 173-191.

FARIA FILHO, Luciano Mendes de; SALES, Zeli Efigênia Santos de. Escolarização da infância brasileira: a contribuição do Bacharel Bernardo Pereira de Vasconcelos. In: FARIA FILHO, Luciano Mendes de (Org.). *Políticos, literatos, professoras, intelectuais*: o debate público sobre educação em Minas Gerais. Belo Horizonte: Mazza, 2009. p. 21-44.

FONSECA, Thais Nivia de. Mestiçagem e mediadores culturais e história da educação: contribuições da obra de Serge Gruzinski. In: FARIA FILHO, Luciano Mendes de; LOPES, Eliane Marta Teixeira (Org.). *Pensadores sociais e história da educação*. Belo Horizonte: Autêntica, 2012. v. 2. p. 297-313.

GRUZINSKI, Serge. *La colonización de lo imaginario*: sociedades indígenas y occidentalización en el México español – siglos XVI-XVIII. Mexico, DF: Fondo de Cultura Económica, 1991.

GRUZINSKI, Serge. *O pensamento mestiço*. São Paulo: Companhia das Letras, 2001.

GRUZINSKI, Serge. Passeurs y elites "católicas" en las Cuatro Partes del Mundo. Los inicios ibéricos de la mundialización (1580-1640). In: *Passeurs, mediadores culturales y agentes de la primera globalización en el Mundo Ibérico, siglos XVI - XIX*. Ed. Scarlett O'Phelan & Carmen Salazar-Soler. Lima: IFEA, 2005.

HIPPEAU. Célestin. A instrução pública nos Estados Unidos. Traduzido e publicado por ordem do Governo Imperial. *Diário Oficial do Império do Brasil*, 1871.

HILSDORF, Maria Lucia Spedo. Alemanha e Brasil: a circulação de modelos culturais e pedagógicos antes de Pestalozzi. In: CARVALHO, Marta Maria Chagas de; PINTASSILGO, Joaquim. *Modelos culturais, saberes pedagógicos, instituições educacionais*. São Paulo: Edusp, 2011.

HILSDORF, Maria Lucia Spedo. *História da educação brasileira*: leituras. São Paulo: Thompson Learning, 2003.

LABOULAYE, Edouard. *Le Parti Libéral son programme et son avenir*. 6. éd. Paris: Charpentier, 1865. Disponível em: <http://www.archive.org/stream/lepartilibralso00labogoog#page/n17/mode/2up>. Acesso em: 22 dez. 2012.

LABOULAYE, Édouard. *O Partido Liberal, seu programa e futuro*. Tradução de Antonio de Almeida Oliveira. São Luiz do Maranhão, 1867. Disponível em: <http://www2.senado.gov.br/bdsf/item/id/222281>. Acesso em: 08 nov. 2012.

LAVELEYE, Émile de. De l'Instruction du peuple au XIXème. *Revue de Deux Mondes*. XXXV année, 2e période, 10 nov. 1865, p. 273. Disponível em: <http://gallica.bnf.fr/ark:/12148/bpt6k35505w/f272.image>. Acesso em: 22 jan. 2012.

LAVELEYE, Émile de. *L'instruction du peuple*. Paris: Hachette, 1872. Disponível em: <http://catalog.hathitrust.org/Record/001882492>. Acesso em: 22 dez. 2012.

PESAVENTO, Sandra Jatahy. *Exposições universais*: espetáculos da modernidade do século XIX. São Paulo: Hucitec, 1997.

PRADO, Eduardo. *A ilusão americana*. 6. ed. São Paulo: Alfa-Ômega, 2001.

VERÍSSIMO, José. *A educação nacional*. Rio de Janeiro: Livraria Francisco Alves, 1906. Disponível em: <http://archive.org/details/aeducaonacional00vergoog>. Acesso em: 23 jun. 2013.

Dicionários

MORAES SILVA, Antonio de. *Diccionario da lingua portugueza* – recompilado dos vocabulários impressos até agora, e nesta segunda edição novamente emendado e muito acrescentado, por Antonio de Moraes Silva. Lisboa: Typographia Lacerdina, 1813. Disponível em: <http://www.brasiliana.usp.br/en/dicionario/edicao/2>. Acesso em: 23 jun. 2013.

PINTO, Luiz Maria da Silva. *Diccionario da Lingua Brasileira* por Luiz Maria da Silva Pinto, natural da Provincia de Goyaz. Na Typographia de Silva, 1832. Disponível em: <http://www.brasiliana.usp.br/?q=dicionario/edicao/3>. Acesso em: 23 jun. 2013.

VAINFAS, Ronaldo (Org.). *Dicionário do Brasil Imperial*. Rio de Janeiro: Objetiva, 2008.

Fontes impressas e manuscritas

BRASIL. Coleção das Leis do Império do Brasil. Disponível em: <http://www2.camara.leg.br/atividade-legislativa/legislacao/publicacoes/doimperio>. Acesso em: 23 jan. 2013.

GALVÃO, Miguel Arcanjo. Relação dos cidadãos que tomaram parte no governo do Brasil no período de março de 1808 a 15 de novembro de 1889. Ministério da Justiça, Arquivo Nacional. Rio de Janeiro: GB, 1969.

MINAS GERAIS. Arquivo Público Mineiro. *Presidentes da Província/Fallas* – 1835-1842. Divisão de Obras Raras, OR PERI 0012, séc. XIX.

MINAS GERAIS. Arquivo Público Mineiro. *Registro de propostas do Conselho Geral da Província* – 1828-1832. Conselho Geral da Província. CGP 4.

MINAS GERAIS. Arquivo Público Mineiro. *Relatórios ao Conselho Geral da Província* – 1828-1833. Divisão Obras Raras. OR PERI 012, séc. XIX.

MINAS GERAIS. Coleção – Leis Mineiras (1835-1889). Disponível em: <http://www.siaapm.cultura.mg.gov.br/modules/fundos_colecoes/brtacervo.php?cid=8>. Acesso em: 21 nov. 2012.

MINAS GERAIS. *Relatórios dirigidos à Assembleia Legislativa Provincial de Minas Gerais pelos Presidentes da Província* – 1837-1889. Disponível em: <http://www.crl.edu/catalog/index.htm>. Acesso em: 05 jun. 2011.

Instrução e educação do trabalhador no ideário educativo modernizador do Estado de Minas Gerais (1892-1920)[1]

Vera Lúcia Nogueira

INTRODUÇÃO

O objetivo deste texto é analisar os discursos proferidos pelos presidentes do Estado e pelos legisladores mineiros, buscando apreender, na narrativa dessa elite política,[2] os elementos constituintes do que estamos denominando *ideário modernizador* de Minas Gerais e, a partir do repertório[3] por ela mobilizado, compreender

[1] Este trabalho resulta da pesquisa *As representações sobre o trabalhador mineiro no ideário educativo modernizador do estado de Minas Gerais (1892-1920)*, financiada pela Fapemig, Edital 15/2010, que contou com o trabalho das bolsistas de iniciação científica Anna Luiza Barcellos de Oliveira e Clarice Silva Pales, do Curso de Pedagogia da FaE/UEMG. Esta pesquisa articula-se com dois Programas de Pesquisa: 1) Projeto "Escolarização e formação do trabalhador em Minas Gerais", coordenado pelo Prof. Dr. Irlen Antônio Gonçalves, vinculado ao Mestrado em Educação Tecnológica, do CEFET-MG; 2) Projeto "Moderno, modernidade e modernização: a educação nos projetos de Brasil – séculos XIX e XX", coordenado pelo Prof. Dr. Luciano Mendes de Faria Filho, do PPGE da FaE/UFMG.

[2] O termo "elite" está sendo aqui empregado conforme sentido atribuído por Dulci (1999), que o utilizou para estudar o jogo das elites empreendido pelos quatro principais segmentos envolvidos na elaboração de convergências estratégicas de modernização e desenvolvimento do estado de Minas Gerais: a elite política, a elite agrária, a elite empresarial urbana e a elite técnica. Também será referenciado para designar a categoria dos principais grupos políticos e intelectuais envolvidos na elaboração e implementação das reformas educacionais que configuraram a política educacional mineira, conforme ideias presentes em Viscardi (2000) que o utilizou para analisar o comportamento das elites políticas mineiras na Primeira República.

[3] Por repertório, compartilhamos da definição de Alonso, que a toma dos estudos de Swindler e de Charles Tilly, para informar "o conjunto de recursos intelectuais disponível numa dada sociedade em certo tempo.

os possíveis sentidos atribuídos às reformas do ensino e, bem assim, os seus desdobramentos na instrução e na educação dos trabalhadores mineiros. Consideramos razoável admitir a relevância da instrução e da educação pública estatal, no processo de modernização do Estado de Minas Gerais, como tem sido destacado em diversos estudos sobre essa temática.[4] Tomando como fontes as mensagens presidenciais e os Anais do Congresso Mineiro,[5] consideradas *locus* privilegiado de materialização do discurso político de construção dos projetos de república, pretendo neste texto me debruçar sobre as decisões acerca dos rumos dados aos negócios da administração pública estatal, destacando aquelas relativas às políticas educacionais, entendidas como parte integrante desse processo, nas primeiras décadas da República.

Tal relevância justifica-se por ter a República assumido a responsabilidade de reconstruir as relações com o trabalho e de modernizar a economia mineira, mobilizando, para isso, a instrução pública primária. Estamos considerando, neste texto, o argumento de que a mudança do regime político do país representou uma das formas de concretização de sua entrada na "modernidade republicana", consoante as ideias de Mello (2009).[6]

REFORMAR O ENSINO, SUPERAR O ARCAICO E CONSTRUIR A REPÚBLICA

Já nas décadas finais do período imperial, em consonância com as alterações socioeconômicas verificadas no país, pode-se perceber a difusão de uma nova cultura, democrática e científica, e de novas ideias que "foram capazes de renovar

---

É composto de padrões analíticos; noções; argumentos; conceitos; teorias; esquemas explicativos; formas estilísticas; figuras de linguagem; metáforas", cujo arranjo, independe de consistência teórica entre seus elementos, pois é "histórico e prático" (ALONSO, 2002, p. 39).

[4] Ver por exemplo os trabalhos de Faria Filho (1991); Almeida (2009); Faria Filho (2000); Carvalho e Oliveira (2014); Gonçalves e Versieux (2013); Nogueira e Gonçalves (2013).

[5] As ideias contidas nesses documentos são aqui entendidas na acepção de Alonso (2002, p. 15): "como meios de expressão e identificação de movimentos coletivos emergentes numa situação determinada", no nosso caso, no movimento de construção da nascente República.

[6] Processo iniciado ainda no Império, o movimento republicano brasileiro tem como marco principal o Manifesto Republicano, publicado no primeiro número do jornal *A República*, do Rio de Janeiro, em dezembro de 1870. Assinado por "profissionais liberais, intelectuais, políticos e/ou comerciantes" que "[...] defendiam a democracia e o regime da federação de maneira que se colocasse o Brasil no circuito político das nações modernas" (VEIGA, 2011, p. 148).

profundamente a mentalidade" dos brasileiros que passaram a incorporar no vocabulário *república* as "ideias de liberdade, progresso, ciência, democracia, termos que apontavam todos, para um futuro desejado" e que se abriam como horizonte de possibilidades aos brasileiros (MELLO, 2009, p. 16). Com a Proclamação, esse futuro, alimentado pelos ideais de moderno e de modernização desde meados do século XIX, viabilizar-se-ia e a vontade de distanciamento daquele tempo de "atraso", de "privilégios" e de "apatia", demandaria para a sua concretização a realização de várias reformas (MELLO, 2009), entre as quais se encontrava a do ensino público.

No conjunto das mudanças impostas pelo novo regime político brasileiro, a renovação pela qual também estava passando o Estado de Minas impunha ao Governo a construção de um novo quadro institucional, além do desafio de realizar a conciliação política local (JOSÉ, 1960; VISCARDI, 1995). Nesse sentido, durante o Governo Provisório, as demandas mais prementes diziam respeito à própria organização do novo aparato político-administrativo do Estado, o que significou, de acordo com as palavras do presidente Afonso Augusto Moreira Penna, em mensagem dirigida ao Congresso Mineiro, "encaminhar os serviços e adaptar as molas da administração ao novo organismo político". Dessa adaptação dependeria o retorno à normalidade política no interior das cidades mineiras (MOREIRA PENNA, 1893, p. 4). "Normalidade" vinculada, naquele momento, às divergências políticas internas e à construção de todo um aparato legal[7] que estruturasse e sustentasse a nova ordem, estabelecida com a Proclamação da República. A implantação desse quadro deu início à "reorganização da casa" pelo presidente Afonso Penna, com a criação das três Secretarias de Estado: do Interior, da Agricultura, Comércio e Obras Públicas e a Secretaria das Finanças.[8] A instrução pública constava das atribuições da primeira Secretaria, à qual caberia cuidar, também, dos negócios referentes à justiça, segurança, estatística, saúde pública, magistratura, eleições e leis, bem como das relações do Estado de Minas Gerais com os governos dos outros estados e com o Governo Federal.

O primeiro triênio da República fora totalmente dedicado à organização político-administrativa do Estado e às discussões, no Congresso Mineiro, da

[7] Esse aparato, no âmbito nacional era composto pela Constituição da República, de 24 de fevereiro; no âmbito estadual, pela Constituição do estado de Minas Gerais, de 15 de junho; no âmbito municipal, pela Lei Mineira nº 2, de 14 de setembro de 1891.

[8] Pela Lei nº 6, de 16 de outubro de 1891, regulamentada pelos Decretos nºs 587, 588 e 589.

política educacional republicana. Essa era uma demanda premente, visto a falta de credibilidade do ensino diante do novo regime, como recordou, anos depois, o Secretário de Estado dos Negócios do Interior, Dr. Manoel Thomaz de Carvalho Britto:

> proclamada a República Federativa, o governo provisório julgou coisa urgente uma vasta e profunda reforma do ensino em geral, acusado então do maior descrédito possível. Teve, porém, o ministro reformador a ideia de imprimir uma transformação de métodos na direção de nossos estudos, dando-lhes *feição inteiramente nova* (CARVALHO BRITTO, 1908, p. 18, grifos nossos)

A busca pelo novo, pelo moderno, foi uma intenção que se apresentou recorrente nos discursos proferidos pelos presidentes e legisladores mineiros ao se referirem às reformas do ensino. Nesse caso, como adverte Carvalho (2012), é importante dizer que o uso de tais termos, em diversos momentos, também colocava em destaque uma noção de "moderno", não como um "conceito histórico", como explicitou Falcon (2000, p. 225-6). Mas, do ponto de vista semântico, como uma noção que poderia "incluir uma reivindicação qualitativa — a de ser nova no sentido de totalmente outra, melhor do que aquilo que veio antes". É o que nos parece, ao analisar o questionamento do deputado Gomes Freire de Andrade, que não via nas experiências passadas algo a ser aproveitado na organização do ensino preconizado pelo novo regime: "se nós já nos demos tão mal com o passado, como havemos de ir buscar nele os ensinamentos? Vamos ver se inovando conseguimos alguma coisa em benefício do povo; porque afinal, se assim não procedermos, isto não se poderá chamar república" (ANDRADE, 1891, p. 424). Repensar o ensino e inovar significava dar-lhe outra feição e *status*, libertando-o dos excessos, dos traços de arcaísmo e dos vícios da velha ordem monárquica, o que era inconcebível para as novas concepções do momento, como pensavam os legisladores mineiros:

> no tempo do Império, que foi também o tempo das lições de todo o gênero, tratava-se, é verdade, da instrução, mas de que modo? Programas aparatosos, suntuosos museus, magníficas coleções, um pessoal docente numerosíssimo em nossas faculdades de medicina e de direito e a fama do ex-imperador rebrilhava no estrangeiro, como o príncipe sábio protetor das letras; mas e o povo, este conservava-se nas trevas da mais completa ignorância! (ANDRADE, 1891, p. 384)

Era preciso, portanto, mudar os rumos da educação e curar da instrução pública, conforme avaliou o deputado Gomes Freire, durante os debates relativos à primeira reforma da instrução, no novo regime. Tal argumento corrobora a ideia de que, nesse caso, o moderno que se queria deveria possibilitar "novas experiências nunca antes vividas da mesma maneira" (FALCON, 2000, p. 226).

As discussões na Câmara dos Deputados, durante a elaboração do projeto de lei[9] da primeira reforma do ensino primário, foram permeadas pela crença iluminista de que a organização do país e seu engrandecimento futuro dependiam da iluminação do espírito das massas, pensamento dominante à época no país. Foi nesse sentido que se promoveu uma das maiores reformas com objetivo de se reorganizar o ensino, em todos os níveis e graus, criando e/ou reestruturando as instituições e os órgãos responsáveis pela educação e ensino em Minas. Para os legisladores republicanos, conforme destaca Veiga, a reforma total da escola, ao lado da laicidade do ensino, "apresentava-se como promessa de integração popular à nova proposta de governo" (VEIGA, 2011, p. 156).

A radicalidade da reforma da instrução visava, segundo o deputado Manuel Teixeira Costa, a "tirá-la do estado desgraçado em que se achava" (COSTA, 1891, p. 364). Para dar início aos novos tempos, ou à "nova era", tornava-se necessário que todos se unissem em torno "de um só pensamento e dessa união nascer[ia] uma reforma digna do Estado e que fizesse a sua felicidade" (COSTA, 1891, p. 364-365). Uma renovação que seria possível a partir de uma reforma digna — vasta e profunda — que alcançasse a essência do ensino pela transformação de seus métodos. Dos métodos, afirmou o deputado Gomes Freire, o indicado seria o mais novo, "de conformidade com a pedagogia moderna", que teria como função primordial a própria transformação do povo mineiro e a sua incorporação à República (ANDRADE, 1891, p. 423). E foi, exatamente, a preocupação com o novo regime que levou o deputado

[9] Projeto de Lei nº 18, que originou a primeira reforma republicana do ensino primário, no governo de Afonso Augusto de Moreira Pena, sob a forma da Lei nº 41, de 03 de agosto de 1892.
Regulamentada pelo Decreto nº 655, de 17 de outubro de 1893. Após a promulgação da Lei nº 41, de 03/08/1892, também foram publicados: o Decreto nº 611, de 06/03/1893, que aprovou o regulamento referente à execução da Lei nº 41, na parte que tratava do Ginásio Mineiro e o Decreto nº 655, de 17 de outubro de 1893, que promulgou o Regulamento das Escolas de Instrução Primária, estabelecendo os programas de cada tipo de escola, os horários de funcionamento, o período de férias, o regime de matrículas etc. Abordou também, questões relativas aos direitos e deveres dos professores, aos Conselhos, aos inspetores ambulantes, fundo escolar, prédios e mobílias e materiais para as escolas primárias, além de tratar da Revista do Ensino.

Teixeira Costa a admitir a impossibilidade de se "entrar num sistema novo como o atual, em que se dá o direito de voto só a quem sabe ler e escrever, sem que haja a instrução, e esta regular e compatível com as nossas circunstâncias" (COSTA, 1891, p. 364-5). Entretanto, muito embora a preocupação com a instrução pública primária e o reconhecimento da necessidade de sua difusão estivesse na pauta dos governantes da República desde meados do século XIX, os discursos dos presidentes de província já a reconheciam como indicativo de modernidade e à escola como necessidade imperativa à civilização, à ordem e ao progresso, como ressaltou o presidente Pedro de Alcântara de Cerqueira Leite:

> nos tempos modernos, Exmo. Sr., em que a felicidade de uma nação depende da instrução e educação popular, em que os conhecimentos não são mais como outrora, o privilégio de uma classe ou casta que dirigisse por si e a seu bel prazer os negócios da comunidade, em que o tempo em sua marcha civilizadora fez deles uma necessidade social, um elemento de ordem e de progresso para todos, não pode ser taxado de exageração aquele que considerar o mestre-escola como o primeiro funcionário do estado. (LEITE, 1865, p. 28)

Assumidas na recusa dos privilégios e como necessidade social, a instrução e a educação popular teriam, assim, por meio dos seus professores, a função de disseminar os conhecimentos indispensáveis à marcha da civilização e da realização do progresso e da felicidade da nação, naqueles *tempos modernos*.

Conforme argumenta Mello (2009, p. 31, grifos no original), a "*república* foi o nome brasileiro de modernidade" e, no caso de Minas, ousamos afirmar que os legisladores expressavam-na "como uma nova consciência, uma sensibilidade, uma nova percepção de realidade" (CARVALHO, 2012, p. 32). Refletindo com Le Goff (1992, p. 197), "a ideia de modernidade surge quando há um sentimento de ruptura com o passado" e se afirma como "fenômeno da tomada de consciência de um progresso, por vezes, contemporânea da democratização da vida social e política" cuja elaboração é feita por uma elite ou grupos restritos de intelectuais. Nessa direção de reflexão, seria razoável afirmar que, ao traduzir os anseios de mudança nas expressões: inaugurar uma "nova era", entrar num "sistema novo", adotar uma "pedagogia moderna" — no contexto de inauguração da República — estaríamos diante do manifesto desejo de entrada do Estado mineiro nos tempos modernos, que já se prenunciavam desde meados do século XIX nos discursos dos presidentes.

Assim, pensar a modernidade a partir das narrativas discursivas da elite intelectual e política mineira é identificar a tensão entre dois tempos expressos nos pares dicotômicos, antigo/moderno, tradicional/novo, indicativos das marcas do que se quer apagar, afastar ou, ainda, exaltar e promover, como possibilidade de futuro. Para Carvalho (2012, p. 30), refletindo com Berman (1986), é dessa dicotomia da era revolucionária francesa que "emerge e se desdobra a ideia de modernismo e modernização, traduzida em grandes mudanças nas várias esferas da vida individual e coletiva — seja a cultura, a sociedade, a economia ou política". É essa a maneira como estamos aqui compreendendo a modernidade: como um conjunto amplo de modificações na estrutura da sociedade brasileira a partir da instituição de novos padrões de valores e, consequentemente, da aquisição de novos comportamentos por parte da população. E é esse o quadro que vai se esboçando no Estado: na recusa do antigo, exalta-se o novo, como promessa de construção de uma nova sociedade e de um novo povo, educado, instruído, civilizado, numa nação feliz e ordeira. Concepção que pode ser corroborada por Baudrillard (1977) para quem a modernidade não referencia um conceito sociológico, político ou histórico, mas um "modo de civilização característico, que se opõe ao modo da tradição, ou seja, a todas as outras culturas anteriores ou tradicionais" (p. 139).

Nesse caso, a recusa dos legisladores, de um retorno ao passado, poderia ser interpretada como indício de uma tomada de consciência da inadequação do modelo antigo para dar sustentação à nova ordem que se queria construir no Estado de Minas, por meio da educação. O caminho que se seguiu para a renovação do ensino foi o da realização de várias reformas.[10] Essas implicavam em romper com a instituição que carregava a pecha do atraso e do anacronismo, como o que viria a acontecer a partir da implantação da Reforma de 1906, pensada, naquele momento, na convergência com o sentido de "inovação", em busca do progresso e da modernização da educação, especialmente representada pela criação dos grupos escolares mineiros.[11]

As palavras do deputado Severiano de Resende (1891, p. 415) podem bem traduzir, em síntese, o sentido das reformas republicanas: "reforma quer dizer progresso". Como parte do pensamento da elite política da época, tais reformas imple-

[10] Para uma análise aprofundada das reformas do ensino mineiro nesse período ver, por exemplo, Nogueira (2012) e Gonçalves (2006).

[11] Sobre o significado da Reforma do Ensino, de 1906, em Minas Gerais, cf. Faria Filho (2000).

mentariam, assim, uma prática constante de mudanças, de busca do novo. Esse perfil reformista, para Veiga (2007), é que diferencia a atuação dos republicanos em relação aos monarquistas. Para a autora, embora ambos compartilhassem do "mesmo ideário de difusão da civilização e progresso a ser desencadeado pela ampliação da instrução elementar", a

> perspectiva republicana terá uma característica reformista mais intensa, uma vez que seus esforços se voltam essencialmente para a reforma das instituições, ou mesmo para a ideia de que as instituições, uma vez reformadas, por sua vez reformam os homens, pensamento esse que, no meu entendimento, esteve associado à criação de instituições inovadoras como os grupos escolares. (VEIGA, 2007, p. 4)

Esse reformismo amparava-se numa compreensão evolucionista e progressista, por parte da elite que assumiu o poder de ordenamento e de hierarquização da sociedade mineira, por meio da produção de um conjunto de medidas jurídico-normativas destinadas a moldar/ajustar o ensino e, bem assim, produzir uma nova identidade social para o povo, consoante às representações que se tinham de uma sociedade que precisava se fazer moderna e democrática, como expresso no discurso do Secretário do Interior, Delfim Moreira da Costa Ribeiro:

> as leis do ensino, na atualidade, não podem ter um caráter fixo e imóvel; devem constituir um organismo sempre vivo, que evolua com as necessidades da sociedade. Os progressos da ciência, os ensinamentos, a experiência didática de outros povos mais adiantados e a nossa própria experiência e observação estão a exigir continuamente novas modificações na escola primária, no aparelho pedagógico e nos métodos e processos de ensino. (RIBEIRO, 1911, p. 30)

Tais afirmativas poderiam, ainda, evidenciar a reflexividade da vida social moderna, compreendida na definição de Giddens (1991, p. 39), de que esse caráter reflexivo "consiste no fato de que as práticas sociais são constantemente examinadas e reformadas à luz de informação renovada sobre estas próprias práticas, alterando assim constitutivamente seu caráter". Assim, podemos admitir que as leis que orientavam o ensino público mineiro deveriam, ao menos no plano do discurso político, acompanhar as demandas da sociedade, os progressos científicos e as experiências internas e externas, cujo horizonte eram as nações civilizadas da Europa. Poderíamos dizer, ainda, que o Governo mineiro havia encontrado a direção do seu processo de modernização, aqui entendido na acepção de Carvalho (2012, p. 26) como

> ideias, práticas, representações e projetos de modernidade apropriados de maneira ideológica e aplicados, pragmaticamente, na tentativa de equiparar povos e nações que, em contextos históricos específicos, eram tomados como modelares [...] em termos econômicos, políticos e/ou sociais.

Nesse contexto, o ensino primário, considerado como "o patrimônio que o governo deve a todo cidadão brasileiro", ressurgia como uma grande promessa, qual seja, a de romper com o quadro de privilégios que obscurecia a vida do povo mineiro (CARVALHO BRITTO, 1908, p. 21), significando, assim, o cumprimento do princípio básico da cidadania, base de sustentação da nova ordem, como era constantemente proclamada:

> é este, sem dúvida, o assunto mais interessante dos que devam ocupar o administrador, pois a instrução, fartamente derramada, é o alicerce único em que pode repousar a verdadeira democracia [...]. Um sistema de instrução geral, aplicado a todos os cidadãos [...]. Tal a convicção do governo, eminentemente republicano, que iniciou este quatriênio presidencial, ao lançar as bases da reforma da instrução — trazendo este problema para o primeiro plano — tocando sobre ele toda sua atenção (MAGALHÃES PINTO, 1909).

Se por um lado a modernidade traduzir-se-ia na república, por outro, o sentido da política educacional republicana, desde os debates iniciais, traduzir-se-ia no ideal de formação do cidadão dessa república. Assim, modernidade e cidadania entrecruzavam-se nos debates relativos à política de educação do novo regime, como nas palavras do senador Joaquim Cândido da Costa Senna, para quem a "fórmula" para desenvolver o processo de "preparação do cidadão" seria a instrução pública primária. Aquela que "deve e deve sempre correr por conta do Estado, porque é essa instrução que abre aos meninos as portas de seus direitos, deveres e interesses; é esta instrução que é a destinada a fazer do menino um cidadão" (COSTA SENNA, 1892). Em síntese, naquele momento não caberia ao Estado formar senão o cidadão, mesmo porque, conforme defendeu o deputado Ildefonso Moreira de Faria Alvim: "Preparar cidadãos é a verdadeira política republicana" (FARIA ALVIM, 1892).

O regime republicano instituiu a necessidade de instrução do povo como condição indispensável para a construção da cidadania e para afirmação da nova ordem social, realçando, de forma definitiva, o papel da educação e a função social e política da escola pública primária. Em vista disso, derramar fartamente a instrução era a tarefa primordial da qual deveriam se ocupar os administradores. Parecia inconteste, pois, o lugar social ao qual a instrução primária fora alçada, bem assim o parecia o intento de universalizá-la. Isso não significa dizer, por exemplo, que todas as atenções do Poder Público e que o ideário modernizador do Estado tenha se voltado, exclusivamente, a esse ramo da administração. Nossa constatação, e o que se intenta mostrar a seguir, é que as reformas de ensino compartilharam desse ideário ao lado das outras esferas da atuação pública, como a economia, a política, os transportes etc. O Estado mobilizou um conjunto variado de ações modernizadoras que nos levam a questionar, por exemplo: ao lado de quais outras demandas de modernização a instrução e a educação pública estariam sendo consideradas? De que forma a educação concretizaria o ideal de modernização mineiro?

PROGRESSO E CIVILIZAÇÃO NA MODERNIZAÇÃO DE MINAS GERAIS

Não se pode negar a influência que as ideias de Comte e Spencer, acerca do positivismo e evolucionismo, respectivamente, tiveram no Brasil, a partir da segunda metade do século XIX. Tais ideias acompanharam e estimularam o nascimento e a afirmação da organização técnico-industrial da sociedade moderna. No Brasil, conforme destaca Pádua (2012, p. 36), a chegada dessas ideias, analisadas pelo filósofo Cruz Costa, indica que:

> por volta de 1870 um novo período vai se abrir na história do pensamento brasileiro. É então que novos matizes de ideias, originados na filosofia dos séculos XVII e XVIII, começam a impregnar a vida intelectual brasileira. O positivismo, o naturalismo, o evolucionismo, enfim, todas as modalidades do pensamento europeu do século XIX, vão se exprimir agora no pensamento nacional e determinar um notável progresso de espírito crítico (COSTA, 1956a, p. 129; *apud* PÁDUA, 2012, p. 36)

Podemos perceber a influência dessas ideias contidas no repertório modernizador mobilizado pelos legisladores e presidentes do Estado de Minas, ao longo do período analisado, ao descrever ou avaliar as suas ações nas diversas áreas de atuação do Governo. O presidente Júlio Bueno Brandão, ao analisar a situação econômica do Estado, destaca o êxito de sua administração na "marcha do progresso": "a produção consumida dentro do território mineiro, com as necessidades locais [...], são da mais alentadora afirmação dos algarismos que revelam a *marcha ascensional da nossa prosperidade econômica*" (BRANDÃO, 1912, p. 73-74, grifos nossos). De igual forma, o presidente Delfim Moreira da Costa Ribeiro, relatando a situação do Banco Hipotecário e Agrícola, comenta que "a *marcha progressiva* das suas transações determinou a redução da garantia de juros no ano de 1913 e o seu total desaparecimento no 1º semestre de 1914" (RIBEIRO, 1915, p. 69, grifos nossos). A forte presença da ideologia do progresso, aqui destacada nesses fragmentos de discursos dos presidentes mineiros, e amplamente analisada por Pádua,[12] indica que essa ideia estava

> fortemente associada com o desenvolvimento material e econômico. Os temas com maiores frequências [nas mensagens] (totalizando mais de 80% das ocorrências) referem-se às atividades ligadas à produção da riqueza material e econômica, quais sejam, Economia e finanças, Agricultura, Indústria, Transportes, Imigração (somente para a primeira década) e Pecuária (somente para a segunda década). (2012, p. 70)

Outra referência ao progresso, como parte do ideário modernizador, estava ligada às reformas urbanas, especificamente, à construção da capital do Estado, segundo Pádua, "não só como símbolo do progresso de Minas, mas principalmente pelo que poderia possibilitar na estratégia das elites políticas em busca de integração das diversas regiões do "mosaico mineiro"[13] (PÁDUA, 2012, p. 74). Nas palavras do presidente Bueno Brandão (1912, p. 69), o progresso da cidade de Belo Horizonte, inaugurada em 1897, demandava investimentos que extrapolavam o orçamento público:

> o desenvolvimento da cidade tem tido tal incremento, multiplicam-se de tal modo as suas necessidades, exigências de conforto, de higiene e em-

[12] Para uma análise aprofundada das teorias sobre o progresso que influenciaram os presidentes de Minas Gerais nas primeiras décadas da República cf. Pádua (2012).

[13] Sobre esse conceito cf. WIRTH, John. D. *Minas Gerais na Federação Brasileira 1899-1937*: o fiel da balança. Rio de Janeiro: Paz e Terra, 1982.

> belezamento, que a administração local, dentro dos limites das verbas orçamentarias, luta com sérias dificuldades para acompanhá-la no seu progresso. (BRANDÃO, 1912, p. 69)

Mais tarde, ao avaliar o desenvolvimento da capital, o presidente Delfim Moreira reconheceu que "a cidade, se não continua com o mesmo desenvolvimento de anos anteriores, não está todavia paralisada. As suas construções, principalmente nas ruas centrais, são mais grandiosas e elegantes" (RIBEIRO, 1917, p. 57). Em estudo sobre as reformas urbanas no contexto da modernidade, Henrique Estrada Rodrigues *et al.* (1999) reconhecem "o Estado como agente privilegiado da produção das reformas", afirmando que

> a construção da nova capital mineira evidencia de imediato a *miragem do moderno* que a animou. Com Aarão Reis, o *moderno* fora assimilado ao cultivo do esclarecimento, da urbanidade, da polidez, enfim, a *comportamentos* e *costumes* compromissados com o progressivo aperfeiçoamento da humanidade. (RODRIGUES *et al.*, 1999, p. 225, grifos nossos)

Nesse sentido, pode-se compreender a construção da cidade de Belo Horizonte como um "produto da vaga civilizatória que animou os primeiros anos da República" (*ibidem*, p. 225). Entretanto, investir na modernização de uma nação a partir de reformas urbanas não era uma iniciava apenas do Brasil, ou de Minas. Segundo Adrián Gorelik (1999, p. 61), em todas as reformas das cidades no contexto latino-americano, "a modernidade foi um caminho para a modernização", visto que "há na ideia de 'cidade moderna' que ela repele a desordem profunda, que introduz a modernização urbana e que preside os objetivos de reforma pública" (p. 61).

Outra forma de apreender, também, parte dessa vaga civilizatória foi a opção pela construção dos primeiros grupos escolares, na capital. Com a sua nova forma escolar, eles se legitimavam como elementos distintos da modernidade educacional, visto que, no

> momento em que o processo de urbanização, a construção material e simbólica de Belo Horizonte era tida e confundida com o próprio movimento de modernização, os profissionais e agentes da educação souberam captar a possibilidade de identificar a nova escola que se queria construir com esse movimento, projetando e construindo — entre práticas e representações — uma escola urbana e de massas. (FARIA FILHO, 2000, p. 37)

O estado de Minas, de certo, compartilhou dessa vaga civilizatória, porém, na análise de Pádua, nos anos iniciais da República, houve uma "predominância da ideia de progresso sobre a de civilização", em relação ao final do século XIX, como o que ocorreu no Rio de Janeiro. No caso da Corte, o objetivo da monarquia brasileira era atingir um padrão de civilização nos moldes idealizados pela sociedade europeia, "ou seja, no qual houvesse respeito à lei e à ordem estabelecida, polidez nas relações sociais, desenvolvimento intelectual, social, estético, moral e material" (PÁDUA, 2012, p. 62).

O empenho para alcançar a melhoria das condições materiais da sociedade mineira foi, mormente, ressaltado pelos presidentes do Estado, como por Afonso Penna, ao enumerar as principais ações de seu governo: "o melhoramento das condições sanitárias e comodidades dos povoados, a abertura de estradas, construção de pontes e outros serviços semelhantes hão de trazer o bem-estar de todos e o progresso da lavoura e do comércio" (MOREIRA PENNA, 1894, p. 6). Também atribuindo o progresso às condições materiais da sociedade esteve Delfim Moreira da Costa Ribeiro (1916, p. 6):

> antes da guerra, havíamos iniciado, na Federação e em quase todos os Estados, uma vigorosa política de expansão material, de impulsionamento do progresso do país, tendo como principais fins o aumento e desdobramento da viação-férrea, melhoramentos dos nossos portos marítimos, das capitais e cidades do interior e mais uma série outra de novos empreendimentos, tendentes a revigorar o nosso organismo moral e material.

Vê-se que os projetos de modernização se estendiam para além da preocupação com a formação do espírito da população, por meio do ensino, e contemplavam também a aplicação dos conhecimentos científicos e tecnológicos na infraestrutura do Estado, corroborando as afirmações de Touraine (1995, p. 38-39) de que, na modernidade,

> a sociedade nada mais é do que o conjunto dos efeitos produzidos pelo progresso do conhecimento. Abundância, liberdade e felicidade andam juntas, porque são todas produzidas pela aplicação da razão a todos os aspectos da existência humana.

De fato, felicidade e progresso andavam juntos em Minas, como destacou o presidente Júlio Bueno Brandão (1913, p. 5), na introdução de sua mensagem, ao Congresso:

> congratulo-me com o povo mineiro pelo fato sempre auspicioso da reunião dos seus mais diretos e imediatos representantes, que, animados dos melhores desejos e inspirados pelo patriotismo e amor que dedicam a causa mineira, proverão com medidas acertadas e oportunas as suas sempre crescentes necessidades e justas aspirações de felicidade e de progresso.

Na avaliação do ritmo em que caminhava a marcha do progresso de Minas, não faltaram momentos para se refletir sobre os problemas enfrentados na administração, como fez, principalmente, o presidente Delfim Moreira:

> em 26 anos, de regime, não nos têm faltado erros e desacertos; mas, em compensação, ninguém pode contestar os grandes surtos de nosso crescimento moral, material, econômico e financeiro. Os municípios caminharam, a passos largos, na rota do seu engrandecimento, e a vida municipal tomou o aspecto de sensível intensidade, em todos os sentidos. (RIBEIRO, 1915, p. 35)

Avaliações como essas nos remetem à natureza reflexiva das sociedades modernas que, refletindo sobre si mesmas, examinam suas práticas, reformando-as constantemente (GIDDENS, 1991). Como parte desse processo reflexivo, importava também, ao Governo, destacar o lugar de Minas no contexto mais amplo, da sociedade brasileira, como destacado por Delfim Moreira:

> obedecendo ao grande objetivo de aperfeiçoar a obra republicana, cimentar a unidade da Federação e fortalecer o regime instituído, o nosso Estado, pela sua ascendência moral e intelectual sempre crescente, pelo franco e vigoroso desenvolvimento do trabalho econômico e industrial, pela organização regularizada do seu aparelho constitucional e administrativo, pelo aspecto ordeiro e calmo de uma população laboriosa, e, ainda mais, pelo desinteressado e firme apoio que sempre prestou ao Governo Nacional, na defesa e execução de patrióticos programas governamentais, o nosso Estado, repito, está, não há dúvida, cooperando decisivamente para a grandeza do Brasil e para a consecução dos seus altos destinos. (RIBEIRO, 1917, p. 5)

Ao que nos parece, todo o investimento de Minas, tanto nas reformas urbanas, no incremento da economia, na organização do aparato burocrático do governo, quanto na reorganização do ensino, fazia parte de um processo mais amplo de construção da própria nação brasileira. No entanto, para promover o desenvolvimento econômico e alcançar o progresso que se almejava, era preciso concentrar esforços no sentido de organizar o trabalho e formar o trabalhador republicano. Esse foi um dos principais desafios a serem enfrentados pelos governantes mineiros, como condição indispensável de inserção do Estado no mundo capitalista.

A FORMAÇÃO DO TRABALHADOR NO REPERTÓRIO DE MODERNIZAÇÃO DE MINAS GERAIS

Compreender o ideário modernizador de Minas coloca-nos também ante o desafio de refletir sobre a educação como uma das esferas de atuação do Poder Público, juntamente com as demais áreas que demandavam a atenção da administração pública estadual. Chamando a atenção para o lugar que a educação ocupou como integrante desse ideário, destaca-se que o tratamento conferido à temática da formação do trabalhador não pode ser compreendido isoladamente, sem se considerar as intencionalidades, os desejos e a orientação filosófico-política mais ampla que modelava a ação dos governantes mineiros. Nesse sentido, a fala do presidente Delfim Moreira, ao analisar o ensino primário, auxilia-nos na compreensão da orientação teórica com que esse lugar era pensado:

> a obra da educação não pode ser imutável e intangível, precisa *evoluir* com o tempo. Amanhã as luzes da experiência e o *progresso da sociedade* exigirão certamente novos processos e novas leis do ensino, e o Estado de Minas deve estar sempre preparado para introduzir moldes novos no seu aparelho pedagógico. O que já está feito representa uma segura base para o edifício, que deve ser sempre retocado e melhorado. (RIBEIRO, 1915, p. 38, grifos nossos)

Está presente, além de uma compreensão evolucionista da educação, também uma crença no seu aperfeiçoamento e progresso a partir das novidades oferecidas pela pedagogia moderna. A referência ao progresso ou à "marcha progressiva dos negócios", como já visto, é um indicativo, constante, da crença dos políticos mineiros na expressão por excelência das promessas da modernidade, cujo corolário é o binômio ciência-tecnologia. Para contribuir com o progresso e o aperfeiçoamento material e social da educação, o apelo frequente foi ao que haveria de mais moderno, realçando, nesse caso, a ideologização da ciência, como nas palavras do presidente Chrispim Jacques Bias Fortes:

> torna-se preciso [...] que doteis o Poder Executivo de recursos para construção de casas onde funcionem as escolas de instrução primária, e para aquisição do material preciso para melhor difusão do ensino, de acordo com os modernos preceitos pedagógicos. (BIAS FORTES, 1898, p. 3)

Anos depois, Júlio Bueno Brandão (1913, p. 21) avalia o estado material das escolas e destaca os seus melhoramentos: "os dados [...] demonstram cabalmente o incremento que, nestes últimos tempos, tem tomado a construção de prédios escolares e o melhoramento dos existentes". Na instrução profissional e agrícola, a modernização também era reclamada, como avaliou o presidente Wenceslau Braz Pereira Gomes:

> o programa e método de ensino ali seguidos reclamam modificações exigidas pela pedagogia moderna; tais alterações, porém, escapam à competência do Estado. Alguns melhoramentos podem, entretanto, ser introduzidos ou por autorização do Poder Legislativo ou por ato da administração. (PEREIRA GOMES, 1909, p. 45)

A preocupação em modernizar as escolas e formar o trabalhador para atender às demandas da nova sociedade fez-se presente em vários discursos, como no do presidente Júlio Bueno Brandão, quando informava aos deputados sobre a distribuição de subvenções: "Além dessas escolas agrícolas, o Estado subvenciona seis estabelecimentos, sendo cinco, para o ensino dos modernos processos de cultura mecânica e zootécnica e um para o ensino técnico-profissional" (BRANDÃO, 1912, p. 54). É também desse presidente a primeira menção à expressão *educação profissional*, de forma mais genérica, sem a preocupação em definir ou qualificar um tipo específico de formação, quando da prestação de contas da situação do "Ensino Profissional, Assistência a Infância Desvalida", na mensagem de 1912.[14] Nesse caso, a referência é ao contorno legal[15] que regia a assistência à infância desvalida, feita nos institutos onde "os menores recebem educação física, moral, cívica, intelectual e profissional" (BRANDÃO, 1912, p. 43). Nessa fala, apresentam-se os sujeitos destinatários da

[14] Para uma análise mais aprofundada da temática formação profissional, ver Gonçalves (2006).

[15] Decreto nº 2.416, de 09 de fevereiro de 1909.

política pública de ensino profissional, no Estado, bem como a legitimação de sua identidade (NOGUEIRA; GONÇALVES, 2013).

Anos depois, o mesmo presidente, ao avaliar a situação do ensino profissional, oferece-nos indícios de uma mudança deliberada em relação à formação do trabalhador, cujo modelo de ensino era considerado por ele ainda muito rudimentar:

> o Estado começa a encarar com atenção o problema do *ensino profissional* que já é ministrado, sob a forma rudimentar, em complemento ao ensino primário, nos Grupos Escolares. Vão apresentando os melhores resultados os estabelecimentos criados para a *educação profissional* da infância desvalida. (BRANDÃO, 1914, p. 51, grifos nossos)

Há na afirmação do Presidente, ao se referir à formação profissional, referências ao ensino profissional e à educação profissional, terminologias diferentes para designar a mesma coisa. Entretanto, há que se considerar que os usos diferenciados especificavam a distinção entre a formação profissional que se praticava nos grupos escolares, com o ensino técnico complementar ao ensino primário, e as que eram praticadas pelas instituições que foram criadas com a finalidade precípua de formação profissional. Essas eram, especificamente, os Institutos João Pinheiro, situado em Belo Horizonte, Dom Bosco, em Itajubá e Bueno Brandão, em Mar de Espanha. Em todas elas o objetivo era formar a criança mineira, sendo os institutos estabelecimentos de formação da criança desvalida (GONÇALVES, 2006).

A preocupação com a modernização das instituições responsáveis pela formação do trabalhador mineiro também esteve presente no discurso do presidente ao referir-se às condições materiais da Escola Agrícola de Lavras: "essa Escola, destinada ao ensino agrícola médio, está aparelhada para preencher os seus fins, possuindo campo prático, fazenda modelo, posto zootécnico e máquinas agrícolas dos tipos mais modernos" (BRANDÃO, 1914, p. 55). Já para Arthur da Silva Bernardes, além do investimento no ensino agrícola ambulante, era preciso também criar uma Escola de Agronomia e Medicina Veterinária, nos moldes modernos: "sem embargo do ensino agrícola ambulante, cujo desenvolvimento devemos estimular, por sua feição altamente prática e porque ele abrange os que não passam pela escola, tudo nos aconselha a criação de um estabelecimento de ensino agrícola, aperfeiçoado e moderno" (BERNARDES, 1920, p. 6). Arthur Bernardes defendia a importância da Escola a partir da principal base da produção econômica mineira:

> não se compreende que um Estado, como o de Minas, que tem na riqueza agrícola a melhor fonte de sua receita e quase só da agricultura tem vivido até hoje, não haja ainda fundado uma escola desse gênero, que sirva de base à nossa educação agrícola, que não devemos descurar, e que aperfeiçoe nossas noções sobre as especialidades em que a agricultura se divide. (BERNARDES, 1920, p. 5)

Impregnados da ideologia do progresso científico e da mitologização da ciência, nos discursos dos presidentes não faltava também a crença na eficácia dos especialistas:

> grandemente interessado em desenvolver o ensino agrícola ambulante [...] mandou o governo contratar no exterior dez mestres de cultura, com cujo auxilio pretende imprimir maior regularidade àquele serviço. Conhecida a utilidade de divulgar pelos meios agrícolas os processos técnicos mais adiantados em uso nos outros países, não se pode duvidar do acerto do governo só encarar seriamente o assunpto e procurar para ele solução prática. Tais *especialistas* já chegaram a Belo Horizonte, vindos dos Estados Unidos, e o regulamento do serviço está elaborado e prestes a entrar em vigor. (BERNARDES, 1920, p. 7, grifos nossos)

Sobre o investimento em tais escolas, Pádua (2012, p. 77) destaca que o sentido da modernização da atividade produtiva superava o que se esperava em termos de contribuição para a construção de um Estado moderno. O principal era a sua contribuição "para a afirmação do projeto político republicano, com a garantia da ordem social pela incorporação dos trabalhadores, formados cidadãos, ao trabalho assalariado e à República". As palavras de Pádua podem ser confirmadas no discurso de João Pinheiro da Silva para quem, indubitavelmente, a contribuição que o ensino poderia dar ao progresso do Brasil estava na profissionalização técnica:[16]

[16] Segundo Carla Chamon e Irlen Antônio Gonçalves: a implantação de políticas públicas para a formação profissional, em Minas Gerais, data da última década do século XIX, quando a Lei nº 41, de 1892, instituiu o ensino profissional, nos âmbitos das escolas normais, do ensino agrícola e zootécnico, do curso de agrimensura, comercial e de farmácia. Posteriormente, em 1896, a Lei nº 203 organizou o ensino profissional primário, prevendo a aprendizagem dos ofícios e o seu funcionamento sob a orientação de um profissional com a competência do exercício da profissão. Essa modalidade de instrução, pensada para ser modelo de ensino, veio a ser implementada em diferentes locais do Estado de Minas, com o objetivo de ser o centro de forma-

ao desejo tão natural dos pais de educarem convenientemente os filhos, a ânsia de progredir sempre e de fazer progredir a terra que nos é berço, devem corresponder os poderes públicos com a organização do ensino profissional e técnico, de sorte que no campo tão vasto das diferentes indústrias, consigam todos a mais sólida e a mais bela das independências, construindo, ao mesmo tempo, o progresso real do País. (SILVA, 1908, p. 41)

Para Arthur Bernardes, a resposta aos problemas relativos à formação do trabalhador, enfrentados pelo Estado, naquele momento, estava também na difusão da formação profissional a toda as Gerais:

o problema da instrução pública, da difusão e melhoramento do ensino primário continua preocupando os administradores mineiros e merecendo do governo do Estado as melhores atenções. Cumpre desenvolver e difundir a instrução, com todas as forças, por todos os recantos do nosso território. É necessário igualmente completa-la, cada vez mais, com o ensino técnico e profissional ou realizar o problema da educação integralizada. (BERNARDES, 1919, p. 27)

Essa já era uma antiga preocupação dos legisladores, como o deputado Francisco Xavier de Almeida Rolim, pois a defesa da integração entre o ensino primário e o ensino técnico, voltado para a formação para o trabalho, já se fazia presente na tribuna, desde o início da República:

a educação popular se divide em essencial e profissional. A primeira tem por fim formar o homem dando-lhe toda força da sua natureza e tornando-o capaz de preencher o seu nobre destino; a segunda prepara o homem social — o lavrador, o industrial, o arquiteto, o comerciante. São duas partes harmônicas que se completam. É do maior interesse de uma nação dar a seus filhos uma educação completa, porque disto depende a sua marcha na estrada do progresso e da perfectibilidade. (ROLIM, 1906, p. 329-330)

ção de operários e contramestres, tendo sido parâmetro de organização do ensino técnico, complementar ao primário, em 1911 (CHAMON; GONÇALVES, 2007, p. 1).

A preocupação com a instrução, a educação e a formação profissional é indicativa do lugar que ocupavam tais assuntos no ideário modernizador de Minas Gerais. Preocupação que extrapolava os limites do Estado e tornava-se expressão de um problema que demandava a atenção de todo o país, como demonstrou o presidente Delfim Moreira:

> não podemos ter, nem ambicionar, desde logo, a graça de afastar de um golpe e de vez, a porcentagem ainda asfixiante dos analfabetos e dos mal educados para a vida. Para isso são escassos e insuficientes os recursos atuais dos Estados da República, sendo que, em diversos deles, constitui o ensino um assumpto e serviço de ordem secundária. [...] nem há assunto mais eficiente e relevante do que este, que se refere à educação nacional. Será o fator máximo para a solução futura de todas as nossas aspirações, a chave do nosso progresso, na ordem econômica, social e política. (RIBEIRO, 1917, p. 28)

A preocupação que se revela nas palavras do presidente Delfim Moreira permeou também os debates nos anos de 1920, quando a tônica dos discursos dos reformadores da educação brasileira recaiu sobre o problema do analfabetismo que, à época, foi considerado como o principal responsável pelo atraso do país, em relação aos países industrializados e como oferecendo "resistência ao progresso", por parte das elites (CARVALHO; OLIVEIRA, 2014, p. 133). O reconhecimento do baixo nível de educação tornou-se um dos maiores problemas da nação brasileira, como consta do discurso do presidente Arthur da Silva Bernardes: "a educação popular que, em quadras normais, deve constituir um campo de eleição para a atividade de todo governo consciente, tornou-se, agora, o problema vital, o máximo problema da nacionalidade" (BERNARDES, 1920, p. 30).

Quanto ao sentido que a educação deveria conferir ao trabalho, o consenso recaía na sua possibilidade de ressignificar os processos produtivos, incorporando-lhe o ideal modernizador almejado pelas políticas adotadas pela administração pública, como revela o presidente João Pinheiro da Silva:

> habituar as crianças das escolas do campo, desde os verdes anos, a se familiarizarem com os modernos maquinismos agrícolas, como se está fazendo; retirar-lhes dos olhos os antigos instrumentos de trabalho aviltados pela escravidão, a enxada e a fouce, que lembram, com esse aviltamento,

> a razão da pobreza dos homens livres de agora; fazê-las compreender que estes novos maquinismos lhes garantem a bela independência dos que do seio da terra, com o mínimo esforço aliado à maior inteligência, retiram a própria subsistência — é, certamente, ter prestado a grande massa do povo incalculável benefício. (1908, p. 40)

Em estudo anterior, Gonçalves e Nogueira (2013), problematizamos as representações sobre a educação profissional, trabalho e trabalhador, presentes nas políticas públicas para a educação profissional do Estado. Confirmando a recorrência de discursos como o de João Pinheiro, constatamos que o propósito de tais políticas era promover o reordenamento das relações de trabalho, bem como a reconstrução do sentido, que lhe era intrínseco, por meio de um processo de construção e instituição de um novo imaginário social presidido pela invenção do trabalhador como cidadão moderno, situado na contramão do sentido aviltante do trabalho. A opção política de formação para o trabalho recaiu, desde final do século XIX, sobre a escolarização das profissões manuais ou mecânicas e agrícolas, cujo agrupamento representava um percentual de 57,4% do total de 1.314.007 pessoas que declararam suas ocupações, no censo de 1872, para uma população total de 2.043.184 em Minas Gerais. Os lavradores e os criadores correspondiam a 1,37% do total das ocupações. Não há novidade na declaração de que Minas, no século de XIX, afirmava-se como um Estado cuja base econômica expressiva tinha origem nas atividades do campo, como apontado por Faria (1992). A novidade é a de que esse um terço da população ocupada estava distribuída geograficamente em todos os recantos das Gerais, com atividades diversificadas quanto ao cultivo da terra e de animais.

O que se presencia é um processo de escolarização das aprendizagens manuais que se deslocam do ambiente privado das oficinas para o espaço escolar requerendo, com isso, um novo modelo de educação, uma educação de caráter acentuadamente profissional (NOGUEIRA; GONÇALVES, 2013). Concomitante a esse processo, constata-se que, sob a influência dos juristas que ocuparam o cargo de presidente do Estado, no período de 1891 a 1930, houve um amplo investimento em ações preventivas para conter a mendicidade, a vadiagem e a ociosidade que compunham as representações sobre os trabalhadores mineiros, considerados ameaças à sociedade, alimentando, dessa forma, os discursos em prol da ordem e do progresso, viabilizadores da modernidade do Estado. "Educar para o trabalho, significava, em última instância, desviar a criança do crime" (SOUZA, 2014, p. 22). A associação entre o trabalho/trabalhador e o crime, segundo Gonçalves (2014) é recorrente nas mensagens presidenciais, assim como o é a relação entre vadiagem, ócio e vagabundagem, como se vê na afirmação do presidente Francisco Antônio de Salles:

> a ação do Governo tem-se feito sentir em benefício do trabalho, da indústria e do comércio, *pela repressão dos crimes e da vadiagem*, pela garantia a propriedade, pelos esforços empregados junto das estradas de ferro para facilitar os transportes e reduzir tanto quanto possível os fretes, especialmente das mercadorias de pouco valor e de grandes distancias a percorrer. (SALLES, 1904, p. 83, grifos nossos)

Tal vinculação persistiu, longamente, nos discursos dos políticos mineiros, como nas palavras de Arthur Bernardes, em 1920. Neste trecho, sua mensagem deixa entrever o sentido atribuído à formação dos trabalhadores como regeneradora social. Arthur Bernardes via na instrução das crianças a possibilidade de transformá-las em adultos moralizados e aptos para o trabalho, resolvendo, assim, dois grandes problemas sociais enfrentados pelo Estado:

> tomando crianças os menores abandonados, ministrando-lhes instrução elementar e ensino profissional agrícola e, mais tarde, colocando-os, adultos, em suas colônias, resolve o Estado dois grandes problemas sociais a um tempo: 1º, presta-lhes assistência, desviando-os da estrada do vício e do crime; 2º, auxilia o aumento da produção, preparando braços para a lavoura e emancipando-a, em parte, da dependência em que se acha do colono estrangeiro. Deposita o governo fundadas esperanças nos resultados da reforma e, com ela, não receia multiplicar as filiais do instituto pelo Estado. (BERNARDES, 1920, p. 8)

O modelo de formação que aqui se apresenta é aquele que, ao lado da transformação moral da criança, prepará-la-ia para os misteres do trabalho agrícola, articulando a instrução elementar ao ensino da profissão, como relatado por Almeida (2009). Nesse sentido, o trabalhador a ser formado, desde menino, era o órfão, o desvalido, o pobre, que não tinha a proteção de seus pais para prosseguimento de seus estudos nos níveis mais elevados e que, necessariamente, ocuparia os postos de trabalho exigidos no processo de modernização econômica pretendido pelo Estado.

Mas, qual o melhor caminho a seguir? Instruí-lo ou educá-lo? Essa foi uma questão fundamental que ocupou as tribunas do Congresso Mineiro durante as primeiras décadas da República quando os legisladores dedicaram-se a compreender e a definir, afinal, qual era o modelo de formação profissional mais adequado aos propósitos de modernização econômica. Fortalecia-se a crença na eficácia do saber técnico e científico, como forma modernizadora da economia e do processo produtivo das atividades campesinas. A saída encontrada foi investir num projeto de educação técnica que ensinasse os diversos ofícios, desenvolvesse a destreza manual e privilegiasse o ensino dos conhecimentos técnicos mais modernos em estabelecimentos oficiais específicos, os institutos, dotados de maquinário e oficinas para desenvolvimento do ensino prático. Seja utilizando a terminologia *ensino profissional* ou *educação profissional*, o que garantia o fio condutor das políticas de formação para o trabalho era o reconhecimento da natureza prática que o método de ensino adotado nos institutos deveria assumir, em consonância com o que havia de mais moderno nos países mais avançados (NOGUEIRA; GONÇALVES, 2013). Como solução para o problema da mão de obra e da produtividade do setor agrícola, a difusão do ensino primário e o profissional elementar tornar-se-iam a chave para o progresso econômico do Estado. Essa crença que se revela na disseminação do ensino profissional era também compartilhada por Delfim Moreira:

> [...] temos necessidade de desenvolver, uniformizar, propagar e fiscalizar o ensino primário e o profissional elementar [...] Uma vez disseminado, uniformizado e propagado com intensidade em todas as regiões do país, o ensino, mesmo elementar, operará uma radical e vantajosa transformação do trabalho e criará valiosíssimos e novos elementos de produção e de riqueza. (RIBEIRO, 1917, p. 28)

Transformar radicalmente o trabalho significava atuar na sua origem modificando o sentido que era atribuído, superar a conotação negativa e o seu caráter aviltante, herdado dos tempos da escravidão. Construir novos significados e "novos elementos de produção" poderia estar se referindo ao sujeito a ser formado, dotado de novos padrões de valores e de comportamentos condignos com a sociedade capitalista moderna. Para alcançar tal intento, o caminho já estava indicado no grandioso ideal modernizador republicano, inscrito no lema ordem e progresso.

CONSIDERAÇÕES FINAIS

O propósito deste texto foi buscar, por meio da análise dos discursos dos presidentes do Estado e dos legisladores mineiros, elementos que caracterizassem o que denominei ideário modernizador de Minas Gerais, destacando o repertório mobilizado para se falar da instrução pública e, ainda, da formação do trabalhador mineiro. O que se intencionava era perceber o lugar que a educação e a instrução ocupavam no plano mais amplo da administração dos negócios públicos por entendê-las como parte do projeto de construção da república e de modernização do Estado. Dessa forma, em meio a medidas diversas, destinadas a modernizar o Estado, tais como a reforma urbana que se traduziu na construção da capital, o investimento em infraestrutura, como construção de pontes, de estradas de ferro etc., as reformas do ensino, cuja principal expressão da modernidade se traduziu nos grupos escolares, transformaram a educação, e em especial a instrução pública primária e o ensino técnico agrícola, nos principais instrumentos de progresso do Estado, bem traduzido na metáfora de Delfim Moreira como a "chave do nosso progresso, na ordem econômica, social e política" (RIBEIRO, 1917, p. 28). Esse ideal de progresso, influenciado pelas teorias evolucionista e positivista, esteve presente nos discursos dos grandes condutores das políticas públicas, em Minas Gerais, em sua maioria, os bacharéis em direito, que compartilharam um espaço comum de sociabilidades e de formação intelectual e que ocuparam a presidência do Estado nas primeiras décadas da República, momento crucial para a construção da moderna sociedade do trabalho, ordeira e progressista (GONÇALVES; SOUZA, 2014).

Vimos que o ingresso de Minas Gerais na república mobilizou uma elite cuja pauta discursiva realçava a necessidade de construção de um projeto político-econômico capaz de modernizar a sociedade e dotar a população trabalhadora, desde a mais tenra idade, de novas sensibilidades, habilidades, destrezas e disposições mentais, demandadas pelas novas configurações do trabalho e pelo novo regime político que se instauraram, por meio da promoção do aperfeiçoamento da razão, do aprimoramento moral, técnico e político, necessário à realização do progresso da nação. Inserida num projeto mais amplo de construção da República, a escola primária assumiu, assim, centralidade nos discursos que a reivindicavam como elemento fundamental da democracia e da organização social, como corrobora o discurso do deputado Francisco Xavier de Almeida Rolim, presidente da Comissão de Instrução da Câmara dos Deputados, quando da discussão da Reforma do Ensino, de 1906:

> Queremos que o Estado de Minas floresça? Queremos que o Brasil seja próspero e feliz? Queremos que a nossa Pátria brilhe com as fulgurações do Cruzeiro do Sul? Organizemos a escola, eduquemos a juventude. Estabeleçam todos os Estados da grande Confederação Brasileira a educação popular, de modo que a mocidade aprenda, não só o exercer os direitos do cidadão, mas igualmente e principalmente cumprir os seus deveres públicos e particulares: assim teremos lançado os verdadeiros e sólidos alicerces da grandeza nacional; veremos reinar em nossa querida Pátria a paz, a ordem, a liberdade; e, em consequência, teremos segura a estabilidade das instituições republicanas, que com máximo carinho devemos sustentar. [...] Eduquemos o povo e rasgaremos para nossa querida Minas um futuro próspero e venturoso, porque [...] a instrução popular é o fundamento mais sólido da felicidade pública e ensina o homem a não confundir a liberdade com a licença, amando a primeira e detestando a segunda. (ROLIM, 1906, p. 337)

Nesse processo de mediação social, a escola desenvolveria uma nova concepção de educação com a finalidade de formar o adulto como um cidadão, cônscio de seus direitos e deveres, portador de uma nova experiência estética, ou seja, de uma nova sensibilidade em relação à República e ao trabalho, dedicado a ganhar a vida pelo trabalho e útil à moderna sociedade. Cidadão-trabalhador era o novo qualificativo que identificava um novo padrão de relação e de distinção social para aqueles que, conforme expressão de João Pinheiro da Silva, "trabalham e constroem a riqueza nacional" (1907, p. 16). Encontra-se nessa assertiva o modelo de república que se desejava: dirigida por uma elite intelectual e política e sustentada economicamente pelos novos trabalhadores educados para assumir o mundo do trabalho, desde crianças.

O Estado se reconheceu como o grande condutor das políticas de educação profissional em direção a uma proposta de ensino que objetivava reordenar e ressignificar as relações de trabalho, reconstruindo-lhe o sentido, instituindo um novo imaginário social. Se nos tempos que antecederam a República os saberes das profissões estavam atrelados ao próprio local do trabalho, onde se davam as aprendizagens, a partir dela demandou-se a construção de espaços apropriados e equipados com o que havia de mais moderno, em termos de métodos de ensino, de pessoal técnico e de materialidade. Em vista disso, pode-se falar que houve um processo de escolarização das aprendizagens, entendendo-a como um deslocamento dessas aprendizagens do lugar das oficinas para o lugar da escola (NOGUEIRA; GONÇALVES,

2013). A instrução primária e a educação foram inseridas no rol das mudanças que marcaram a modernização do Estado, ocupando lugar central na dimensão político -administrativa do processo empreendido pelos reformadores republicanos mineiros. Seja voltando-se para o setor agrícola, com ênfase no ensino técnico, ou para o setor industrial, em especial, com ênfase na formação do cidadão e trabalhador urbano, a educação foi assumida pelas elites intelectual e política como parte do ideário modernizador republicano que traduzia no ensino os anseios de uma sociedade que se formava e que se aspirava democrática, moderna.

A associação entre cidadania e ensino era recorrente no país, desde meados do século XIX, quando as províncias também reconheceram a instrução popular como elemento de elevação cívica do povo brasileiro. Entretanto, esse ideal iluminista ainda estava longe de ser alcançado mesmo em meados do século seguinte. Isso fez com que a disseminação dos benefícios do ensino e da educação, como ideal democrático republicano, não fosse mais uma ação restrita ao poder público estadual, mas um dever de toda a nação para o qual os mineiros conclamavam a cooperação do Governo federal. O que se percebe, afinal, é que a temática da instrução e da educação constou dos discursos políticos, desde meados do século XIX, como sendo um importante fator de construção de uma nação moderna e democrática. A preocupação com o progresso econômico e moral do Estado ascendeu a temática da formação do trabalhador ao rol dos assuntos mais importantes a serem debatidos, no Congresso Mineiro, ao lado da formação do cidadão republicano. Formar para o trabalho, formar o cidadão, eis o sentido das reformas do ensino em Minas Gerais.

FONTES

ANDRADE, Gomes F. de, (Barão de Itabira). Congresso Mineiro. *Anais da Câmara dos Deputados*. Belo Horizonte: Imprensa Oficial. Arquivo Público Mineiro, 1891.

BERNARDES, Arthur da S. *Mensagem dirigida pelo Presidente do Estado de Minas Gerais* ao Congresso Mineiro em sua 1ª sessão ordinária da 8ª legislatura no ano de 1919. Belo Horizonte. Imprensa Oficial do Estado de Minas Gerais, 1919.

BERNARDES, Arthur da S. Minas Gerais (Estado). *Mensagem de 15 de junho de 1920*. Mensagem dirigida pelo Presidente do Estado ao Congresso Mineiro em sua 2ª sessão ordinária da 8ª legislatura do ano de 1920.

BIAS FORTES, Chrispim J. *Mensagem dirigida pelo Presidente do Estado de Minas Gerais* ao Congresso Mineiro em sua 4ª sessão ordinária da 2ª legislatura. Cidade de Minas: Imprensa do Estado de Minas Gerais, 1898.

BRANDÃO, Júlio B. *Mensagem dirigida ao Congresso Mineiro*. 1914. Universidade de Chicago. Disponível em: <http://brazil.crl.edu/bsd/bsd/u298/000050.html>. Acesso em: jul. 2013.

BRANDÃO, Júlio B. *Mensagem dirigida pelo Presidente do Estado de Minas Gerais* ao Congresso Mineiro em sua 2ª sessão ordinária da 6ª legislatura. Belo Horizonte: Imprensa Oficial do Estado de Minas Gerais, 1912.

BRANDÃO, Júlio B. *Mensagem dirigida pelo Presidente do Estado de Minas Gerais* ao Congresso Mineiro em sua 3ª sessão ordinária da 6ª legislatura no ano de 1913. Belo Horizonte: Imprensa Oficial do Estado de Minas Gerais, 1913.

CARVALHO BRITTO, Manoel T. de. Secretaria do Interior. *Relatórios apresentados ao Exmo. Sr. Dr. João Pinheiro da Silva, Presidente do Estado de Minas Gerais* pelo Secretário de Estado dos Negócios do Interior. Belo Horizonte: Arquivo Público Mineiro, 1908.

COSTA SENNA, Joaquim C. da. Congresso Legislativo Mineiro. *Anais do Senado*. Cidade de Minas: Imprensa Oficial. Arquivo Público Mineiro, 1892.

COSTA, Manoel T. da. Congresso Mineiro. *Anais da Câmara dos Deputados*. Belo Horizonte: Imprensa Oficial. Arquivo Público Mineiro, 1891.

MAGALHÃES PINTO, Estevão L. de. Secretaria do Interior. *Relatórios apresentados ao Exmo. Sr. Dr. Wenceslau Braz Pereira Gomes, presidente do Estado de Minas Gerais*. Secretário de Estado dos Negócios do Interior em 1909-1910. Arquivo Público Mineiro, 1909.

MOREIRA PENNA, Afonso A. Congresso Mineiro. *Mensagem dirigida ao presidente do Estado de Minas Gerais* em sua 3ª sessão ordinária da 1ª legislatura. Ouro Preto: Imprensa do Estado de Minas Geraes, 1893.

MOREIRA PENNA, Afonso A. *Mensagem dirigida pelo Presidente do Estado de Minas Gerais* ao Congresso Mineiro em sua 4ª sessão ordinária da 1ª legislatura. Ouro Preto: Imprensa do Estado de Minas Gerais, 1894.

PEREIRA GOMES, W. B. *Mensagem dirigida pelo Presidente do Estado de Minas Gerais*, ao Congresso Mineiro em sua 3ª sessão ordinária da 5ª legislatura no ano de 1909. Belo Horizonte: Imprensa Oficial do Estado de Minas Gerais, 1909.

RIBEIRO, Delfim M. da C. *Mensagem dirigida pelo Presidente do Estado de Minas Gerais* ao Congresso Mineiro em sua 8ª sessão ordinária da 7ª legislatura no ano de 1917. Belo Horizonte: Imprensa Oficial do Estado de Minas Gerais, 1917.

RIBEIRO, Delfim M. da C. *Mensagem dirigida pelo Presidente do Estado de Minas Gerais* ao Congresso Mineiro em sua 1ª sessão ordinária da 7ª legislatura no ano de 1915. Belo Horizonte: Imprensa Oficial do Estado de Minas Gerais, 1915.

RIBEIRO, Delfim M. da C. *Mensagem dirigida pelo Presidente do Estado de Minas Gerais* ao Congresso Mineiro em sua 2ª sessão ordinária da 7ª legislatura no ano de 1916. Belo Horizonte: Imprensa Oficial do Estado de Minas Gerais, 1916.

SILVA, João P. da. *Mensagem dirigida pelo Presidente do Estado* ao Congresso Mineiro em sua 2ª sessão ordinária da 5ª legislatura no ano de 1908. Belo Horizonte. Imprensa Oficial do Estado de Minas Gerais, 1908.

Referências

ALMEIDA, Kellen T. de. O ensino primário agrícola: o caso do instituto João Pinheiro em Minas Gerais (1909-1942). Dissertação (Mestrado em Educação Tecnológica) - Centro Federal de Educação Tecnológica de Minas Gerais - CEFET-MG, Belo Horizonte, 2009.

ALONSO, Ângela. *Ideias em movimento*: a geração 1870 na crise do Brasil Império. São Paulo: Paz e Terra, 2002.

BAUDRILLARD, Jean. Modernité. In: *Enciclopédia Universalis*, 1977. v. 11, p. 139-141.

CARVALHO, Carlos H. de; OLIVEIRA, Pâmela F. Educação e modernização em Minas Gerais: propostas reformistas na ação conservadora (1926-1930). *Hist. Educ.* [*on-line*] Porto Alegre, v. 18, n. 42, p. 131-150, jan./abr. 2014.

CARVALHO, Marcus V. C. Moderno, modernidade e modernização: polissemias e pregnâncias. In: GIL, Natália; CRUZ E ZICA, Matheus da; FARIA FILHO, L. M. de. *Moderno, modernidade, modernização*: a educação nos projetos de Brasil - séc. XIX e XX. Belo Horizonte: Mazza, 2012. v. 1, p. 13-34.

FALCON, José C. Moderno e modernidade. In: FALCON, J. C.; RODRIGUES, A. E. *Tempos modernos*: ensaios de história cultural. Rio de Janeiro: Civilização Brasileira, 2000. p. 221-240.

FARIA, Maria A. *A política da gleba*: as classes conservadoras mineiras: discurso e prática na Primeira República. Tese (Doutorado) - Faculdade de Filosofia, Letras e Ciências Humanas - USP, São Paulo, 1992.

FARIA FILHO, L. M. de. *Dos pardieiros aos palácios*: cultura escolar e urbana em Belo Horizonte na Primeira República. Passo Fundo: UPF, 2000.

FARIA FILHO, L. M. de. *República, Trabalho e educação*: a experiência do Instituto João Pinheiro 1909-1934. Dissertação (Mestrado em Educação) – Faculdade de Educação da Universidade Federal de Minas Gerais, Belo Horizonte, 1991.

GIDDENS, A. *As consequências da modernidade*. Tradução de Raul Fiker. São Paulo: Ed. UNESP, 1991.

GONÇALVES, Irlen A. *Cultura escolar*: práticas e produção dos grupos escolares em Minas Gerais (1891-1918). Belo Horizonte: Autêntica, 2006.

GONÇALVES, Irlen A. O conceito de trabalho nas mensagens dos presidentes do estado de Minas Gerais (BRASIL) 1891-1930. In: CONGRESO IBEROAMERICANO DE HISTORIA DE LA EDUCACIÓN LATINOAMERICANA, 11., 2014, Toluca - México. CINVESTAV, 2014. v. único, p. 655-664.

GONÇALVES, Irlen A.; CHAMON, C. As políticas públicas para a educação profissional em Minas Gerais: o ensino técnico primário na virada do século XIX para o século XX. In: CONGRESSO IBEROAMERICANO DE HISTÓRIA DE LA EDUCACIÓN LATINOAMERICANA, 8., 2007, Buenos Aires: SAHE, 2007. p. 25-47.

GONÇALVES, Irlen Antônio; SOUZA, Hozana Penha. Bacharéis em direito na presidência do estado de Minas Gerais: o discurso político de educação para o trabalho (1891-1930). In: CONGRESSO LUSO-BRASILEIRO DE HISTÓRIA DA EDUCAÇÃO: percursos e desafios da educação luso-brasileira, 10., 2014. Curitiba: PUCPR, 2014. v. único, p. 1-15.

GORELIK, Adrián. O moderno em debate: cidade, modernidade, modernização. In: MIRANDA, Wander Melo (Org.). *Narrativas da Modernidade*. Belo Horizonte: Autêntica, 1999. p. 55-80.

JOSÉ, Oiliam. A propaganda republicana em Minas. *Revista Brasileira de Estudos Políticos*. Belo Horizonte, Faculdade de Direito da Universidade de Minas Gerais, 1960.

LE GOFF, Jacques. *História e memória*. Campinas: Ed. Unicamp, 1992.

MELLO, Maria T. C. de. A modernidade republicana. *Tempo* [*on-line*], v. 13, n. 26, p. 15-31, 2009.

NOGUEIRA, Vera L. *A escola primária noturna em Minas Gerais (1891-1924)*. Belo Horizonte: Mazza, 2012.

NOGUEIRA, Vera L.; GONÇALVES, Irlen A. O ideário educativo modernizador do estado de Minas Gerais: representações sobre educação profissional, trabalho e trabalhador

(1892-1920). In: CONGRESSO DE PESQUISA E ENSINO EM HISTÓRIA DA EDUCAÇÃO EM MINAS GERAIS – COPEHE, 7., 2013. Mariana: UFOP, 2013. v. único, p. 1-15.

PÁDUA, Pedro G. de. *O conceito de progresso nas mensagens dos presidentes do estado de Minas Gerais (1891-1930)*. 2012. Dissertação (Mestrado em Educação Tecnológica) – CEFET-MG, Belo Horizonte, 2012.

RODRIGUES, Henrique E. *et al.* Entre a iniciativa e a fabricação: a construção da modernidade tardia em Minas Gerais. In: MIRANDA, Wander M. (Org.). *Narrativas da Modernidade*. Belo Horizonte: Autêntica, 1999. p. 215-246.

SOUZA, Hozana P. de. *Representações sobre o trabalhador nos discursos dos presidentes de Estado de Minas Gerais*. 2014. Dissertação (Mestrado em Educação Tecnológica) – Centro Federal de Educação Tecnológica de Minas Gerais, Belo Horizonte, 2014.

TOURAINE, Alain. *Crítica da modernidade*. Tradução de Elia F. Edel. Petrópolis: Vozes, 1995.

VEIGA, Cynthia G. A escola e a República. *Rev. Bras. hist. educ.*, Campinas, v. 11, n. 1 (25), p. 143-178, jan./abr. 2011.

VEIGA, Cynthia G. Representações da educação no debate político partidário republicano de minas gerais (1889-1906). In: CONGRESSO DE PESQUISA E. ENSINO EM HISTÓRIA DA EDUCAÇÃO EM MINAS GERAIS, 4., 2007. Disponível em: <http://www.fae.ufmg.br/portalmineiro/conteudo/externos/4cpehemg/Textos/pdf/3_3.pdf>. Acesso em: jul. 2014.

VEIGA, Cynthia G.; FARIA FILHO, L. M. de. Belo Horizonte: a escola e os processos educativos no movimento da cidade. *Varia História*, Belo Horizonte, n. 8, p. 203-222, set. 1997.

VISCARDI, C. M. R. Elites políticas mineiras na Primeira República Brasileira: um levantamento prosopográfico. *Estudos Históricos*, Rio de Janeiro, v. 8, n. 15, 1995.

WIRTH, John. D. *Minas Gerais na Federação Brasileira 1899-1937*: o fiel da balança. Rio de Janeiro: Paz e Terra, 1982.

Ideários de modernização e suas confluências: concepções de educação rural em Minas Gerais e São Paulo (1930-1940)

Henrique de Oliveira Fonseca
Bruno Geraldo Alves

INTRODUÇÃO

O presente texto[1] objetiva analisar as concepções e propostas sobre a educação rural no Brasil no período de 1930 a 1940, visando refletir como essas proposições procuravam filiar-se a um ideário de modernização daquele período.

Para tal intento, analisamos duas propostas apresentadas nos estados de São Paulo e Minas Gerais. No caso paulista procuraremos refletir sobre o movimento de ruralização do ensino capitaneado por Sud Mennucci, já no mineiro, o foco será dado ao projeto e à implementação da Fazenda Escola de Florestal/MG. Para tal fito, privilegiaremos como fonte dois periódicos: a *Revista do Professor* (1934-1939) de São Paulo e a *Revista da Produção* (1937-1942) de Minas Gerais. Utilizando desses dois periódicos e de seus editoriais favoráveis a educação rural, procuraremos discutir sobre os perfis e conceitos do ensino no campo, visando dimensionar a configuração

[1] O trabalho apresentado é um esforço de diálogo de duas pesquisas de mestrado, e da inserção dos autores, desde 2012, no projeto de pesquisa Moderno, Modernidade e Modernização: a educação nos projetos de Brasil – séculos XIX e XX, e no Centro de Estudos e Pesquisas em História da Educação (GEPHE) da UFMG. Nestes olhares investigativos, o foco principal foi procurar entender as dimensões discursivas e práticas do ensino agrícola, principalmente em Minas Gerais e em São Paulo, na primeira metade do século XX, empenhadas no espaço público utilizando-se de projetos e discursos.

do cenário educacional, com enfoque para questões como a mão de obra, o passado escravocrata, a fixação da população na zona rural, o espírito nacional agrário e os projetos educacionais nacionais.

Para compreendermos mais detalhadamente o contexto histórico, vale lembrar, tal como Sonia Regina de Mendonça (1997, 2006) expôs em suas obras, que determinadas correntes do pensamento político brasileiro favoráveis ao meio rural vinham se difundido desde o final do século XIX. Essa reflexão político-intelectual em favor do campo, nas primeiras décadas do século XX, encontrara na educação um terreno fértil para o desenvolvimento e disseminação de seus ideais, portanto é possível compreender nesses anos o surgimento de um movimento educacional conhecido como *ruralismo pedagógico*.

Nesse contexto, diversos intelectuais propalavam a existência de uma alma brasileira *ruralista* e defendiam determinadas concepções de desenvolvimento nacional. Contudo, dentre os defensores do campo, eclodiam distinções nas abordagens e nos projetos pensados para o Brasil. Nesse cenário diverso, surgiu uma linha de reflexão que aqui, por conveniência, chamaremos de *ruralista*, composta por alguns agricultores decadentes, políticos e uma pequena parcela de proprietários cafeeiros das zonas mais prósperas. Esses sujeitos defendiam uma *vocação eminentemente agrícola* do Brasil, denunciavam a existência de uma *crise rural* motivada pela expansão dos núcleos urbanos e do ideal industrial. Acreditavam também que o campo deveria ser o caminho do progresso nacional, mas que ele deveria passar por adaptações e reformas para se adequar às exigências de um mundo em franco desenvolvimento científico. Nessas condições, propuseram como saída uma mudança de foco na estruturação do campo, defendiam como solução da crise rural uma *diversificação agrícola* nacional, indicando, dessa forma, uma concepção distinta de algumas elites agrárias que desde o século XX acumulavam fortunas com o plantio da monocultura do café. Essas elites cafeeiras, situadas principalmente no estado de São Paulo, defendiam a continuação desse modelo e também posicionavam-se favoráveis às políticas de imigração para suprir a falta de mão de obra para o campo advinda com o fim da escravidão. Os *ruralistas* posicionaram-se na cena pública contrários a esse pensamento, propondo a formação de uma mão de obra nacional[2] como sendo a melhor opção para consolidação de uma cultura legitimamente nacionalista.

[2] A produção da mão de obra nacional significava a formação *in loco* de trabalhadores nativos.

De acordo com Mendonça, o movimento do *ruralismo*[3] conglomerou-se em torno da *Sociedade Nacional de Agricultura - SNA* fundada em 1897. Nessa sociedade, seus integrantes buscaram sua articulação política, tal fato fica comprovado durante a Primeira República, quando "[...] por pressão da SNA, o Ministério da Agricultura [Indústria e Comércio — MAIC] foi implantado em 1909, tendo como titulares os próprios dirigentes da Sociedade. Apenas um dos ministros não presidiu a Sociedade" (MENDONÇA, 2006, p. 6).

Ainda, segundo Mendonça, a relação entre a SNA e MAIC foi profícua e o Ministério representou o principal espaço de atuação política dos membros da SNA. Dessa maneira, pode-se entender que existia um movimento específico no setor agrário, que almejava a construção de um país *eminentemente agrícola*, mas que não seguiu o modelo agroexportador dos cafeicultores de São Paulo. Esse grupo foi contrário à imigração e propôs a formação de uma mão de obra nacional. Outro ponto a destacar é que esses ruralistas não se colocavam como opositores dos avanços modernizadores, como se fossem antiprogressistas, acreditavam que o campo estava atrasado em relação à cidade e dessa forma, se posicionaram a favor do desenvolvimento técnico e material do campo. Nesse contexto, o paulista Mennucci defendia: "[...] façamos o que em nós esteja para torná-lo um enorme país agrícola, organizado cientificamente, racionalmente, tendendo à realização de um ideal nacional [...]" (MENNUCCI, 1944. p. 16). Esse ideal nacionalista necessariamente passava por uma revalorização afetiva do campo, nessa corrente de pensamento era imperativo resgatar e disseminar um sentimento de *amor à terra*.

Dentre os temas debatidos pelos *ruralistas* destacava-se o entendimento de que a educação representaria um espaço vital de intervenção social. Assim, o tema da instrução pública tornou-se palco de debate entre os diversos grupos que procuraram instaurar um plano de mudanças através de alterações e inclusões no projeto educacional brasileiro. Os *ruralistas*, dessa forma, procuraram adentrar nessa

[3] Virgínia Ávila (2013) sintetiza as ideias apresentadas por Mendonça, dizendo que "o chamado ruralismo desempenhou papel determinante na condução ideológica do que se costuma chamar de modernização conservadora. Três postulados apresentaram-se como recorrentes no ruralismo brasileiro no período de 1888 a 1931: a reivindicação da extensão dos benefícios da ciência e da técnica ao campo, a necessidade da diversificação agrícola do país e a demanda pela reatualização das formas de imobilização da mão de obra junto à grande lavoura, constituindo o que se chamaria à época de uma nova civilização agrícola" (ÁVILA, 2013, p. 34).

discussão propondo um modelo que fomentasse a formação de cidadãos aptos à vida do campo.

Para melhor compreensão dessas variações e contextualizações desse período no que tange à educação rural, foi escolhido como arcabouço teórico-metodológico as questões presentes nos estudos sobre Cultura Política. Tal conceituação é adotada por possibilitar, a partir de suas definições, a construção de pontes entre campos de conhecimento distintos, como também para problematizar e inserir a educação em um espaço de forças sociais em disputas, que lhes são constituintes e articuladas à sua historicidade.

A própria dinâmica do Estado e sua relação com a educação merecem atenção especial, principalmente devido à inerente conflitualidade na configuração de suas políticas, apontada por Mendonça (2007, p. 45) como "espaço de permanentes tensões entre grupos organizados a partir da sociedade civil e inseridos junto a agências da sociedade política, de modo a intervir na definição/redefinição das políticas públicas e em geral".

Tal fato se acentua se pensarmos que diversas concepções educacionais não nasceram, necessariamente, no seio do Estado. Marcus Aurélio Taborda de Oliveira, tratando sobre essa relação entre o público e o estatal, diz:

> O espaço público não se confunde com sua dimensão estatal. É da tradição do pensamento social brasileiro reivindicar que aquilo que é público estivesse fundamentalmente radicado no âmbito do Estado, sobretudo pela necessidade de financiamento e ordenamento. Não foi diferente com a educação, sobretudo escolar, e é reconhecida a presença de diferentes intelectuais em diferentes postos do Estado, ao longo do engendramento do Brasil como nação independente. Ainda é preciso fazer um inventário mais pormenorizado dessas relações no âmbito educacional. (OLIVEIRA, 2014, p. 44, nota de rodapé)

Assim, entendemos que o Estado, desde a independência do Brasil, esteve na centralidade do desenvolvimento de práticas públicas, ora com mais, ora com menos intensidade, vislumbrando margem para negociações. Contudo, não podemos descartar as disputas individuais e/ou de grupos que procuravam fazer com que o Estado coadunasse com a defesa específica de visões construídas em espaços distintos, mas objetivando, na maioria das vezes, estrategicamente sua difusão com o apoio pragmático do Estado. Esse espaço de disputa pela condição de posse de certas "rédeas" do poder estatal era o que promovia os diversos embates de sujeitos que almejavam cargos públicos e oportunidade de encabeçar determinadas visões sobre a educação.

Marcus Vinicius Corrêa Carvalho (2012), procurou apontar as polissemias e pregnâncias dos termos moderno, modernidade e modernização. Ao longo dos séculos XIX e XX, o termo modernização encampou ideias, práticas, representações e projetos de modernidade apropriados de maneira ideológica e aplicados pragmaticamente, na tentativa de equiparar povos e nações, em contexto de emergência do pensamento estético e da interpretação histórica no processo de construção de uma sensibilidade moderna afeita ao universalismo do humanismo burguês em colisão com as dinâmicas do capitalismo (CARVALHO, 2012). Nossa conceituação sobre modernização dos anos 1930 e 1940 é cara aos apontamentos de Carvalho, pois acreditamos que a modernização, nesse contexto, representava anseios, práticas e ações que visavam desenvolver características singulares em prol da conquista, em determinados aspectos, da universalização da produção do conhecimento humano. Assim as experiências científicas, no começo do século XX, apresentavam-se como o melhor caminho para se atingir ideais de sociedade. Portanto, ao entender uma determinada modernização no recorte temporal apontado nesse texto, retomamos características da sociedade daqueles anos, como o desenvolvimento técnico e intelectual apoiado nas descobertas e conquistas científicas.

Assim, podemos destacar que, constituído enquanto um ideário, o foco sobre a modernização da sociedade brasileira produziu e difundiu um olhar específico para o campo e para aqueles que nele habitam, lançando mão de concepções desqualificadoras e imagens idealizadas, as quais foram incorporadas às representações que suportam as propostas de intervenções direcionadas para as condições sociais da produção agropecuária. Tais propostas partem da prévia definição de demandas, delineadas a partir de ideias que convergiam para a concepção de desenvolvimento nacional (OLIVEIRA; ALVES; GARCIA, 2008).

Dessa maneira, apresentaremos as revistas como sendo porta-vozes de suas instituições fomentadoras e de seus organizadores, destacando principalmente a proximidade de determinadas vertentes educacionais nas defesas pedagógicas em São Paulo e Minas Gerais.

A *REVISTA DO PROFESSOR* E O CASO PAULISTA

No contexto do ruralismo pedagógico do início do século XX, uma das figuras mais presentes no debate político foi o paulista Sud Mennucci (1892-1948).[4] Sua experiência no magistério foi bastante profícua, lecionando em diversas cidades, o que o legitimou, posteriormente, a ser considerado uma voz autorizada sobre as questões educacionais. Em toda oportunidade em que assumiu cargos públicos, Mennucci procurou disseminar essa concepção ruralista que vinha desenvolvendo desde o início de sua carreira pública. Suas publicações tiveram destaque na literatura do período, destacando sua obra *A Crise Brasileira de Educação*, de 1930, em que defendia o ruralismo como projeto para ensino nacional. A partir dessa publicação, que chegou a ganhar o prêmio Francisco Alves[5] pela Academia Brasileira de Letras, em 1933, Mennucci iniciou uma trajetória de defesa do ensino rural. Sua proposta fundamentava-se em um plano de transformação do sistema educacional brasileiro por um viés *ruralista*. As principais defesas do educador eram a construção de Escolas Normais Rurais, com o objetivo de formar professores aptos à docência no campo; a construção de Escolas Rurais, um determinado tipo de instituição escolar situada no campo com um projeto pedagógico singular que fomentassem uma formação para a juventude residente no campo; e os Clubes Agrícolas Escolares, instituições associadas às escolas regulares que procuravam disseminar entre os alunos conhecimentos sobre o trabalho no meio rural. Sua proposta estava ligada à noção *ruralista* de luta contra o êxodo rural e de formação de mão de obra nativa em detrimento das políticas e incentivos migratórios. Dessa maneira, buscava em suas proposições disseminar uma educação que desenvolvesse um sentimento afetivo pelo meio rural.

Para entender as ações do educador paulista no interior da teia social, nos apoiaremos nas formulações de Jean-François Sirinelli sobre a *História Intelectual*; tal

[4] Sud Mennucci nasceu em Piracicaba e formou-se em 1910 na Escola Normal de sua cidade natal. Em 1925, mudou-se para capital do Estado para trabalhar como redator do jornal *O Estado de S. Paulo*. Nos anos seguintes, assumiu a diretoria do jornal *O Tempo* e da *Imprensa Oficial do Estado de São Paulo*. No início da década de 1930, ajudou a fundar o *Centro do Professorado Paulista* (CPP). Em 1931, tornou-se Diretor-geral do Ensino até maio de 1932, retornando brevemente ao cargo em 1933. Em 1943 assumiu a diretoria do jornal *O Estado de S. Paulo* e, novamente, a diretoria-geral do ensino de São Paulo, aglutinando esses cargos até 1945.

[5] O Prêmio Francisco Alves laureava a obra literária que melhor respondesse a questão: "Qual o melhor meio de disseminar o ensino primário no Brasil?".

emprego teórico se deu, principalmente, porque os apontamentos desse pesquisador colaboraram para a compreensão das relações, convivências e disputas entre sujeitos no meio social. Sua conceituação sobre *as redes de sociabilidade*[6] pode ser entendida como as

> Relações estruturadas em rede que falam de lugares mais ou menos formais de aprendizagem e de troca, de laços que se atam, de contatos e articulações fundamentais a noção de rede remete ao microcosmo particular de um grupo, no qual se estabelecem vínculos afetivos e se produz uma sensibilidade que se constitui marca desse grupo (SIRINELLI, 2003, p. 38).

O local de sociabilidade aqui analisado é institucional, representado pelo Centro de Professorado Paulista (CPP). Sud Mennucci foi membro fundador em 1930 e assumiu a diretoria do CPP no ano seguinte, mantendo-se no cargo até o final de sua vida. Paula Perin Vicentini, em sua dissertação *Um estudo sobre o CPP (Centro do Professorado Paulista): profissão docente e organização do magistério (1930-1964)*, diz que, "no caso do campo educacional paulista, a inserção do CPP se dá mediante a disputa pela posição de porta-voz do professorado" (1997, p. 7). Assim, em 1930 diversas pessoas[7] reuniram-se com a intenção de criar uma associação de professores, que pudesse capitanear o maior número de filiações dentre os docentes paulistas. O CPP tornou-se, logo nos primeiros anos, uma associação na qual professores filiavam-se com o pagamento de mensalidades e obtinham alguns benefícios fornecidos pelo Centro, como: atendimento médico, excursões, palestras, empréstimos e outros auxílios. Mas, para alcançar um público elevado de professores, em 1934 o CPP iniciou um projeto editorial com a publicação da *Revista do Professor*. Essa revista foi publicada, primeiramente, entre 1934 e 1939, sob direção do próprio Mennucci. A publicação do periódico ficou paralisada entre

---

[6] A conceituação das redes de sociabilidade representa apenas mais um dos esforços de diversos pensadores que buscaram compreender as relações interpessoais dos sujeitos históricos. Recentemente, Marcus Aurélio Taborda de Oliveira procurou, a partir da reflexão de Edward Thompson e Raymond Williams, discutir sobre o conceito de *ambiência* na trajetória de José Francisco da Rocha Pombo. Conferir: TABORDA DE OLIVEIRA (2014).

[7] Dentre os fundadores do CPP estão: Ezequiel Ramos, Cymbelino de Freitas e Amadeus Mendes (VICENTINI, 1997, p. 22-49).

1939 e 1948, retornando a circulação após a morte de seu antigo diretor, mantendo-se até 1965, quando encerra suas atividades, sendo substituída pela impressão do *Jornal do Professor* que em 1975 tornou-se o *Jornal dos Professores* — publicado até hoje (CATANI, VICENTINI, LUGLI, 1997, p. 77-92). Mennucci, enquanto vivo, foi o líder desse grupo e tal responsabilidade de presidir uma importante associação professoral representava, no universo das disputas pela construção do campo educacional, um espaço privilegiado de ascensão pública. Assim, a posição de destaque dentro do CPP possibilitou uma ampliação na capacidade de divulgação dos ideais *ruralistas* indicados pelo educador.

Em relação à Revista, vale dizer que entre 1934 e 1939 foram publicadas 22 edições. Sua periodicidade não foi regular, tanto que no ano de 1938 não houve publicação. Em geral,

> Além de divulgar as atividades desenvolvidas pelo CPP, evidenciando os benefícios proporcionados pela entidade aos seus sócios, o periódico publicava biografias de professores e de brasileiros ilustres, descrições da história de grupos-escolares, trechos de obras literárias e esclarecimentos sobre a legislação do ensino. A *Revista do Professor* veiculava, ainda, um grande número de artigos enviados por colaboradores que tratavam de temas bastante diversificados. (VICENTINI, 1997, p. 3)

Mesmo a revista mantendo um padrão de abordagem próxima das demais publicações pedagógicas do período, destacaremos apenas as recorrências dos textos sobre educação rural, procurando compreender como essa recorrência representava um posicionamento definido sobre uma determinada defesa educacional.

Sud Mennucci, sendo um sujeito que capitaneava a defesa ruralista para a educação, utilizava de seus meios de comunicação para apresentar ao público suas opiniões e projetos, dessa maneira escrevia diversos artigos para a Revista favoráveis à educação do campo. Um exemplo disso está no artigo *Um país que entendeu* (PROFESSOR, 1934d , p. 35-36). Mennucci apontava que uma mudança educacional já estava em curso; argumentava que

> A luta pela ruralização do ensino do mundo começa a entrar na fase das realidades práticas. Parece próximo o encerramento do que se poderia chamar de ciclo do apostolado, isto é, a quadra da campanha intensiva

> para demonstrar-lhe a inadiável necessidade. Estamos saindo do movimento verbal de propaganda de disseminação da ideia para as etapas dos atos concretos e das experiências reais. (PROFESSOR,. 1934d, p. 35)

O educador propalava: "não nos iludamos, a ruralização do ensino, levada a seu auge, acabará mudando até o sentido da civilização" (PROFESSOR, jun./jul. 1934d, p. 36). Nesse artigo propunha que para o campo revigorar deveria existir uma disseminação dos avanços materiais nas zonas rurais, apontando que o rádio seria um importante veículo na colaboração da fixação do homem à terra, pois representava um profícuo meio para diminuir a distância entre os homens e abrandar o sentimento de solidão existente no campo. Uma maneira de exportar os avanços citadinos industriais para o campo, levando a modernização para todos. O educador paulista dizia que essa atitude colaboraria com a fixação do homem rural, pois denotaria um progresso nas disseminações dos avanços tecnólogos para o campo. Seu texto aponta para um projeto educacional cujo objetivo não se limitaria apenas a uma porcentagem de brasileiros excluídos dos meios educacionais. Mennucci acreditava que posto em prática o ruralismo pedagógico poderia alterar o rumo da civilização. Nota-se que as alterações sociais causadas pelo desenvolvimento do meio urbano industrial, em exclusão do campo, representavam para Mennucci um caminho em descompasso com a realidade brasileira eminentemente agrícola.; O educador, como defensor do ideal *ruralista*, apontava que a luta pela educação era uma luta contra essas forças desestabilizadoras do meio rural.

A partir desse artigo, o ruralismo pedagógico ganha força no interior da Revista. Nota-se, contudo, que Mennucci não foi o único a escrever sobre educação rural; diversos outros autores defenderam, nas páginas do periódico, posicionamento similar, como é o caso de João Hermenegildo que no artigo *A Agricultura e as Caracteristicas de Escola Rural*, afirmava: "o Brasil tem por destino ser um país agrícola; toda ação política tendente a desviá-lo desse destino é um crime contra a natureza e contra os interesses humanos" (PROFESSOR, out/nov. 1934g, p. 23) e argumentava também que "é na agricultura que se encontram todos os meios de que necessitamos para nossa completa emancipação econômica" (*idem*). Hermenegildo assume, em seu artigo, uma postura semelhante à de Mennucci, assegurando que o desenvolvimento social pelo viés da educação rural era o único caminho seguro. Em algumas ocasiões, essa semelhança tornava-se uma forma de propagandear o próprio Mennucci, por exemplo, no artigo *A Crise Brasileira de Educação* de A. Ervêu

Bettarelo (PROFESSOR, 1934d, p. 17-20). O texto tem o título homônimo ao livro do educador paulista e seu conteúdo é um claro posicionamento favorável às propostas de Mennucci.

Wamberto Dias da Costa, então Inspetor Federal do Ensino, escreveu o artigo *Pela Ruralização do Ensino no Brasil*, no qual se remetia a uma palestra ministrada por Mennucci. Dizia que

> Guardamos muito vivas, ainda, na concha dos ouvidos, as palavras da conferência que, na Escola Normal de São Carlos, pronunciou o erudito professor Sud Mennucci; o tema que a motivou é de tal relevância, que despertou em nós o desejo de secundar-lhe a ideia e as expressões precisas, divulgando-os para outras estancias, a trilhar embora idênticos caminhos, animado de iguais propósitos (PROFESSOR, 1936a, p. 15).

Utilizando dos argumentos favoráveis às propostas ruralistas para educação, ressaltava os traços socioculturais singulares da cultura agrícola no Brasil. Wamberto Dias da Costa afirmava, também, que

> considerando-se preliminarmente que havemos de ser por muito tempo ainda um país *exclusivamente agrícola*, por isso nos parece descabido entre nós uma diretriz industrial, posto que nos falte a matéria prima, base essencial das indústrias, é lógico devemos olhar carinhosamente para terra que nos há de tornar grandes, se grandes souberem tornar nossos governadores (PROFESSOR, 1936a, p. 15, grifo do autor).

Wamberto Dias da Costa apontava, dessa maneira, um anseio de que os governantes assumissem uma postura em defesa do campo.

Além desses artigos de autoria de Mennucci ou de seus pares, também era notável a presença de alguns textos sem assinaturas, como se fossem escritos pelo editorial do periódico, nesse caso reforça-se ainda mais a influência de Mennucci — então diretor da Revista — dentro da organização dos artigos. Por exemplo, na décima Revista há um artigo sem assinatura sobre a fundação da Escola Normal Rural na cidade de Feira de Santana, Bahia. A Escola Normal Rural era um projeto defendido por Mennucci, e no corpo do texto observam-se referências indiretas ao educador como sendo o idealizador dessa formulação. Segundo o artigo,

> há muita gente que não quer render-se à evidencia, mas a verdade é que o grito de alarme pela ruralização do ensino, grito que, como o Ipiranga, partiu de São Paulo, está encontrando ecos em todos os outros Estados da República (PROFESSOR . 1935c, p. 11).

Mennucci era paulista e o texto faz uso de algumas analogias apontando para ele como o mentor dessa ideia. Nessa condição de um discurso indireto, Mennucci foi sendo reverenciado em quase todas as edições. Por vezes com uma breve citação de suas obras, outras, com uma defesa política, além, claro, dos constantes anúncios publicitários dos seus próprios livros. Tal fato é evidenciado no texto de Nomeia Saraiva de Mattos Cruz, diretora do Grupo Escolar do Butantã de São Paulo, que escreveu para a Revista se posicionando favoravelmente às concepções educacionais análogas às do educador paulista. Cruz diz que, se produzir uma educação voltada para o meio rural, o camponês

> terá iniciativa, amará a vida, gozará de alegria porque gozará de saúde. Fará valer melhor seu esforço. O seu trabalho será mais inteligente, mais constante e mais produtivo. Ganhará mais. No seu lar humilde haverá mais fartura e mais higiene. Saberá do valor a escola, acatará os conselhos do médico. Compreenderá o que é Pátria e incorporar-se-á a comunhão nacional (PROFESSOR, 1934c, p. 20).

Nessas condições, a Revista figurou como um dos principais veículos de disseminação das concepções *ruralistas* de Mennucci. Houve uma estratégia para que seu nome ganhasse preponderância como sujeito mentor das propostas. Além do mais, quando assumiu a direção da instrução pública de São Paulo, suas intenções foram sempre direcionadas à implementação de uma educação rural (MONARCHA, 2007).

A *REVISTA DA PRODUÇÃO* E O CASO MINEIRO

A criação da Fazenda-Escola de Florestal está inserida num conjunto de ações empreendidas pelo governo de Benedito Valadares, e de seu Secretário de Agricultura, Israel Pinheiro, que buscavam equilibrar as demandas pela produção e por uma racionalização e modernização do setor agropecuário.[8] Ademais das outras medidas,

[8] Tais ações seriam realizadas por meio de "fábricas-escola e de fazendas-escola; campos de cooperação; distribuição de sementes, máquinas, adubos, inseticidas e fungicidas, difusão de conhecimentos pela imprensa,

a instituição criada em Florestal parecia guardar, a partir de seu projeto de criação e dos discursos, a intencionalidade de ser uma referência, um centro aglutinador que sintetizasse as outras ações, desse apoio às propostas desenvolvidas, imprimindo uma abordagem e um método diferente do que já teria sido realizada em Minas. Essa experiência é retratada com zelo pela *Revista da Produção.*

Tal periódico foi a porta-voz da Secretaria da Agricultura, Indústria, Comércio e Trabalho de Minas Gerais. Ela era subordinada diretamente ao Secretário de Agricultura do estado, Israel Pinheiro, e ao interventor federal em Minas Gerais, Benedito Valadares, e expunha um apoio mineiro à política centralizadora e intervencionista do Estado Novo. Circulou entre os anos de 1937 a 1942, e tinha um público heterogêneo, coerente com a atuação da agência governamental. Intentava dialogar com diversos setores produtivos de Minas Gerais, destacadamente aqueles voltados para as atividades agropecuárias, e pode ser inscrita como parte dos investimentos do projeto de desenvolvimento do Estado de Minas Gerais. Compreendemos o discurso presente no periódico *Revista da Produção* a partir de suas "especificidades, ou seja, inscrito em seus lugares (e meios) de produção e suas condições de possibilidades". Em espaços estratégicos do periódico, as propagandas são recursos recorrentes utilizados e que dão indícios da sua linguagem e de seu perfil. Elas remetem a qual tipo de modernização a Secretaria entendia como necessária para as mudanças no setor agropecuário. Nelas delimita-se uma modernização concebida a partir da integração da atividade rural aos demais setores da economia, passando pela formação profissional — formal e informal — da população daquele meio. Como instrumentos viabilizadores apontam o acesso ao crédito agrícola, a ampliação da comunicação, as exposições agropecuárias e as intervenções da Fazenda-Escola. Parte dos textos não é assinada e informa sobre as expectativas da Secretaria da Agricultura, Indústria, Comércio e Trabalho de Minas Gerais. O editorial registra o que encontramos, recorrentemente, ao longo da Revista: o destaque ao pioneirismo da proposta que move a criação da instituição e sua adequação às necessidades diagnosticadas quanto à agropecuária mineira. Especificamente quanto à educação rural destaca:

> [...] a Fazenda-Escola de Florestal afasta-se de tudo o que temos realizado em questão de ensino técnico-profissional e agrícola, pois visa antes e acima de

---

rádio, das exposições e das preleções dos técnicos aos produtores [...]" (*REVISTA DA PRODUÇÃO*, 1941, p. 18).

> tudo a reforma dos nossos hábitos de trabalho rural, a modificação do ambiente das fazendas, a formação de uma mentalidade que, sendo expressão das características geniais do povo montanhês, apura a robustez, o amor a terra, e se opõe como poderoso dique à atração dos centros urbanos sobre as populações do campo. (*REVISTA DA PRODUÇÃO*, 1939, p. 7).

Podemos observar no editorial a justificativa para a adoção de um determinado ensino, e perfil do público a ser atendido, diferenciando-o dos outros tipos e níveis de ensino. Nesse momento, a distinção da instituição é posta e os objetivos momentâneos da sua atuação são delineados a partir da explicitação do perfil pretendido para o educando:

> [...] difere inteiramente do que frequenta escolas de agronomia e veterinária. [...] Não forma profissionais para o futuro, atua no presente e para o presente tendo em vista objetivos imediatos ajustados as necessidades do momento. Não busca tanto ensinar como educar. Por isso o meio de ação mais poderoso são os fatos, é a sugestão dominadora do exemplo. (*REVISTA DA PRODUÇÃO*, 1939, p. 7).

A perspectiva da ação exposta acima é um dos pontos estratégicos da proposta de atuação da Fazenda-Escola, reforçada nos discursos selecionados pela revista. Tal estratégia volta-se para outro foco: os fazendeiros. Nesse sentido, os objetivos pedagógicos de um ensino formal são flexibilizados: a presença de um hotel para os fazendeiros direciona-se para a tentativa de alcançar tal público:

> [...] fazendeiro habituado a determinada prática rotineira não vai ouvir aos professores da Fazenda que o seu trabalho é defeituoso ou anacrônico. A Fazenda solicita-lhe a observação pessoal, oferece-lhe o melhor ensejo de confrontar o seu método com o que a técnica recomenda. E o fazendeiro faz, ou vê fazer, a experiência concludente. (*REVISTA DA PRODUÇÃO*, 1939, p. 1).

Nos discursos do presidente Getúlio Vargas e do interventor do Estado, Benedito Valadares, registram-se concepções que diferenciariam a atuação da Fazenda-Escola de Florestal como instituição de ensino. O primeiro ponto é a atuação voltada para aquele que lida diária e diretamente com a terra — o trabalhador rural

—, objetivando *racionalizar* o trato da mesma a partir do emprego de técnicas tidas como modernas. Para Vargas,

> A Fazenda inaugurada é uma sementeira [...] como estímulo à produção. Neste instituto especializado se reúnem, na mesma escola de trabalho, o filho do proletariado rural e o filho do mais abastado fazendeiro na aprendizagem comum da cultura da terra tão amorável e dadivosa para quantos se devotam ao seu labor fecunda. (*REVISTA DA PRODUÇÃO*, 1939, p. 10).

Consideramos como o segundo eixo diferencial de atuação a pretensão de que a Fazenda-Escola seja referência e modelo para os fazendeiros de todas as regiões do Estado, o que está expresso no projeto da instituição, nos discursos de Vargas e de Valadares, e nos artigos da Revista em geral. A incorporação do Hotel dos Fazendeiros à referida instituição aponta para tanto: eles poderiam ir pelas estradas de ferro e ficariam hospedados por até oito dias, tudo por conta do Estado, e acompanhariam as atividades da Fazenda-Escola:

> [...] há ainda de acentuar uma inovação profundamente simpática e de alta significação social e administrativa: é a hospedagem com que o Governo do Estado acolhe os lavradores de todos os recantos de Minas Gerais. [...] A Fazenda-Escola de Florestal é um centro de sociabilidade dos fazendeiros de Minas, que, no Hotel da Fazenda, estarão permanentemente em contato uns com os outros e em contato íntimo com o governo, estreitando as relações de classe e as relações entre os governantes e os homens de classe e as relações entre os governantes e os homens de trabalho. (*REVISTA DA PRODUÇÃO*, 1939, p 10).

O foco em cursos rápidos e práticos para trabalhadores e capatazes encaminhados pelos fazendeiros não exigia escolaridade e nem limite de idade. Isto é posto como prioritário pela Revista. No entanto, há registro, no Regimento da instituição, ainda que não presente nos discursos, de outra modalidade de ensino, configurada como curso prático e teórico, com duração de um ano, voltado para filhos de fazendeiros (sendo exigido desses o prévio registro na Secretaria de Agricultura). O ingresso seria por meio de processo seletivo, com provas de conhecimentos (português, aritmética e noções de ciências naturais), voltado para o exercício da administração de fazendas. Consideramos que o projeto da Fazenda-Escola, inserido numa dinâmica específica e conjuntural do início da ditadura estado-novista de Vargas, articulava-se com o ideário de modernização do campo e da mentalidade do homem rural esboçado em Minas Gerais, no período tratado. Tomava-se o foco na educação agrícola prática e em processos de aprendizagem diferenciados para atingir um leque mais extenso de um público diferenciado. Observamos que a intencionalidade do desenvolvimento econômico pautado nas investidas do governo mineiro típicas do momento político está expressa em parte do discurso.

CONSIDERAÇÕES FINAIS

Ainda que tecendo considerações de análises realizadas com subsídios obtidos a partir de exercícios de pesquisas que buscam afinar diálogos no campo de estudo, consideramos algumas impressões que nos mobilizaram. Podemos apontar que o discurso *ruralista* buscava defender, dentro de um campo de forças, projetos de educação que estavam intimamente sintonizados com projetos de nação e que, para isso, mobilizou um repertório de ações — por vezes paradoxais —, agentes e agências. Identificamos nas ações do caso paulista, pela figura do Sud Mennucci, e no caso mineiro, pela criação de uma instituição modelar, a materialização de um campo discursivo e ideológico. Ao mesmo tempo que a vocação eminentemente agrícola — pautada na ideia do rural como espaço solidário, essencial e salvador — é invocada como argumento de base, eixo de estruturação econômica e social, que se contrapõem radicalmente às investidas de projetos eminentemente industriais e urbanos, vemos também o diagnóstico do rural como a causa imediata do atraso moral, técnico e econômico do Brasil, lugar de barbárie, que se deveria civilizar, modernizar via instrução. Percebemos, apesar das polaridades (típicas como estratégias de demarcação no campo de forças), momentos de circularidade e de negociações. Apesar do tom, por vezes autoritário, as idealizações, práticas e representações do rural, expressas no discurso *ruralista*, assentavam-se em condicionantes mais gerais do que no processo de industrialização e de *tecnoburocracia* do político.[9] Essa proposta política expressa no começo do século XX, de raízes autoritárias, nacionalista e rural é representante de uma expressão cultural e social que deixou rastros no Brasil. Nota-se, tal como apontado por Luiz Bezerra Neto (2003), certa continuidade de determinados

[9] Ver mais sobre o emprego do termo em DULCI, 1999.

ideias presente nos sujeitos e projetos daquele período com os projetos educacionais ruralistas atuais.[10] Essa esperança de que sairá da terra, da agricultura, do plantio a solução mais equânime que o Brasil tanto necessita é produto de uma determinada visão política historicamente construída. O certo é que, para pensarmos nas relações entre História da Educação Rural com as recentes discussões sobre a sustentabilidade ambiental e consolidação de movimentos sociais, é imperativo estarmos atentos às considerações postas por Faria Filho (2004), sobre o

> [...] lugar ocupado pelos historiadores da educação, bem como sobre as respostas teóricas e políticas que temos dado às demandas do presente. Talvez esteja na hora de refletirmos sobre este novo lugar e sobre as nossas respostas às exigências do presente sob pena de estarmos alimentando perspectivas teóricas e políticas que, no campo da historiografia, estaríamos combatendo. (FARIA FILHO *et al.*, 2004, p. 155)

Pensarmos e problematizarmos a História da Educação nesse sentido, no caso específico a educação voltada para o rural, é tornar o diálogo atual mais crítico e fecundo.

FONTES

PROFESSOR, Revista do. São Paulo, ano I, n. 1, mar. 1934a.

PROFESSOR, Revista do. São Paulo, ano I, n. 2, abr. 1934b.

[10] Nota-se, por exemplo, as propostas pedagógicas desenvolvidas pelo Movimento dos Sem-Terra (MST) ou mesmo em cursos de formação para professores do campo desenvolvido na Faculdade de Educação da UFMG, com o programa LECAMPO.

PROFESSOR, Revista do. São Paulo, ano I, n. 3, maio 1934c.

PROFESSOR, Revista do. São Paulo, ano I, n. 4, jun./jul. 1934d.

PROFESSOR, Revista do. São Paulo, ano I, n. 5, ago. 1934e.

PROFESSOR, Revista do. São Paulo, ano I, n. 6, ago. 1934f.

PROFESSOR, Revista do. São Paulo, ano I, n. 7, out./nov. 1934g.

PROFESSOR, Revista do. São Paulo, ano II, n. 8, dez./jan. 1935a.

PROFESSOR, Revista do. São Paulo, ano II, n. 9, fev. 1935b.

PROFESSOR, Revista do. São Paulo, ano II, n. 10, mar./abr. 1935c.

PROFESSOR, Revista do. São Paulo, ano II, n. 11, maio 1935d.

PROFESSOR, Revista do. São Paulo, ano II, n. 12, jun./jul. 1935e.

PROFESSOR, Revista do. São Paulo, ano II, n. 13, set. 1935f.

PROFESSOR, Revista do. São Paulo, ano III, n. 14, abr. 1936a.

PROFESSOR, Revista do. São Paulo, ano III, n. 15, jul. 1936b.

PROFESSOR, Revista do. São Paulo, ano III, n. 16, set. 1936c.

PROFESSOR, Revista do. São Paulo, ano III, n. 17, nov. 1936d.

PROFESSOR, Revista do. São Paulo, ano IV, n. 18, mar. 1937a.

PROFESSOR, Revista do. São Paulo, ano IV, n. 19, maio 1937b.

PROFESSOR, Revista do. São Paulo, ano IV, n. 20, jul. 1937c.

PROFESSOR, Revista do. São Paulo, ano IV, n. 21, out. 1937d.

PROFESSOR, Revista do. São Paulo, ano VI, n. 22, nov. 1939.

REVISTA DA PRODUÇÃO. Belo Horizonte, 1939.

REVISTA DA PRODUÇÃO. Belo Horizonte, 1941.

Referências

ÁVILA, Virgínia Pereira da Silva de. *História do ensino primário rural em São Paulo e Santa Catarina (1921-1952)*: uma abordagem comparada. Tese. Araraquara, 2013.

BEZERRA NETO, Luiz. Avanços e retrocessos na educação rural no Brasil. Tese – Faculdade de Educação, Universidade Estadual de Campinas, Campinas, 2003.

BURKE, Peter (Org.). *A escrita da História*: novas perspectivas. São Paulo: UNESP, 1992.

CARVALHO, Marcus Vinícius Corrêa. Moderno, modernidade, modernização: polissemias e pregnâncias. In: *Moderno, modernidade, modernização: a educação nos projetos de Brasil* - séculos XIX e XX. GIL, N.; ZICA, M. da; FARIA FILHO, L. (Org.). Belo Horizonte: Mazza, 2012. p. 13-34.

CATANI, D. B.; VICENTINI, P. P.; LUGLI, R. S. G. A profissionalização e as práticas de organização dos professores: estudos a partir da imprensa periódica educacional. In: CATANI, D. B.; BASTOS M. H. C. *Educação em Revista*: a imprensa periódica e a história da educação. São Paulo: Escrituras, 1997.

CHARTIER, Roger. O mundo como representação. *Estudos Avançados* [*on-line*], v. 5, n. 11, p. 173-191, 1991.

DUTRA, Eliana de Freitas. História e culturas políticas – definições, usos, genealogias. *Varia História*, Belo Horizonte, v. 28, p. 13-28, 2003.

DULCI, Otávio S. *Política e recuperação econômica em Minas Gerais*. Belo Horizonte: Ed. UFMG, 1999.

FARIA FILHO, Luciano Mendes de *et al.* A cultura escolar como categoria de análise e como campo de investigação na história da educação brasileira. *Educação e Pesquisa*, São Paulo, v. 30, n. 1, p. 139-159, 2004.

FARIA FILHO, L. M., VIDAL, Diana G. A historiografia da educação no Brasil: uma aproximação histórica (1880-1970). *Revista de Educação*, São Paulo, v. XII, n. 45, p. 103-122, 2004.

GATTI JUNIOR, Décio. Percurso histórico e desafios da disciplina História da Educação no Brasil. In: JUNIOR GATTI, Décio; PINTASSILGO, Joaquim (Org.). *Percursos e desafios da pesquisa e do ensino de História da Educação*. Uberlândia: EDUFU, 2007.

LOPES, Eliane Marta Teixeira; GALVÃO, A. M. O. *História da Educação*. Rio de Janeiro: DP&A, 2001.

MENDONÇA, Sônia Regina. *O ruralismo brasileiro*. São Paulo: HUCITEC, 1997.

MENDONÇA, Sônia Regina. Estado e ensino agrícola no Brasil: da dimensão escolar ao extensionismo – assistencialismo (1930-1950). In: CONGRESSO LATINO-AMERICANO DE SOCIOLOGIA RURAL, 7., Quito, Equador, 2006.

MENNUCCI, Sud. *A ruralização*. Imprensa Oficial do Estado de São Paulo, 1944.

MONARCHA, Carlos. Cânon da reflexão ruralista no Brasil: Sud Mennucci. In: WERLE, Flávia Obino Corrêa (Org.). *Educação rural em perspectiva internacional*: instituições, práticas e formação do professor. Ijuí: Unijuí, 2007. p. 19-54.

MOTTA, R. P. S. Em guarda contra o perigo vermelho: o anticomunismo no Brasil. São Paulo: Perspectiva/FAPESP, 2002.

MOTTA, R. P. S. Desafios e possibilidades na apropriação de cultura política pela historiografia. In: MOTTA, R. P. S (Org.). *Culturas políticas na História*: novos estudos. Belo Horizonte: Argvmentvm, 2009. p. 13-37.

OLIVEIRA, Milton Ramon P. de; ALVES, Bruno Geraldo; GARCIA, Angela Maria. *Missões rurais de educação e o projeto de modernização do campo*. In: CONGRESSO EM DESENVOLVIMENTO SOCIAL, E SEMINÁRIO NORTE-MINEIRO DE ENSINO E PESQUISA EM HISTÓRIA DA EDUCAÇÃO. *Anais*... Montes Claros, 2008.

TABORDA DE OLIVEIRA, Marcus Aurélio. O lugar do intelectual: a experiência do intelectual Rocha Pombo no processo de constituição de uma longa tradição seletiva. In: HANDAN, Juliana *et al.* (Org.). *Moderno, modernidade e modernização*: a educação nos projetos de Brasil – séculos XIX e XX. Belo Horizonte: Mazza, 2014. p. 37-64.

SIRINELLI, Jean François. Os intelectuais. In: RÉMOND, René. *Por uma história política*. 2. ed. Rio de Janeiro: Ed. FGV, 2003.

VICENTINI, Paula O. *Um estudo sobre o CPP (Centro do Professorado Paulista) e o movimento de organização dos professores (1964-1990)*. Dissertação – Faculdade de Educação, USP, São Paulo, 1997.

A formação do trabalhador no jornal *O Operário*, de Montes Claros (1932-1945): a produção de novas sensibilidades "sem classes"

Caroline Maria Ferreira Drummond
Marcus Aurelio Taborda de Oliveira

Nos marcos do projeto de investigação que temos conduzido, duas dimensões se entrelaçam: a perspectiva de formação dos trabalhadores ao longo da história brasileira e a imprensa periódica como meio privilegiado de divulgação de estratégias para a sua consecução.[1] Certamente essas dimensões se imbricam com as retóricas de modernização difundidas pela intelectualidade brasileira se consideramos que uma parte significativa daquelas retóricas, no período aqui demarcado, ajudou a fundamentar "projetos de nação" que elidiriam o conflito como um fundamento básico nas sociedades modernas.

No texto que segue, exploramos algumas das ponderações sobre o que é *ser trabalhador*, localizadas no *Jornal O Operário*, de Montes Claros, Minas Gerais, focando um período de grande importância para o desenvolvimento de uma nova sensibilidade urbana, nacional e laboral. O entendimento aqui adotado de *nova sensibilidade* nos leva a sustentar que naquele período o trabalho industrial de

---

[1] Este trabalho é parte dos resultados do projeto *A educação dos sentidos na história: o tempo livre como possibilidade de formação (entre os anos finais do séc. XIX e os anos iniciais do séc. XXI)*, desenvolvido na Universidade Federal de Minas Gerais, com financiamento do CNPq e da Fapemig. O projeto, por sua vez, está articulado com as atividades do Projeto Moderno, modernidade, modernização: a educação nos projetos de Brasil – séc. XIX e XX, coordenado pelo Prof. Luciano Mendes de Faria Filho. Uma versão resumida foi apresentada no Congresso Mineiro de Ensino e Pesquisa em História da Educação, em Mariana, no ano de 2013.

caráter moderno acompanhava amplas retóricas de modernização e moralização dos costumes, sendo os trabalhadores um dos alvos privilegiados tanto dos capitalistas que se organizavam, quanto do Estado, sob a égide de Getúlio Dorneles Vargas e sua perspectiva política paternalista. Logo, eram lançadas as bases do que se desejaria de um novo trabalhador, ordeiro, produtivo, dinâmico e passivo, unido com os demais trabalhadores em torno de ideais comuns. Neste trabalho, pressupomos um conjunto de retóricas que almejavam formar um novo trabalhador, de sensibilidade acorde aos ventos de modernização autoritária que assolava o país. Tratar-se-ia, pois, da busca de produção de um homem-novo coetâneo com a afirmação do capitalismo brasileiro em consonância com a reestruturação do Estado e da economia capitalistas no plano mundial.

Primeiro aspecto que julgamos importante destacar é que aquela década de 1930, no Brasil, foi marcada pela introdução de uma política de massas que resultou na constituição de uma nova cultura política (CAPELATO, 2009). A crise do liberalismo após a Primeira Guerra provocou, em muitos países, a revisão do papel do Estado e de sua relação com a sociedade. A resolução da questão social começa a se apoiar na harmonização da sociedade e na eliminação dos focos de tensão, alterando-se os mecanismos de dominação social a partir do controle dos anseios das massas trabalhadoras. Assim, a política de massas e o trabalhismo foram implantados no Brasil nas décadas de 1930 e 1940 em oposição ao "liberalismo decadente" do período anterior, com a intenção de inserir o país de forma harmônica e isenta de conflitos no sistema capitalista internacional. De maneira geral:

> A crítica ao sistema liberal-democrático, tido como artificial e perigoso; a necessidade da substituição da ordem política liberal por outra de natureza corporativa e autoritária; a compreensão paternalista e autoritária do conflito social. A restauração de valores afirmativos de autoridade, hierarquia, ordem e obediência em detrimento da noção de igualdade e de liberdade; a hipertrofia do aparelho do Estado e sobretudo do Poder Executivo; a demanda por uma certa intervenção do Estado na economia; a reivindicação da independência econômica da nação. Todos esses elementos compunham o arcabouço do discurso antiliberal. (CAPELATO, 2009, p. 145)

As reformas realizadas no Estado, e que atingiram seu ápice durante o Estado Novo, ainda que anunciadas desde os primeiros anos do Governo Provisório, foram justificadas como necessárias para a resolução dos problemas que impediam o alcance do progresso. O progresso que, por sua vez, era representado pela transformação de uma sociedade agrária e rural em uma industrializada e unificada significava modernização: "remodelar o Brasil por meio da industrialização implicava a organização de uma força de trabalho disciplinada e de mecanismos de controle social para assegurar a ordem" (CAPELATO, 2009). Uma das principais preocupações do varguismo, portanto, foi a construção da imagem do trabalhador brasileiro e de uma identidade nacional, exaltando o trabalho, a disciplina, a ordem e a união, aspectos que consideramos como a tentativa de constituição de uma nova sensibilidade, sustentáculo de um discurso de forte apelo nacionalista.

A legitimação desse governo e a propagação de sua ideologia foram realizadas principalmente por meio da propaganda, dos meios de comunicação (periódicos, rádio), da educação (cartilhas, livros didáticos) e da produção cultural (cinema, teatro, literatura), que exerceram considerável influência sobre as massas. Essa influência se deu mediante a tentativa de inculcação de uma ideologia que, constantemente, produzia a repetição e exposição de imagens, símbolos e mitos que focavam um projeto nacional pela via da realização de um sem-número de rituais.

Desse modo, a propaganda, sistemática e agressiva, cujo principal órgão estatal de controle era o Departamento de Imprensa e Propaganda (DIP), disseminada pelos mais diversos meios de comunicação, foi essencial para a reprodução do projeto ideológico do governo. Assim, elementos que tocam os sentidos e as sensibilidades eram utilizados como modo de seduzir as massas e promover sentimentos de unidade e identidade, exaltando-se principalmente a coletividade e o espírito industrioso. Como aponta Alcir Lenharo, a propaganda tinha a intenção de "espalhar [uma] carga emotiva e sensorial", atuando sobre corpos e mentes dos trabalhadores brasileiros (LENHARO, 1986, p. 16).

Vale ressaltar que, apesar de essas características terem culminado principalmente no Estado Novo, elas não surgiram exclusivamente após 1937, ou seja, o imaginário político dos anos 30 já estava permeado por ideias coletivistas e autoritárias. Percebe-se, então, que esse contexto mostra-se propício para uma incursão pela educação das sensibilidades, consideradas necessária para a edificação de uma nova cultura política e econômica (LUCA, 1999).

A construção da figura de um tipo de trabalhador e a educação para o trabalho eram algumas das preocupações centrais do período e implicavam uma alteração na maneira como os indivíduos comportar-se-iam, pensariam e relacionar-se-iam com o ambiente de trabalho, indo muito além do simples desenvolvimento de um *ethos* do trabalho. Note-se, apenas a título de exemplificação, como no período são desenvolvidas iniciativas tais como as Leis Orgânicas do Ensino, que dão outro sentido à relação entre educação e trabalho, no Brasil; a criação do sistema "S", fruto de uma associação entre o patronato e o Estado brasileiros, que muito atuou sobre a formação dos trabalhadores, a criação do Serviço de Recreação Operária, que se responsabilizaria pelo desenvolvimento de práticas de recuperação da força de trabalho, além de outras iniciativas que atestam a força das políticas de Estado na tentativa de conformar um novo trabalhador brasileiro.

A política de massas, que estava intimamente ligada ao corporativismo e ao trabalhismo, introduz uma mudança no papel do trabalhador perante a política, a economia e a sociedade em geral, manifestando-se até mesmo no cancioneiro popular brasileiro, como atesta *O bonde de São Januário*. O samba de Wilson Batista e Ataulfo Alves, de 1940, chegaria a ganhar uma segunda versão, uma vez que os autores teriam sido interpelados pela censura:

> Quem trabalha é que tem razão
> Eu digo e não tenho medo de errar
> **O bonde de São Januário**
> **Leva mais um operário**
>
> **Sou eu que vou trabalhar...**
>
> Antigamente eu não tinha juízo
> Mas resolvi garantir o meu futuro
> Vejam vocês:
>
> Sou feliz e vivo muito bem
> **A boemia não dá camisa a ninguém**
> É, digo bem!
> Quem trabalha é que tem razão
> Eu digo e não tenho medo de errar
> **O bonde de São Januário**
> **Leva mais um sócio otário**
>
> **Só eu não vou trabalhar...**

Antigamente eu não tinha juízo
Mas resolvi garantir o meu futuro
Vejam vocês:

Sou feliz e vivo muito bem
A boemia não dá camisa a ninguém
É, digo bem!

Sendo o samba um dos gêneros no qual a apologia da preguiça e da malandragem mais se fez presente no imaginário brasileiro, não é de estranhar que fosse tão combatido pelo famigerado DIP e pelos censores em geral. Mesmo levando em consideração a ambiguidade das realizações culturais no âmbito do Estado — basta observar como inúmeros jornalistas e escritores fizeram suas carreiras nas letras brasileiras a partir das benesses do Estado autoritário (WERNECK, 2012) — algumas formas culturais deveriam necessariamente se adaptar às premissas políticas do período, sem o que seriam contestadas, impedidas e até mesmo perseguidas (CARNEIRO, 1997).

Além disso, para o controle e a orientação das massas eram utilizados símbolos que indicavam a realização da utopia de uma nação irmanada, procurando gerar sentimentos de adesão, união e identidade, assim como reprimir sentimentos de rebeldia, contestação e paixões políticas descontroladas (BITTENCOURT, 1990). A questão das sensibilidades, então, segundo nosso entendimento, esteve fortemente presente no período do primeiro governo de Getúlio Vargas (1930-1945), revestindo-se de um forte apelo de construção de uma nova moralidade na qual o indivíduo cedia espaço para a massa, e o trabalho pontificava como valor supremo, absoluto.

Como estavam expressas, porém, entre as corporações e organizações trabalhistas, as questões da formação do trabalhador e da educação das sensibilidades? Na historiografia brasileira muito se tem produzido sobre a cultura e a organização dos trabalhadores. No entanto, pouca atenção tem-se dado à sua educação. Este texto pretende tratar dessas questões tomando como foco a análise do jornal *O Operário* de Montes Claros, Minas Gerais, evidenciando convergências e divergências entre o modelo de trabalhador proposto pelo poder oficial, de caráter nacional, e o proposto por um jornal local, longe dos grandes centros de afirmação do trabalhismo e da industrialização brasileiras. Nosso propósito foi averiguar como o tema da formação dos trabalhadores, com o foco na educação das sensibilidades, aparece naquela publicação. Entende-se, pois, o jornal como veículo privilegiado para a tentativa de desenvolvimento de uma nova moralidade.

O OPERÁRIO E A "UNIÃO OPERÁRIA E PATRIÓTICA DE MONTES CLAROS"

O Operário foi uma publicação trimensal da *União Operária e Patriótica de Montes Claros* que tinha Miguel Braga, como diretor-gerente, e Athos Braga, como redator, à sua frente. Era definido como órgão de propaganda da associação operária mencionada, defensor da paz, da justiça e do direito. Circulou de 1931 a 1945, sendo que sua publicação foi interrompida em 1941, quando foi fechado pelo DIP. Voltou a circular somente em 1945, nos estertores do Estado Novo, quando foi declarada abertamente sua oposição ao governo de Getúlio Vargas.

Nascida com o nome de União Operária e Patriótica de Montes Claros, em 1933 a entidade que o produzia reorganizar-se-ia, adotando o nome de União Sindicalista de Montes Claros. Os responsáveis pela redação do periódico permaneceram os mesmos. Apesar de declarar não ser órgão oficial da nova associação, possuindo independência na sua orientação política e editorial, o jornal declararia também a sua identificação com os princípios da mesma e continuaria sendo financiado por ela, assim como continuaria publicando atas e notícias referentes à associação. Entende-se aqui, portanto, que o periódico permanece vinculado à associação, expressando, em alguma medida, os seus propósitos, ainda que não o fizesse "oficialmente".

No que se refere à sua produção técnica, *O Operário* era composto normalmente por quatro páginas, algumas poucas edições se estendendo até oito ou doze. Uma média de duas páginas era sempre dedicada à veiculação de propagandas de estabelecimentos comerciais, como alfaiatarias e papelarias, e de profissionais liberais, principalmente clínicos e advogados. Também é comum aparecer no jornal informações de utilidade pública à cidade, como convites para eventos culturais, palestras e leilões, além de uma seção intitulada "Movimento das Sessões da União Operária", constituída por uma ata das últimas reuniões da associação. Sua distribuição não era gratuita, sendo o preço da assinatura anual 10$000, a semestral 6$000 e a trimestral 4$000. As matérias publicadas no periódico, por sua vez, não eram todas de autoria do redator Athos Braga; o jornal publicava também matérias que haviam sido veiculadas em outros periódicos e contava com outros colaboradores.

As maneiras de circulação da publicação, assim como sua tiragem[2] e o seu alcance, porém, permanecem difíceis de serem traçadas, mesmo com as buscas desenvolvidas ao longo de um ano em diferentes bases documentais.

Inicialmente, portanto, o periódico estava vinculado aos interesses da União Operária e Patriótica de Montes Claros, tornando-se essencial traçar e examinar o perfil dos indivíduos que constituíam essa rede de sociabilidade e circulação de ideias. A partir dos itinerários biográficos desses indivíduos — apesar de esse ser um mapeamento incompleto e realizado a partir do registro de memorialistas —, detecta-se que uma quantidade significativa dos membros que exerciam cargos na União e/ou no jornal ocuparam, em diferentes momentos das décadas de 30, 40 e 50, cargos relativos à administração da cidade, e se envolveram na política local, ocupando cargos do poder municipal.

Miguel Braga, fundador do jornal e diretor gerente do mesmo até 1941, exerceu os cargos de Escrivão de Paz e Tabelião de Notas em sua cidade natal, Coração de Jesus (MG), e elegeu-se Juiz de Paz pelo distrito da cidade em Montes Claros. Athos Braga, redator do jornal desde sua fundação até seu fechamento, exerceu as funções de Adjunto de Promotor de Justiça da Comarca de Montes Claros, de 1931 a 1933; foi Vice-Prefeito Municipal de Montes Claros, de 1949 a 1951, tendo exercido o cargo de Prefeito, e Chefe de Gabinete do Prefeito Municipal de Montes Claros, de 1951 a 1953. Álvaro Marcílio, advogado que ocupou diversos dos cargos principais na União Operária, inclusive o de presidente, foi Secretário da Agricultura do Estado de Minas no governo de José Francisco Bias Fortes e Presidente do Diretório Estadual do Partido Trabalhista Brasileiro (PTB).

Os exemplos de colaboradores são diversos, sendo necessário ressaltar João José Alves, médico que foi sócio da União e que em 1932 foi convidado para ser membro da comissão encarregada da reorganização partidária de Minas, juntamente a Antônio Carlos de Andrada, Otacílio Negrão de Lima, Washington Pires, entre outros. Dessa comissão foi originado, em 1933, o Partido Progressista de Minas Gerais, sendo que Athos Braga chegou a declarar n'*O Operário* seu alinhamento com o Partido. Além de ocuparem cargos administrativos, burocráticos e políticos da cidade e do

[2] Sabe-se somente que o periódico possuía agentes-correspondentes em outras cidades do norte de Minas Gerais, possibilitando sua circulação além da cidade de Montes Claros, e que, em abril de 1933, a tiragem do mesmo era de 300 exemplares, por conta dos esforços da sociedade que o abrigava.

Estado, quantidade significativa desses membros também ocupou cargos e colaborou com uma variedade de instituições de caridade, de educação, com a maçonaria, com centros musicais etc. Miguel Braga, por exemplo, foi provedor do Asilo de São Vicente de Paulo da cidade e fundador da União Beneficente e Patriótica; Athos Braga foi orador e Presidente da Loja Maçônica Deus e Liberdade de Montes Claros, e Álvaro Marcílio foi um dos fundadores da subsecção em Montes Claros da Ordem dos Advogados do Brasil, Diretor da Companhia Th. Badin de Minérios, Diretor do Instituto Norte Mineiro de Educação, Presidente da Confederação dos Trabalhadores Teatrais do Brasil, Presidente do Centro Musical do Rio Janeiro e Professor do Instituto Musical de Campinas. Entre os indivíduos que exerciam os tipos de cargos mencionados, encontram-se médicos, advogados e engenheiros, assim como indivíduos que não possuíam educação superior. Nota-se que eram homens que estavam inseridos na ambiência do seu tempo, compartilhando ideias, projetos e ações que circulavam praticamente por todo o território brasileiro. Logo, entendemos que *O Operário* pode ser considerado um exemplo do que se proclamava, prescrevia e fazia em prol da formação do operariado, estando conectado com ideias correntes no Brasil, no período, mesmo sendo um veículo de caráter regional.

Uma parcela significativa dos membros da União desde o seu início era composta por homens que possuíam certa visibilidade e eram ativamente envolvidos na vida política e administrativa da cidade e mesmo do Estado de Minas Gerais, ou seja, figuras que poderiam ser consideradas como vozes autorizadas e funcionar como formadoras de opinião, potencializando o efeito do jornal sobre seus leitores e outros membros da associação. Assim, parte do corpo associado era composta por funcionários públicos e intelectuais, ajudando a conformar o ambiente favorável à constituição de uma cultura política que extrapolava os limites culturais e geográficos do norte de Minas Gerais.

As fontes registram, porém, que também participavam da União pequenos proprietários, como donos de estabelecimentos comerciais. A delimitação mais precisa do perfil dos trabalhadores que participavam da associação, no entanto, só foi possível após a reorganização da União Operária e Patriótica de Montes Claros, que adotou o nome de União Sindicalista de Montes Claros e publicou seu novo estatuto na edição d'*O Operário* de 19 de agosto de 1933. Nesse estatuto, determina-se que a associação fosse composta por três classes de associados: "a dos operários e empregados em geral, a dos lavradores, comerciantes e industriais, a do funcionalismo e intelectuais". A nova associação representativa de uma pluralidade de classes pretendia:

> a) reunir todos aqueles que exerçam a sua atividade como operários, empregados, comerciantes, lavradores, industriais, funcionários diversos e intelectuais;
> b) promover, pelos meios a seu alcance, a melhoria das condições de trabalho, do comércio, da agricultura e do funcionalismo, defendendo os interesses das classes que representa;
> c) amparar, individualmente, os associados nas questões em que forem interessados, relativas ao trabalho, comércio, agricultura, indústria e funcionalismo, auxiliando-os e prestando-lhes, quando necessário, assistência econômica, moral, judiciária e médica;
> d) intervir, por todos os meios, sempre que for necessário, junto aos poderes constituídos para pleitear e defender interesses das classes que representa;
> e) adotar medidas de utilidade e beneficência para os seus associados, de acordo com as possibilidades financeiras da sociedade, elaborando os regulamentos que se tornarem necessários;
> f) incentivar o espírito de classe, com rígida disciplina social de seus associados, desenvolvendo os princípios de solidariedade, interdependência e coletivismo (*O Operário*, n. 90, p. 1, 19 ago. 1933)

Assim, é importante ressaltar que o trabalhador amparado pela sociedade e ao qual se dirigia o jornal *O Operário* não é, necessariamente, o operário fabril, mas sim o trabalhador em geral. Reunia-se, assim, na mesma associação: empregados, proprietários, profissionais liberais e funcionários públicos. De acordo com o discurso da associação, a reunião das diferentes classes de trabalhadores justificava-se pela necessidade de sentimentos de solidariedade e coletividade entre elas e pela necessidade de união das forças trabalhistas para a conquista de direitos. Logo, classe aqui não assume a conotação marxista, não sendo considerada nas páginas do jornal qualquer perspectiva de luta de classes. Classes configuravam frações de um mesmo grupo social, genericamente identificado como *trabalhadores*, fossem públicos ou privados, que deveriam se organizar para, fraternalmente, fazer valer os seus direitos. O ideal em comum de todos esses trabalhadores seria a emancipação, e a Associação, de acordo com Athos Braga, iria "ligar todas as classes n'um único ideal, que será o elo que há de uni-las, transformando-as como que n'uma família única onde todos trabalhem e vivam tranquilos e satisfeitos" (*O Operário*, n. 95, 23 set. 1933).

Essa perspectiva possui aproximações consideráveis com o imaginário da época e com o projeto político-ideológico do varguismo, que apontava para uma sociedade una e sem divisões, remetendo ao que Ângela Castro Gomes (*apud* CAPELATO, 2009) chamou de "representação totalista do trabalho":

> O desafio do Estado Nacional, que deveria enfrentar a questão social não como uma questão operária, mas como um problema de todos os homens e de todas as classes, permite compreender melhor a questão: já que eram considerados trabalhadores todos os que produziam (sem distinção de trabalho manual ou intelectual), optou-se pela representação 'totalista do trabalho (GOMES, citado por CAPELATO, 2009, p. 198)

Nesse caso, o operariado encontrava-se "dissolvido" em meio aos outros trabalhadores, visto que não interessava ao governo a divisão da sociedade em classes, mas sim a união de todos em prol da Pátria e de seu progresso econômico, idealizado na industrialização e na modernização. No discurso oficial, a união de todos por um Brasil melhor também se relacionava ao corporativismo e à ideia de uma "totalidade orgânica", na qual não há espaço para conflitos entre as diferentes partes do "corpo" da nação. Apesar de a união dos trabalhadores no discurso da associação e do redator do jornal remeter ao ideal da emancipação, percebeu-se ao longo da publicação a forte presença também da ideia de Pátria como elo de união dos trabalhadores, os quais eram vistos como fundamentais para o progresso da mesma, dando eco aos discursos oficiais do Estado sobre o engrandecimento do país. Essa questão, porém, será abordada posteriormente.

Um segundo aspecto que deve ser considerado refere-se aos propósitos da Associação. Afirmando que ela iria "intervir [...] junto aos poderes constituídos para pleitear e defender interesses das classes que representa", os representantes dos trabalhadores daquela União Operária necessariamente se imbuíam da condição de intermediadores e porta-vozes de um grupo, apontando para a ideia da atuação desses indivíduos como intelectuais, a partir da conceituação proposta por Edward Said. Said defende que o intelectual é necessariamente um indivíduo com um papel público na sociedade, que é dotado da vocação de articular uma mensagem, um ponto de vista, uma filosofia ou opinião *para* e *por* um público específico. Ele tem a função de levantar questões publicamente e confrontar ideias, representar pessoas e problemas que são esquecidos ou deixados em segundo plano. O intelectual pretenderia alterar mentalidades e agiria com base em princípios universais: "que todos os seres humanos têm direito de contar com padrões de comportamento decentes quanto à liberdade e à justiça da parte dos poderes ou nações do mundo, e que as violações deliberadas desses padrões têm de ser denunciadas e combatidas" (SAID, 2005, p. 26). Relacionando as formulações de Said com a noção de estrutura de sentimentos desenvolvida por Raymond Williams (2003), recusa-se aqui, portanto, o conceito de "intelectual" cunhado por outros estudiosos, como Julien Benda, no qual a figura intelectual encontra-se isolada em uma torre de marfim, distante de problemas práticos, e pertencendo a um grupo minúsculo de "reis-filósofos superdotados e com grande sentido moral, que constituem a consciência da sociedade" (SAID, 2005, p. 20) como se faz perceber no desenvolvimento da história das ideias e dos intelectuais pelo menos desde o século XIX (JAY, 2003; RÉMOND, 2003). De fato, Athos Braga afirma na edição 95 d'*O Operário*:

> A nóvel corporação não se limitará, portanto, a instituir pensões e tratamento médico aos seus associados ou a defendê-los em seus direitos individuais; indo mais longe, ela vai prescrutar o coração de cada um dos seus membros, e da classe que eles representam, para ausentar os seus anceios e para ser o porta-voz de suas aspirações. (*O Operário*, n. 95, p. 1)

A *corporação* e os encarregados pelo jornal a ela vinculados pretendiam, como porta-vozes, obter conquistas para a classe trabalhadora e alterar mentalidades, assumindo uma posição ativa perante a sociedade, atuando, dessa maneira, claramente como intelectuais imbuídos de uma causa, uma missão: valorizar o trabalho pela valorização dos trabalhadores. As fontes também permitem especular que os líderes da Associação e os redatores do jornal colocavam-se como defensores e articuladores de membros que, isolados, não conseguiriam se constituir como força política e social organizada, o que representava uma clara hierarquia dentro da Associação. O que parece é que, apesar da defesa da união das classes de trabalhadores, a "classe" do funcionalismo assumiu um papel de liderança nessa corporação. É importante ressaltar também que essa atuação intelectual está relacionada à visão que os encarregados pelo periódico possuíam em relação à imprensa: "[...] o jornal tanto pode ser benéfico como maléfico. A sua função principal é informar, conduzir, orientar, educar o povo, desviando-o das diretrizes erradas" (*O Operário*, n. 114, p. 5). Como não pensar em uma educação moral, ou em um processo de moralização? Essa perspectiva relaciona-se ao terceiro ponto que queremos ressaltar nas nossas análises: o lugar da educação nas páginas daquele periódico.

Ao estabelecer-se que a corporação iria "incentivar o espírito de classe, com rígida disciplina social de seus associados, desenvolvendo os princípios de solidariedade, interdependência e coletivismo", demonstra-se uma intenção clara de educar o trabalhador, conformando-o a uma perspectiva coletivista e ordeira da sociedade. Essa intenção é reafirmada por Athos Braga, no número 94 d'*O Operário*:

> A sua força primacial consiste em radicar os sentimentos da solidariedade entre os componentes das três classes unidas, não isolando esta daquela para crear uma psicologia unitária, o seio social, mas sim estabelecendo uma outra psicologia totalitária, em que a sociedade se apresente perfeitamente clara com seus liames de interdependência. Nem comunista e nem fascista, a União Sindicalista de Montes Claros procurará o meio termo das aspirações sociais, visando no trato contínuo e dioturno dos diversos interesses das classes unidas, discernir o verdadeiro ideal das classes. (*O Operário*, n. 94, p. 1)

Havia, portanto, um projeto de sociedade em jogo e a educação do trabalhador era essencial para sua concretização. Logo, mesmo que se afirmasse como politicamente neutro, o jornal claramente se opõe a algumas das principais doutrinas políticas em pugna naquele momento no país, como o integralismo e o comunismo. A educação que propugnava passava necessariamente pela dimensão das sensibilidades, a partir do momento em que pretendia alterar as formas como os indivíduos percebiam e se relacionavam com o trabalho e com a sociedade, concebida como amálgama de diferentes grupos — classes — sociais, que necessariamente deveriam viver em concórdia. Logo, para este fim deveriam ser disciplinados. É interessante também observar que os próprios redatores do jornal vinculam frequentemente a educação à questão da sensibilidade, destacando a necessidade de "radicar sentimentos", "criar uma psicologia", passando-se muitas vezes por questões vinculadas à moral. O aperfeiçoamento da moral e da "psiquê humana", por sua vez, estavam diretamente ligados à obtenção do progresso, pela via da educação geral, incluindo a escolar. Além disso, o processo de formação, para esses indivíduos, passava pela orientação de modelos: a personalidade formar-se-ia "à maneira da imagem e dos exemplos dos [...] educadores, pela incorporação das qualidades atraentes dos seus modelos" (*O Operário*, n. 120, p. 1). A formação a partir de modelos, no caso, reforça ainda mais o papel de orientador e educador dos trabalhadores pretendido pelo periódico e pela associação.

A educação do trabalhador brasileiro, como mencionado, também era um dos principais focos do governo de Vargas e da perspectiva autoritária impressa na sociedade daqueles anos. Desse modo, a interdependência proposta pelo corporativismo entre governo e sociedade — expressão do Estado na perspectiva ampliada de Antonio Gramsci — foi utilizada pelo poder oficial para difundir muito dos seus planos de reforma. Percebe-se, portanto, que a terceira via de intervenção proposta pela União Sindicalista de Montes Claros utilizava-se de concepções e discursos similares aos utilizados pelo poder oficial, evidenciando um imaginário comum acerca da política e da sociedade da época. Este *fundo comum* ganha relevo quando recordamos, seguindo o registro de Athos Braga, confirmado ao longo da publicação, que a Associação não estava completamente alinhada ao governo de Getúlio Vargas.

Sendo assim, é essencial compreender o imaginário político brasileiro da década de 1930, o qual os membros da União Sindicalista Montes Claros e realizadores do jornal *O Operário*, sujeitos de sua época, compartilhavam. Eliana Dutra, em *O ardil totalitário*, defende que o período, principalmente a partir de 1935, foi caracterizado por um movimento de fascistização que implicava um "projeto de sociedade com pressupostos totalitários":

> Empresários, integralistas, parlamentares, intelectuais, religiosos estruturam um discurso em torno de temas e imagens portadores de uma finalidade totalitária. Ordem, família, pátria, moral, trabalho, propriedade, autoridade e obediência são temas que confluem para o objetivo da preservação da ordem social, para o saneamento da sociedade, para reforçar os poderes da família, da Igreja, do Estado, da polícia, dos empresários. A moral, os costumes, a disciplina serão o objetivo de normatização e valoração, tendo em vista que fossem depurados o homem e a nação brasileira. (DUTRA, 2012, p. 24)

A partir de incursões pela psicanálise de Lacan, Dutra identifica que o que estava em jogo na época era a construção de uma identidade. No processo de construção dessa identidade de um Povo Uno e indivisível, qualquer referência a divisões dentro do "corpo social", como classes, era indesejável. Criavam-se, então, objetos e imagens comuns a todos:

> Se a pátria é o objeto comum do desejo, o trabalho será o ideal comum, o valor dominante para o qual vão concorrer todas as condutas individuais. O acabamento final desses recalcamentos [...] se dá através da moral. Os valores impostos são para o bem, para a felicidade, para o bem-viver e isso justifica o fim da regulação espontânea, a interdição da paixão, a centralização e uniformização das atitudes sociais. [...] É o monoteísmo dos valores e dos desejos ameaçado a todo momento pelo fantasma do despedaçamento. (DUTRA, 2012, p. 31)

Trata-se, portanto, de um período marcado pela tentativa de desenvolver uma identidade e uma sensibilidade nacionalista, coletivista e ordeira. No entanto, não compartilhamos com a autora que aquele se tratou de um período totalitário da história política brasileira. Entendemos, nos termos de Hanna Arendt (1989), que o totalitarismo é a suspensão de toda a política, e mesmo o Estado Novo só foi possível pela realização da política em uma perspectiva claramente antidemocrática, com a adesão de amplas parcelas da sociedade, dos trabalhadores e, fundamentalmente, dos intelectuais. Se aquele foi um período profundamente autoritário, ainda assim a prática política não foi cancelada.

De qualquer maneira, nessa perspectiva, a pátria deveria ser protegida de possíveis ameaças, como o comunismo. O progresso e a inserção no mundo civilizado, por sua vez, dependeriam da laboriosidade dos trabalhadores, do desenvolvimento econômico e industrial, da obediência, da união, da preservação da moral. Analisemos, então, as relações entre esse imaginário e o posicionamento d'*O Operário* e da União Sindicalista de Montes Claros, a partir do lema da associação: "Deus, União e Trabalho", fórmula consagrada em diferentes retóricas educativas, sobretudo naquelas advindas de intelectuais perfilados com o ideário católico.

DEUS, UNIÃO E TRABALHO

Como já se observou, grande parte do discurso do jornal é voltado para a defesa da união de todas as classes em prol do bem comum, da ordem, do progresso, da pátria e da civilização. O discurso de união também era utilizado como maneira de repudiar agitações e tendências revolucionárias. Na edição 51 do jornal, em 10 de outubro de 1932, lê-se: "Não será com revoluções que o Brasil se levantará do caos em que está. A sua *restauração* depende apenas do patriotismo dos seus filhos que se esforçarem para, com o trabalho e a cultura, elevá-lo, dentro do regime da ordem, da harmonia e da Lei" (*O Operário*, n. 51, p. 1, grifo nosso). A tentativa do jornal de passar uma imagem de uma sociedade sem divisões e exaltar o papel *pacífico* do trabalhador na construção da nação aproxima-se muito da ideologia varguista, ainda em um período de fortes disputas políticas. Em vários discursos, Vargas pedia que se evitassem os conflitos sociais e exaltava o espírito de coletividade e conciliação. "Nesse sentido, afirmava: 'Todos nós marcharemos juntos visando um esforço comum: trabalharemos, sem limites, para a prosperidade e grandeza do Brasil'" (CAPELATO, 2009, p. 147).

Em uma matéria elogiosa à cidade de Montes Claros, no número 255 do jornal, de abril de 1937, afirma-se que essa é: "uma terra de trabalho, acolhedora e boa, onde já não há logar para as competições políticas de antigamente. Toda a população está irmanada no mesmo ideal de progresso" (*O Operário*, n. 255, p. 1). Percebe-se que as boas qualidades de uma terra e de uma população, para o jornal, são as mesmas que Vargas estabelece como positivas em seu discurso oficial, e que o progresso da Pátria justifica o dever do trabalho e da obediência.[3]

Essa união, tanto na perspectiva oficial quanto na do jornal, aparece como a solução para a questão das massas, ou seja, como maneira de contenção e organização das novas forças políticas e sociais que surgiam com o processo de modernização do país. Os discursos também se baseiam em uma perspectiva corporativista da sociedade, na qual todas as partes do corpo social se encontram em estado de interdependência, e apontam para os pressupostos totalitários explorados por Dutra — segundo o nosso entendimento, autoritários. No caso do discurso do jornal, a questão da união ainda estava vinculada ao propósito de sindicalização e de agregação dos trabalhadores da União Sindicalista de Montes Claros. De qualquer maneira, a questão da união relaciona-se com a busca de uma identidade nacional coletiva e gerou uma nova forma de sensibilidade política: "No Brasil [...] dos anos 20-30, as correntes nacionalistas anunciavam o confronto entre o 'eu individual' e o 'eu coletivo'. Com a introdução da política de massas, a propaganda política proclamou [...] a vitória do *nós* sobre o *eu*" (CAPELATO, 2009, p. 263).

Em relação ao trabalhismo, sabe-se que foi um dos traços principais da política varguista, e embasou também o conceito de "cidadão" defendido pelo regime: "O

[3] Para o caso de Montes Claros, a tese de Silva (2012) oferece um quadro bastante preciso das disputas e das acomodações políticas em Montes Claros no período imediatamente anterior ao contemplado neste texto.

cidadão era sinônimo de bom brasileiro e o bom brasileiro era o que trabalhava pela grandeza do Brasil, respeitando a ordem" (CAPELATO, 2009, p. 181). Logo, percebe-se que o trabalhismo não incluía os ociosos entre os cidadãos:

> Os que não trabalhavam, os "ociosos", não tinham direitos; não eram cidadãos, mas inimigos do Brasil, eles provocavam 'dissídios no seio da grande família feliz dos brasileiros'. Eram 'maus brasileiros' e podiam ser punidos pelo pai. O povo trabalhador era entendido como pessoa coletiva, mas o discurso sobre o trabalhismo determinava quem era o povo: o povo era constituído pelos trabalhadores. Os desempregados, os mendigos, os marginais em geral não se integravam nessa pessoa coletiva. O 'pai dos pobres' era o pai dos trabalhadores. (CAPELATO, 2009, p. 185)

A mendicância quando abordada pelo *O Operário* é, assim como no discurso oficial do varguismo, tratada como perigo e ameaça à harmonia da sociedade, ecos das primeiras décadas do século (DE BONI, 1998). Em matéria de João da Rua, no número 57, de dezembro de 1932, afirma-se:

> O que não podemos suportar com boa cara é essa cantilena diária de mendigos em nossas portas, de segunda feira a sábado, sem nos dar tempo de firmarmo-nos o espírito no trabalho. É humano, é cristão e é confortador repartirmos o que temos para comer com os pobres, mas conquanto que para isso se estabeleça um dia certo: ou no sábado ou na segunda feira, para evitar de (*sic*) sermos encomodados momentaneamente em casa e abordados nas ruas por grupos e mais grupos de velhos, cegos, aleijados, doentes de toda a espécie, cobertos de chagas. (*O Operário*, n. 57, p. 1)

Anos depois, em maio de 1934, o periódico comemora a regulamentação da mendicância em Montes Claros por meio do registro dos "verdadeiros" mendigos:

> Chegam-nos diariamente individuos que, pela molestia, ou pela idade, não mais podem prover à sua subsistência e vêm pedir à caridade pública. Nada mais justo e humano do que auxiliarmos aqueles que a sorte atirou à margem, praticando assim um dever de solidariedade humana. Acontece, porém, que, juntamente com os verdadeiros mendigos, e prejudicando-os, proliferam uma legião de vagabundos, cachaceiros, crianças cujos pais deixam-se ficar em casa, atirando-as a pedir de porta em porta, indivíduos

> absolutamente úteis, que vivem abusando da nossa boa fé e do nosso espírito de caridade. (*O Operário*, n. 123, p. 1)

Os "verdadeiros" pedintes, assim, deveriam portar um "talão de matrícula", evitando-se que a população laboriosa e solidária auxiliasse os indivíduos errados. Nesses trechos do jornal é notável a perspectiva de que a presença dos ociosos poderia prejudicar o espírito de laboriosidade, base de uma sociedade próspera, além de reforçar a ideia da formação a partir de modelos: os ociosos, no caso, seriam maus exemplos. Nota-se também a presença de valores católicos na mediação da sociedade, de modo que a moralidade, como mencionado, funcionava como "acabamento final" do ideal do trabalho. Apesar da obrigatoriedade de se seguir os preceitos católicos da solidariedade e da partilha, não se deveria permitir que o avanço dos ociosos corrompesse a sociedade. A distinção entre os verdadeiros e os falsos mendigos, no caso, reforça o dever do trabalho: esse, como dever, só poderia estar ausente em caso de impossibilidade física.

A disseminação do trabalhismo e a educação para o trabalho, por sua vez, não se limitavam às páginas do periódico e ao espaço da associação de trabalhadores, como se percebe nas matérias publicadas acerca das comemorações anuais do Dia do Trabalho, no 1° de maio, promovidas pela corporação — em alguns anos juntamente com a prefeitura. Essas comemorações envolviam a população de Montes Claros, assim como a comunidade escolar da cidade. Na comemoração de 1935, por exemplo, a banda de música "Euterpe Montesclarense" percorreu as ruas da cidade executando canções na noite do dia 30 de abril. No dia seguinte, houve uma missa com participação de moradores da cidade e de alunos do Gymnasio Municipal, da Escola Normal e do Colégio Imaculada Conceição. Os estudantes ainda fizeram uma passeata pela cidade e participaram da Sessão Solene organizada pela Associação em conjunto com a prefeitura. Na sessão, alguns alunos participaram do programa, apresentando discursos, cantos e poesias relacionados à data comemorativa. Embora a presença de escolares nessas festividades denote a relação entre educação escolar e o ideário cívico do trabalho, observe-se que toda a cidade se reveste de uma potência educativa mediante ações que podem ser caracterizadas como um tipo de educação social, bastante enaltecida pelo jornal e pela Associação que o abrigava.

O trabalho, então, seria o princípio básico da sociedade e os trabalhadores deveriam ser unidos, ordenados, patriotas e ter bons princípios morais. A defesa desse modelo, como mencionado, é realizada no periódico basicamente com o auxílio da moral cristã. Os valores católicos funcionavam diversas vezes na publicação como maneiras de justificar e embasar posicionamentos do jornal. Assim, por exemplo, a defesa da liberdade política e da importância do voto, que será abordada posteriormente, é revestida por valores, religiosos em matéria de dezembro de 1932, sobre as eleições para a Assembleia Constituinte, classificando-se a neutralidade política como uma atitude que iria contra os valores católicos. O mundo teria se transformado em um imenso campo de batalha e

> um dos exércitos adotou por dívida o desafio de Lúcifer 'não servirei', e tem por vanguarda o bolchevismo russo. Na retaguarda marcham os sem Deus, os anticlericais, os laicistas de todo o mundo. O outro exército, que obedece à voz do comando do Ancião do Vaticano, arvora o pendão do Arcanjo, em que se lê 'Quem é como Deus?' Não é lícita a neutralidade nessa luta universal. (*O Operário*, n. 57, p. 1)

Embora, aparentemente, esee exórdio fosse dirigido diretamente ao brasileiro católico, exortando-o à sua obrigação de se alistar eleitor e de votar somente em candidatos que se comprometessem a respeitar os direitos de Deus e as tradições católicas do Brasil, ele dá eco a uma ampla campanha iniciada ainda na década de 1920, na qual o comunismo fora definido como o grande inimigo da nação. Assim, a oposição ao comunismo, que se acentua no periódico e na sociedade brasileira de maneira geral a partir de 1935, devido à Intentona Comunista, é realizada no jornal também a partir, principalmente, do discurso religioso. Naquela cantinela o comunismo subverteria a moral, por meio da abolição da família e da negação de Deus e da espiritualidade humana e deveria, portanto, ser reprimido. A moral cristã também reforça a busca por harmonia social e convivência pacífica, fortalecendo-se, assim, a questão da união. Dessa maneira, o discurso católico funcionava como um complemento final aos ideais cívicos da publicação. Apesar de a Associação não seguir o padrão do sindicalismo católico da época, seus membros e os envolvidos no jornal eram majoritariamente cristãos e esse será também um elemento constituinte do modelo perseguido de trabalhador.

O modelo de trabalhador proposto no periódico, porém, não é constituído somente por elementos comuns àquele proposto pelo poder oficial. Apesar de o posicionamento do periódico acerca do governo de Getúlio Vargas oscilar ao longo da publicação, indo desde críticas moderadas entre 1932 e 1934 até críticas duras a partir do Estado Novo em 1937, passando por elogios pontuais entre 1932 e 1937 e votos de confiança em 1935, destaca-se na publicação duas divergências principais em relação à questão do trabalhador e do trabalho.

Primeiramente, o trabalhador proposto pelo *O Operário* não é atrelado ao governo, mas atuaria nos sindicatos de maneira independente e, a partir dessa organização, reivindicaria direitos perante o governo. A colaboração do trabalhador no momento de reorganização da nação seria feita, então, a partir do debate de ideias ocorrido nos sindicatos:

> Encontrareis a vossa base de experiência, não nas pessoas deste ou daqueles políticos, mas sim no terreno concreto do sindicato de ofício, em que se constróe um ambiente de idéas e diretrizes proprias desse ambiente que se encerra rigorosamente no alvéolo da classe. [...] Deveis caminhar da base econômica para a superestrutura política; deveis abandonar a obra dos partidos políticos e a dos chefes. Os sindicatos inteligentes concebem muito bem que a emancipação operária não pode consistir na vitória de um partido no poder, mas há de ser a libertação operaria efetuada pela classe dos interessados fora de toda a tutela política de partidos e intermediários. (*O Operário*, n. 56, p. 1)

O trecho acima, de novembro de 1932, evidencia essa questão da independência da ação e do pensamento dos sindicatos, além de indicar que, na concepção do periódico, existiria um ambiente de ideias próprio do "ser trabalhador". De fato, a ascensão dos trabalhadores como força política e social no contexto de modernização e de reorganização da política nacional é reconhecida por esses indivíduos, e grande parte do discurso do jornal encarrega-se exatamente de tentar organizar tais forças a partir de um viés conservador, mas pautado por princípios da democracia liberal, denotando um claro esforço de sensibilização.

Essa perspectiva de independência dos sindicatos claramente se contrapõe ao sistema de organização dos sindicatos e dos trabalhadores sob a égide do Estado realizado durante a Era Vargas, que pretendia um "trabalhador despolitizado, disciplinado e produtivo" (LENHARO, 1986, p. 15). A insatisfação a esse respeito se faz presente, por exemplo, em uma crítica ao modo como foi realizada a representação de classes na Constituinte de 1934, publicada n'*O Operário* em abril daquele ano. A matéria, de Mauricio de Medeiros, defende que os sindicatos eleitorais foram organizados sob o controle do governo e que, portanto, não possuíam independência para representar os interesses profissionais que lhes cabiam. Mauricio de Medeiros chegara à seguinte conclusão sobre a participação dos trabalhadores na vida política:

> Si o proletariado brasileiro quizer refletir, com esse exemplo prático deante dos olhos, sobre o valor desses orgãos corporativos, quando feitos sob tutela do Estado, concluirá que ainda a melhor forma de atingirem os seus objetivos, dentro da organização social existente, é a confiança no sufrágio universal graças ao qual poderão ser argumentados, de período para período, como tem sucedido em toda a parte do mundo, o quadro de seus representantes dentro das Camaras políticas. (*O Operário*, n. 119, p. 1)

Afirmava-se, então, a importância do sufrágio universal e negava-se a validade das medidas de participação política dos trabalhadores utilizadas pelo Estado. Esses dois elementos principais na escrita de Mauricio Medeiros apontam para a outra divergência principal entre os modelos de trabalhador aqui analisados: a questão da participação política e do trabalhador como sujeito ativo.

Quanto à participação política, observou-se que uma das principais bandeiras levantadas pelo jornal *O Operário* foi a da liberdade política e eleitoral. A defesa do voto direto, da representatividade e a conexão da urna à liberdade começam a aparecer na publicação perante as eleições para a Assembleia Nacional Constituinte e tornam-se mais frequentes ao longo da década de 1930. A defesa da participação choca-se com a política, explicitamente, antiliberal do Estado Novo, no qual se defendeu que, devido à pobreza da sociedade brasileira, a prioridade a ser solucionada era a da necessidade, não a da liberdade. Nesse caso, "a democracia brasileira deveria deixar de ser política para se tornar democracia social e econômica, ou seja, uma democracia antiliberal" (CAPELATO, 2009); a liberdade política, portanto, não estava incluída no conceito de "democracia" veiculado a partir de 1937 pelo governo. *O Operário*, por sua vez, defendia o dever de voto de todos os trabalhadores, que não deveriam de maneira alguma se manter na neutralidade. O comparecimento às urnas e o sufrágio universal eram compreendidos como meios primordiais de defesa e conquista de direitos. Deve-se ressaltar que os realizadores do jornal estavam inseridos em uma rede de figuras públicas que haviam apoiado a chamada *Revolução de 30*,[4] defendendo, principalmente, a reorganização da vida política do país, anteriormente dominada pelos grandes chefes locais:

[4] Esse fato político chega a ser idealizado no periódico em mais de uma ocasião e interpretado como um dos acontecimentos mais nobres daquele momento na política brasileira.

> Para aquelles que, desilludidos por 40 annos de fraudes e de malversações, acostumados a ver nos prelios eleitores imperar não a vontade do povo, mas a do situacionismo official; para aquelles que viviam já desesperançados de melhores dias e de melhores regimens politicos, o pleito de 14 de outubro foi como o despertar da consciência cívica nacional — não somente dos núcleos eleitoraes que socorreram às urnas com enthusiasmo, para suffragear aos candidatos de sua predileação, como também do elemento official que compreendeu em boa hora a necessidade de não intervir no pleito senão para garantir ao eleitorado a maior liberdade de acção, como também para cohibir os abusos que todos nós estávamos acostumados a ver cometidos nos pleitos anteriores e que foram, sem dúvida uma das causas da grande revolução de outubro de 1930. (*O Operário*, n. 145, p. 1)

O direito de escolha de seus próprios representantes era, então, visto como o "maior e mais amplo" direito da população, além de ser um dever do trabalhador comprometido com sua pátria e com a classe dos trabalhadores. Esses, então, seriam sujeitos ativos que, a partir da participação política, conquistariam seus direitos. Assim, recusava-se o Estado como concedente de benefícios, valorizando-se o papel ativo da população trabalhadora, caracterizando uma verdadeira *educação cívica e política* pelas páginas do jornal. O dever do Estado seria garantir os meios de participação e representatividade — razão pela qual o governo de Vargas foi criticado várias vezes na publicação. As críticas, claro, tornaram-se mais duras durante o Estado Novo, mas estavam presentes também no período anterior. Afinal, Vargas governou sem uma constituição de 1930 a 1934 e não ocorreram eleições diretas para a nomeação do mesmo como presidente do Governo Constitucional.

Deve-se considerar, também, que Montes Claros foi, desde o período imperial até a década de 20 do século XX, fortemente marcada por disputas políticas — que chegavam a dividir a cidade entre o Largo de Cima (conservadores) e o Largo de Baixo (liberais) — e por práticas coronelistas — com a peculiaridade de que os coronéis não eram necessariamente grandes proprietários de terras, mas principalmente bacharéis, como médicos e advogado. O coronelismo foi vivido de perto pelos indivíduos envolvidos no periódico e na Associação, assim como eventos violentos relacionados às disputas políticas (SILVA, 2012). Sabe-se que, mesmo havendo um imaginário político comum a uma sociedade ou a um período específicos, a apropriação e a interpretação daquele imaginário podem se relacionar, também, com as experiências de cada indivíduo. Assim, é possível que a forte defesa da liberdade política do jornal *O Operário* fosse influenciada pela realidade política vivenciada em Montes Claros anteriormente.

Em contraponto ao posicionamento oficial, então, a democracia era vista como a única forma de governo aceitável no caso brasileiro, e o trabalhador possuía um papel participativo e político essencial, devendo escolher "*conscienciosamente* o candidato da sua confiança". O modelo de trabalhador construído no discurso do jornal, assim, possui uma dimensão política e uma sensibilidade de participação direta e ativa que, propositalmente, não é privilegiada no modelo oficial.

É necessário observar, porém, a presença de algumas incoerências no discurso do jornal. Apesar da defesa da participação popular na política, não se apoia a manifestação de todas as orientações políticas da população. Defende-se a ordem e a união das classes, de modo que discursos considerados extremistas, como aquele de orientação comunista ou integralista, são deslegitimados pela publicação. Além disso, parte do discurso do jornal refere-se a uma população que, para exercer seus direitos adequadamente, precisaria ser educada moralmente e conformada aos princípios da civilização e do progresso. Assim, chega-se a afirmar, por exemplo, que os brasileiros que aderem à ideologia comunista fazem-no pois pertencem a "classes que infelizmente não dispõem de cultura intelectual que lhes permitta defender-se dos falsos apóstolos" (*O Operário*, n. 239, p. 1). Trata-se, afinal de contas, de um discurso político conservador, eivado de injunções cívicas e religiosas, que reconhece o novo jogo de forças na sociedade brasileira, mas não abre mão de um papel de liderança no processo de organização das mesmas, definindo, para isso, uma ação educativa direta pela via da imprensa.

CONCLUSÃO

A educação para uma nova sensibilidade cívica e política do trabalhador foi ponto central no Brasil da Era Vargas, a partir do momento em que a principal questão em jogo era a construção de uma identidade nacional visando o controle das massas. A ascensão de novas ideias e forças políticas propiciadas pelo processo de modernização gerou contradições e tensões no seio social, de modo que a introdução da política de massas pretendia a sua atenuação. Apesar de a política de massas ter se desenvolvido oficialmente no Estado Novo, as ideias e o imaginário que a sustentaram já estavam em desenvolvimento desde as décadas iniciais do século XX.

A análise do jornal *O Operário* permite a compreensão de uma parcela dessas tensões no município de Montes Claros e indica a presença de um projeto político e social disseminado no interior de Minas Gerais. Se, por um lado, o discurso veiculado no jornal foi influenciado pelo imaginário e pelo contexto da época, ele não esteve completamente alinhado ao discurso governamental, provavelmente devido à realidade política local. Mesmo assim, ele reverberava um conjunto de ideias difundidas no Brasil, as quais tentavam amalgamar educação política, atuação cívica, ideário anticomunista e religiosidade católica, todos esses aspectos convergindo para a formação de um *novo trabalhador*.

Percebeu-se, assim, que a construção de sentimentos de coletividade, nacionalidade, ordem e união, assim como de um "espírito do trabalho", era comum ao jornal *O Operário* e ao Estado. O trabalhador proposto pelo periódico, porém, era politicamente mais ativo, consciente e independente, além de católico. Apesar disso, o discurso do periódico possui um viés conservador: não deixa de apoiar a democracia liberal, assim como liberdades política e de opinião, mas invalida discursos considerados radicais no plano político. Apesar de defender a liberdade política e exaltar o dever de cada trabalhador escolher "bem" os seus representantes, não reconhece todas as orientações e discursos políticos possíveis, imputando à condição de "paixões descontroladas" aquelas expressões políticas que ameaçassem a ordem e a democracia — estivessem essas à direita ou à esquerda no espectro político. Como afirmava Athos Braga, "é facil comprehender o mal que occasiona às classes conservadoras esse estado de agitação permanente em que vivemos" (*O Operário*, n. 219, p. 1).

O discurso do jornal, então, apesar de partilhar os elementos também presentes no discurso oficial, transmite um modelo de trabalhador diferente do proposto pelo projeto político-ideológico do Estado, evidenciando, assim, as diferentes apropriações de um mesmo imaginário, as disputas internas entre os projetos de sociedade pretendidos e a complexidade da relação trabalhador-governo no período, não podendo essa ser resumida à simples cooptação dos mesmos pelo Estado. Existiam, afinal, outras forças de liderança que pretendiam a formação e a consciência de um processo de reorganização da sociedade da parte dos trabalhadores.

A questão da construção de novas sensibilidades e da formação do trabalhador, por sua vez, mesmo não sendo aquele um periódico com pretensões educativas, estava diretamente atrelada ao ideário da Associação expresso no jornal e à ação dos seus idealizadores como intelectuais. Esses, assumindo a condição de figuras públicas que defendem determinados ideais e pretendem alterar mentalidades, exerceram uma função necessariamente educativa e formativa, apesar de estabelecerem relação direta ou necessária com o ambiente escolar.

Por isso, a utilização de periódicos produzidos por intelectuais, como aponta Carlos Altamirano, faz-se frutífera para "estudar as direções e as batalhas do pensamento nas sociedades modernas e traçar o mapa das linhas de sensibilidade de uma cultura em um momento dado" (ALTAMIRANO, 2010, p. 19). As sensibilidades individuais e/ou coletivas, afinal de contas, estão intimamente relacionadas às impressões que elementos exteriores exercem sobre os indivíduos. Circunstâncias políticas, sociais e econômicas influenciam — propositalmente ou não — as maneiras como as pessoas percebem, relacionam-se e são afetadas pelo mundo, podendo alterar comportamentos, opiniões, desejos. O rastreamento de opiniões e posicionamentos ideológicos no jornal *O Operário*, assim, permitiu, como propõe Altamirano, o rastreamento das linhas de sensibilidade de certo grupo em um determinado momento e evidenciou também a influência de um imaginário político comum à época, mas também sua polissemia. É claro, porém, que a produção e modificação de sensibilidades, políticas ou não, são processos complexos, carregados de subjetividade e difíceis de serem totalmente rastreados. Portanto, podemos almejar compreender somente uma "realidade referencial". De qualquer maneira, a pesquisa com *O Operário* confirmou o entendimento de que os impressos publicados por intelectuais são fontes frutíferas para o estudo da relação entre imaginários políticos, trajetórias formativas e educação das sensibilidades como um dos grandes motores do que se convencionou chamar de modernização social, para o que foram mobilizadas maneiras de formar que em muito extrapolam os muros da escola.

REFERÊNCIAS

ALTAMIRANO, Carlos. *Historia de los intelectuales en América Latina II*. Ed. Katz, 2010.

ARENDT, Hannah. *Origens do totalitarismo*. São Paulo: Companhia das Letras, 1989.

BITTENCOURT, Circe. *Pátria, civilização e trabalho*. São Paulo: Loyola, 1990.

CAPELATO, Maria Helena Rolim. *Multidões em cena*: propaganda política no varguismo e peronismo. 2. ed. São Paulo: Ed. Unesp, 2009.

CARNEIRO, Maria Luiza Tucci. *Livros proibidos, ideias malditas*: o DEOPS e as minorias silenciadas. São Paulo: Estação Liberdade; Arquivo do Estado, 1997.

DE BONI, Maria Inês Mancini. *O espetáculo visto do alto*: vigilância e punição em Curitiba (1890-1920). Curitiba: Aos Quatro Ventos, 1998.

DUTRA, Eliana. *O ardil totalitário*: imaginário político no Brasil dos anos 30. 2. ed. Belo Horizonte: Ed. UFMG, 2012.

JAY, Martin. *Campos de fuerza:* entre la historia cultural y la crítica cultural. Buenos Aires: Paidos, 2003.

LENHARO, Alcir. *Sacralização da política*. 2. ed. Campinas: Papirus, 1986.

LUCA, Tania Regina de. *A Revista do Brasil*: um diagnóstico para a (N)ação. São Paulo: Ed. UNESP, 1999.

RÉMOND, René (Org.). *Por uma história política*. 2. ed. Ed. FGV, 2003.

SAID, Edward. *Representações do intelectual*: as conferências Reith de 1993. São Paulo: Companhia das Letras, 2005.

SILVA, Helenice Rodrigues da. *Fragmentos da história intelectual entre questionamentos e perspectivas*. Campinas: Papirus, 2002.

SILVA, Luciano Pereira da. *Em nome da modernidade*: uma educação multifacetada, uma cidade transmutada, um sujeito inventado (Montes Claros, 1889-1926). Tese (Doutorado em Educação) – Faculdade de Educação, Universidade Federal de Minas Gerais, 2012.

SIRINELLI, Jean-François. Os intelectuais. In: RÉMOND, René (Org.). *Por uma história política*. 2. ed. Ed. FGV, 2003.

WERNECK, Humberto. *O desatino da rapaziada*: jornalistas e escritores em Minas Gerais (1920-1970). São Paulo: Companhia das Letras, 2012.

WILLIAMS, Raymond. *La larga revolución*. Buenos Aires: Nueva Visión, 2003.

Repertórios de cultura jurídica da Academia de Direito de São Paulo no século XIX: moderno e modernidade?

Daniel Luiz Santos Meneses
Gustavo dos Santos
Ilka Miglio de Mesquita

INTRODUÇÃO

> *Quando o historiador mergulha no passado, ultrapassando suas próprias vivências e recordações, conduzido por perguntas, mas também por desejos, esperanças e inquietudes, ele se confronta [...] com os vestígios, que se conservam até hoje, e que em maior ou menor número chegaram até nós.* (KOSELLECK, 2006, p. 305)

A epígrafe acima nos move no sentido de analisar o objeto de estudo que versa sobre as teses e dissertações apresentadas e defendidas por bacharéis para obter o grau de doutor em ciências jurídicas e sociais, na segunda metade do séc. XIX, perante a congregação da Faculdade de Direito de São Paulo.[1] A partir do movimento de ultrapassar nossas vivências e recordações, deparamo-nos com os vestígios que temos transformado em fontes pelas perguntas que foram elaboradas anteriormente, como também pelas que estabelecemos no processo de compreensão desse passado. Nesse movimento, aportamos nos conceitos oriundos do Projeto Moderno, modernidade e

[1] Este estudo faz parte dos projetos financiados pelos editais MCTI/CNPq/MEC/CAPES nº 07/2011 e MCTI/CNPq/MEC/CAPES nº 22/2014.

modernização: a educação nos projetos de Brasil – séculos XIX e XX (PMMM) e na categoria que denominamos de repertórios de cultura jurídica.

Nosso objetivo é compreender, nas teses e dissertações defendidas pelos doutorandos da Faculdade de Direito de São Paulo, no século XIX, repertórios das ciências jurídicas, colóquios acadêmicos de filosofia do direito e noções de moderno e de modernidade. Nesse sentido, um dos caminhos para traçar a dimensão da cultura do direito brasileiro foi focar nas expressões da jusfilosofia, que, segundo Nader (2001), permite compreender a cultura jurídica por meio das análises:

> [...] normativa, filosófica, sociológica e histórica do direito, conteúdos que se inserem nas chamadas ciências jurídicas, entre as quais se sobrelevam a Ciência do Direito, *Filosofia Jurídica*, Sociologia do Direito, História do Direito e Direito Comparado. (NADER, 2001, p. 83-84, grifo nosso)

Por sua vez, com Carvalho (2012) foi possível apreender, entre as polissemias e pregnâncias dos conceitos, que o moderno é entendido, em sua subjetividade, pela destituição de referências ao que é passado, é antigo e, por assim dizer, indicativo de novos tempos ou, por orientações filosóficas, o estranhamento das sugestões normativas do passado. Logo, é preciso remeter-se ao passado para indicar o moderno. Assim sendo, segundo o autor, a modernidade traz a novidade, a superação do antigo, a justaposição, ou como indicou Baudelaire, na interpretação de Carvalho (2012, p. 25):

> [...] o termo modernidade surgia eivado de tudo aquilo que vinha impregnando a grupação de elementos que, ao longo do tempo, foram se sobrepondo, se justapondo, se imbricando, criando inter-relações e interdependências múltiplas até dar forma àquilo que se nomeou 'moderno' nos séculos XVIII e XIX.

Se não há experiência sem expectativa, como nos orienta Koselleck (2006), esperamos que este trabalho possa nos remeter às expectativas de produção que ora nos envolvemos. Pois "é a tensão entre experiência e expectativa que, de uma forma sempre diferente, suscita novas soluções, fazendo surgir o tempo histórico" (2006, p. 313). Assim sendo, diante de nossas experiências e expectativas, tendo em vista as teses como prerrogativa de titulação de doutor em Ciências Jurídicas e Sociais pela

Faculdade de Direito de São Paulo no século XIX, perguntamos: como se configura a cultura jurídica brasileira? Podem-se evidenciar colóquios da filosofia do direito nessas composições acadêmicas? É possível desvelar noções de moderno e de modernidade na formação de doutores em direito? Para responder nossas indagações, julgamos necessário explicitar alguns conceitos a fim de desvelar configuração de cultura jurídica por repertórios mobilizados da cultura do direito, colóquios da jusfilosofia e, consequentemente, noções de moderno e de modernidade.

Temos em mente que essas produções impressas, teses e dissertações, configuram um conjunto de padrões e significados que "atribuíam uma tipicidade do direito brasileiro" (FONSECA, 2008, p. 259-260). Essa tipicidade constitui o repertório mobilizado por esses bacharéis na Escola do Direito de São Paulo. Assim, pode-se dialogar com Alonso (2000) a partir do significado de repertório. De acordo com a autora, existe um repertório comum, o qual inclui tanto teorias estrangeiras quanto a tradição nacional. "A apropriação de elementos deste repertório é seletiva e envolve necessariamente supressão, modificação" (ALONSO, 2000, p. 40). Dessa forma, repertório é, sobretudo, um "conjunto de recursos intelectuais disponível numa dada sociedade em certo tempo: padrões analíticos; noções; argumentos; conceitos; teorias; esquemas explicativos; formas estilísticas; figuras de linguagens; conceitos e metáforas" (ALONSO, 2000, [SWIDLER, 1986], p. 46). Por esse entendimento, os "repertórios funcionam como caixas de ferramentas (*tool kit*) às quais os agentes recorrem *seletivamente*, conforme suas necessidades de compreender certas situações e definir linhas de ação" (ALONSO, 2000, p. 46, grifo nosso). Contudo, estamos conjecturando com o sentido de repertório no intuito de colocar em movimento a ciência jurídica.

Compreendemos cultura jurídica brasileira como "[...] expressão de um pensamento jurídico, inerente a uma inteira civilização em movimento" (SOUZA, 2011, p. 15). Essa cultura jurídica brasileira construiu um pensamento jurídico que estava atrelado à cultura política e à construção do sujeito político para o Brasil do século XIX. Fonseca (2008), em diálogo com Michel Foucault, afirma que "A cultura jurídica brasileira só pode ser compreendida dentro de um tempo-espaço determinado" (FONSECA, 2008, p. 260). No caso, em particular, estamos compreendendo a cultura jurídica no processo de formação de bacharéis na Faculdade de Direito de São Paulo, na segunda metade do século XIX.

De acordo com Mota (2010), nos idos de 1860 a fisionomia das cidades brasileiras adquiriam padrões urbano-industriais semelhantes aos principais centros capitalistas, acrescidos de costumes escravocratas. As mudanças, na vida imperial, são possíveis de se notar a partir da substituição dos engenhos pelas usinas, dos modelos arquitetônicos dos sobrados, do vapor, das pontes de aço e das ferrovias; dos engenheiros, médicos, escritores, publicistas e bacharéis que abriram outros horizontes mentais. Ao lado do trinômio café/imigração/industrialização "acrescente-se o *fator cultura jurídica*, pois a maioria dos principais políticos, intelectuais e juristas do Segundo Reinado e da Primeira República passaram pela academia de Direito [...]" (MOTA, 2010, p. 37, grifo nosso).

REPERTÓRIOS DE CULTURA JURÍDICA NAS TESES DE DIREITO NATURAL

Para dialogarmos com as fontes, por meio de indagações que toda investigação histórica pressupõe, mergulhamos num passado para identificar repertórios e noções de moderno e modernidade na cultura jurídica brasileira. Para tanto, Gumbrech (1998) indica-nos um caminho em relação ao objeto de pesquisa:

> [...] diferentemente dos conceitos sistemáticos, os problemas inerentes às noções históricas não podem ser resolvidos via definições transparentes ou mesmo consensuais. Em vez de obter clareza por meio de definições, o historiador está obrigado à tarefa de desenvolver descrições cada vez mais complexas e sofisticadas dos momentos e das situações do passado — descrições que podem refletir-se em conceitos de período sempre mais complexos. (GUMBRECH, 1998, p. 11)

Se estabelecermos o diálogo com as fontes a fim de delinear traços da intelectualidade jurídica acadêmica, é importante associar nossa narrativa ora com a história da filosofia política moderna, ora com a história da filosofia do direito moderno que se estende do século XVI até o XIX.[2] Nesse longo tempo histórico, as

[2] O "Renascimento" atingiu tanto o setor das artes em geral quanto nas ideias políticas, filosóficas e jurídicas com Maquiavel, Bodin e Grócio. Com o surgimento da concepção ideológica do Estado fundado na razão, os fundamentos da filosofia jurídica não tinham como pressuposto a ordem divina para o direito natural. Hugo Grócio (1583-1645) é considerado o fundador da moderna filosofia do direito por defender o Direito como "um dos meios de que o homem, dotado de razão, dispõe para organizar a sociedade e dominar a natureza, pondo-a a seu serviço". Segundo Grócio, o direito é uma criação do homem guiado por um instinto de sociabilidade, cuja regra 'pacta sun servanda' torna-se o fundamento da vida jurídica e social, nacional e inter-

filosofias jurídica e política foram teorizadas por intelectuais que visavam não só estabelecer o direito de Estado, como também definir diretrizes normativas à convivência social. Consequentemente, as especulações acerca dos princípios normativos das ações humanas em sociedade tornaram-se objetos de estudos da escola clássica do direito natural,[3] escola racional do direito[4] e a escola histórica do direito.[5] Com isso, começamos a compreender a formação de doutores a partir de repertórios que ambientavam os círculos acadêmicos da Faculdade de Direito de São Paulo nos anos oitocentos. No processo de compreensão, trazemos fragmentos dos estudos de João Baptista Pereira, com suas teses de direito natural de 1858, apresentando as seguintes proposições:

> A *Moral* e o *direito* são sciencias que reciprocamente se auxiliam; sua união é um elemento de ordem social e sua distinção uma condição de verdadeiro progresso.
> A *Moral* considera o acto humano em sua causa physiologica ou em seu motivo; o *Direito* o encara em seus efeitos exteriores e sensiveis. A *coação* é um *caracter permanente* do Direito.

---

nacional. Desde então, a filosofia do direito não consistia mais de uma lei natural, como pretendia Tomás de Aquino, e sim num direito natural (LEITE, 2011, p. 99-100). Se Grócio difundiu o jusnaturalismo moderno, a filosofia de Rousseau no século XVIII tem o seu apogeu (NADER, 2001, p. 131).

[3] O direito natural, imutável e universal, é um princípio característico da *escola clássica do direito natural*, uma vez que sua doutrina pode ser reconhecida a partir do reconhecimento da natureza humana como fonte do Direito Natural; a crença da existência de um estado de natureza; no contrato social como origem da sociedade; e a existência de direitos naturais inatos. Parte dessas ideias foi compartilhada por Hobbes, Spinoza, Locke, Puffendorf, Tomásio, porém com ideias distintas (NADER, 2001, p. 129-32).

[4] Ainda que Rousseau (1712-1778) defendesse o sujeito como princípio da ordem política e o contrato social como princípio vetor da razão, Kant (1724-1804) exaltou a racionalidade como princípio essencial da natureza humana (LEITE, 2011, p. 111-12). Assim, Kant é o emblema de mudança na história da filosofia do direito com a obra *Metafísica dos costumes* de 1797. Pode-se afirmar que a *escola do direito racional* surge com a doutrina kantiana. Com efeito, tanto Savigny quanto Kant foram opositores do jusnaturalismo (NADER, 2001, p. 143).

[5] Segundo Norberto Bobbio (1995), a doutrina da *escola histórica do direito* tinha como proposta a dessacralização do direito natural, a partir dos princípios da individualidade e variedade do homem, irracionalidade das forças históricas, pessimismo antropológico, amor pelo passado e sentido da tradição (BOBBIO, 1995, p. 51-2). Frederico Carlo V. Savigny (1779-1844) sustentou que o direito vive da prática e dos costumes, os quais são expressão imediata da consciência jurídica popular. Todo povo tem um espírito que se reflete em várias manifestações: moral, direito, arte, linguagem. Estes são produtos imediatos desse espírito popular. Para Savigny, as leis têm funções de fixar os princípios elaborados pela consciência jurídica popular. "Somente esta é a fonte autêntica e genuína do direito. Daí a aversão de Savigny (e em geral da escola histórica) contra a codificação" (DEL VECCHIO, 2006, p. 143-44).

> A *escola histórica* não procura a origem do Direito nos *princípios constitutivos da natureza do homem* e da *sociedade*; derivando-o das instituições dos povos sacrifica a *ideia eterna do justo* ás deducções da experiência. (PEREIRA, 1858, p. 3, grifo nosso)

Nessas teses, notamos a preocupação deste bacharel em querer discernir a moral do direito,[6] em definir a coação[7] como caráter permanente do direito e, por conseguinte, o juízo contra a doutrina da escola histórica do direito. Do mesmo modo, ao analisarmos as teses de José Maria Corrêa de Sá e Benevides de 1858, as de Emilio Valentim Barrios de 1862, as de José da Silva Costa de 1863, identificamos, nessas teses de direito natural, padrões analíticos e diálogos que nos permitam fazer reflexões sobre a configuração da intelectualidade jurídica acadêmica. Lê-se, nas teses de direito natural dos referidos bacharéis, as proposições:

> 1ª Existe um *principio de unidade, absoluto, eterno*, próprio a servir de regra invariável, de critério na apreciação dos actos e factos da *ordem social*; 2ª Não obstante existir uma harmonia prestabelecida entre a *justiça* e a *utilidade*, não é esta o principio, a *razão do direito*; 3ª Não nascendo *o justo* das *tendencias instinctivas* da sociedade nem das experiências, a *escola histórica* desfigura a natureza do direito. (SÁ E BENEVIDES, 1858, p. 3, grifo nosso)

---

[6] Samuel Puffendorf (1632-1694) procurou distinguir o direito positivo do natural e ambos da teologia. Para Puffendorf, "o direito natural e a teologia têm fontes distintas (razão; revelação), diferentes (terreno; ultraterreno), e objeto diverso, que são as ações externas e as ações internas". Puffendorf defendia que ações humanas são critérios diferenciadores entre o direito e a moral. Outro aspecto relevante do pensamento de Puffendorf é a analogia que ele buscava no rigor do método das ciências físicas e matemáticas para aplicar e regular as ações voluntárias do homem para a conveniência da vida humana (LEITE, 2011, p. 108).

[7] O direito em função coercitiva é considerar do ponto de vista do Estado. Esta noção consiste na formação do Estado moderno que Thomas Hobbes (1588-1679) teorizou no século XVII. É difícil datar o nascimento da via coercitiva do direito, mas a tradição refere-se à Christian Thomasius (1665-1728) que retomou temas pufendorfianos (BOBBIO, 1995, 147-48). Thomasius defendia que o direito natural era a reta compreensão dos princípios da justiça, acrescidos dos princípios da moral e do costume social. Com efeito, o fim universal do agir exige que se viva de modo 'honesto, decoroso e justo', tendo a intersubjetividade e a coercibilidade como suas características principais (LEITE, 2011, p. 107-110). Por sua vez, Kant definiu o direito como um meio para assegurar a coexistência entre as esferas de liberdade externa de todos os cidadãos (BOBBIO, 1995, p. 151-52). Kant postulou que o conceito de direito está atrelado ao caráter coativo deste, uma vez que "tudo o que é contrário ao direito é um obstáculo à liberdade, segundo leis universais" (LEITE, 2011, p. 136).

> I O *direito natural absoluto, permanente, immutavel, revela-se* á humanidade como *principio* regulador de sua actividade, e desenvolvimento no tempo e no espaço; II A *escola histórica*, negando esse typo ideal do direito é falsa; III A propriedade tem todos os caracteres de um *direito primitivo*. (VALENTIM BARRIOS, 1862, p. 5, grifo nosso)

> I Manteem-se em orbitas próprias e distinctas o *Direito* e a *Moral*; II A *Eschola historica* não offerece seguro critério para a solução dos problemas do Direito Natural; III Emanação directa da liberdade, tendo por titulo o valor intrinseco da personalidade, o *direito de propriedade* pertence á classe dos *direitos absolutos*. (SILVA COSTA, 1863, p. 3, grifo nosso)

Em primeiro lugar, nas teses de direito natural apresentadas por Sá e Benevides (1858) percebe-se que o acadêmico sustentou na primeira proposição um princípio de unidade eterno que serve de critério na apreciação dos atos e fatos da ordem social; na segunda premissa, afirma que a justiça e sua utilidade são os princípios da razão do direito; e na terceira, o bacharel tece críticas à escola histórica. Neste último caso, isso nos faz conjecturar acerca do colóquio que ambientava os círculos acadêmicos da intelectualidade jurídica da Faculdade de Direito de São Paulo, pois tanto nas teses de direito natural de Baptista Pereira quanto nas proposições de Sá e Benevides a escola histórica torna-se alvo de críticas. Contudo, qual era a doutrina sustentada por Sá e Benevides (1858), por mais que ele utilize conceitos propriamente ditos da escola clássica para fundamentar suas premissas? Sá e Benevides, em 1877, tomou posse da cátedra de Direito Natural, Público e das Gentes da Academia de Direito de São Paulo. No ano de 1884, Sá e Benevides, como lente, publicou um compêndio que tinha como título *Elementos de Philosophia do Direito Privado*. Nesta obra, defendeu um jusnaturalismo de cunho teológico e rejeitou o chamado estado de natureza concebido por Hobbes. Neste compêndio, o objeto da filosofia do direito é a justiça, cujos princípios dimanavam da natureza humana, da sociedade e de Deus. Isto é, a justiça seria revelada pelo criador e acessível à razão humana. Em 1890 deixou a cátedra por não concordar com o regime republicano (NADER, 2001, p. 254-55).

Em segundo lugar, a tese de direito natural de Valentim Barrios (1862) adentra no círculo acadêmico que se opõe a jusfilosofia da escola histórica do direito. Se na primeira premissa Barrios (1862) afirma que o direito eterno "revela-se" a humanidade no tempo e no espaço, consideramos que esse repertório evidencia uma inclinação para o jusnaturalismo de cunho teológico.[8] Em terceiro lugar, as teses de Silva Costa (1863) apresentam asserções que tratam da moral e do direito, do ideário contra a filosofia do direito natural proposta pela escola histórica alemã e, por conseguinte, atribui o direito de propriedade como direito absoluto. Até aqui asseveramos que as proposições permitem identificar a mobilização de conceitos da escola clássica naturalista, acrescidos de concepções teológicas do direito.[9]

Por sua vez, observemos as teses de direito natural defendidas por Egydio Barbosa Oliveira Itaqui em 1863, Ezequiel de Paula Ramos em 1867 e as de José Rubino de Oliveira apresentadas de 1869:

> Porque sómente explicão huma face da realidade, são falsas: I A *eschola egoísta*; II *A eschola racionalista*; III *A eschola histórica*. (OLIVEIRA ITAQUI, 1863, p. 3, grifo nosso)

> Em seu exclusivismo, não offerecem seguro critério para a solução dos problemas do Direito Natural: I *O racionalismo*. II A *eschola histórica*. III Os principios da sciencia, em concordância com as necessidades da *vida social*, protestão contra a confusão da *Moral* com o *Direito*. (PAULA RAMOS, 1867, p. 3, grifo nosso)

> I A *Moral* e o *Direito* não se confundem; porquanto: II Ainda que estas duas sciencias concorrão para a realização do bem, possuem entretanto

[8] "No sentido teológico, revelação é o ato pelo qual Deus manifesta sua vontade, ou um conjunto de verdades ou leis" (JAPIASSÚ; MARCONDES, p. 240-1). Quando Tomás de Aquino (245-430), tributário da lei eterna de Santo Agostinho, versou sobre teoria do direito e filosofia política, no "Tratado da Lei (I e II)" e "Tratado da justiça e do Direito da Summa Theologia", defendeu que a fundamentação da doutrina do direito é o conceito de lei e da sua distinção em diversas ordens. Entretanto, não há uma oposição entre as verdades da razão e as da fé (da revelação), visto que a razão humana sendo imperfeita está subordinada a razão divina (LEITE, 2011, p. 88).

[9] Godofredo Leibniz (1647-1716) admitiu que o direito não deriva da vontade de Deus, mas de sua essência. O *bom* e o *justo* são necessários em si mesmos e Deus por sua essência não podia querer de outro modo. Leibniz afirma a existência da razão intrínseca à vontade divina. Porém, não faz distinção entre direito, moral e teologia, uma vez que a filosofia do direito é parte de uma filosofia moral que se apoia na teodiceia (LEITE, 2011, p. 108-09). Espinoza (1632-1677), ao tratar de filosofia do direito, sustentou que Deus é a única substância que existe, uma vez que o mundo é a expressão dessa substância absolutamente perfeita. Assim, Espinosa insistiu sobre os limites naturais do poder do Estado e a distinção entre a moral e o direito (DEL VECCHIO, 2006, p. 80-81).

> caracteres especiaes, que as distinguem; III A theoria da *eschola histórica*, posto que contenha grande numero de verdades em relação ao *desenvolvimento do direito*, todavia não é completa e verdadeira, por isso que o deduz de um principio falso, e é insuficiente para determinar o seu *caracter absoluto*. (RUBINO DE OLIVEIRA, 1869, p. 2, grifo nosso)

As proposições de Oliveira Itaqui (1863) apresentam juízos contra o racionalismo, a escola histórica do direito e a escola egoísta. Nesse último caso, para entendermos essa forma linguística mobilizada por esse acadêmico é necessário saber que Thomas Hobbes (1588-1679), em seu livro "Leviatã" de 1651, partiu da ideia do *status naturae*, na qual os homens teriam vivido em constante medo e sobre ameaças de guerra. Esse estado antecede a sociedade política, pois nesse período as ações humanas não tinham limites. Hobbes retratou a natureza humana como essencialmente "egoísta" e agressiva e a criação do Estado teria reprimido esse estado de natureza. Assim, para superar essas adversidades instintivas sem limites, os homens celebraram o contrato social, constituindo a sociedade, o Estado e o Direito (NADER, 2001, p. 132). Dessa forma, o que temos nesta tese de direito natural é uma sentença aparentemente fundada nos princípios jusnaturalistas. Contudo, quanto à fundamentação teórica desse acadêmico buscamos na sua dissertação indícios que nos indiquem se há um ideário que não tenha como fundamento princípios de cunho teológico. A saber, o ponto chave da dissertação de Oliveira Iaqui: "Como se rege o direito que tem os herdeiros dos ofendidos para haverem a indenização do dano causado? Como se aplica ou como se limita? Que pessoas o podem exercer? Que qualidade deve ter? Este direito se estende às ofensas durante a vida, ou também às de além túmulo?" Assim, no início de seu texto dissertativo, Oliveira Itaqui (1863) afirma que "o homem não é [...] um animal que viva eternamente debruçado sobre o ventre; elle é a syntese da Natureza, é o rei da creação, é finalmente a maior gloria do Creador" e, no parágrafo seguinte, ele aduz:

> Como todas as cousas d'este mundo, elle fim; mas, como nenhuma outra, ele é o único encarregado de consumal-o. D'este princípio emanão a Ethica, a Moral e o Direito; - a primeira tracta do bem, suas espécies e modos de realizal-o; - segunda realisa do bem de pura intenção; o terceiro realisa-o por meio da força; d'este principio emana do direito, porque seria absurdo que a *Providencia* encarregasse ao homem o cumprimento do seu destino, e não lhe desse ao mesmo tempo um meio para realisal-o; este meio é o

> direito, poder em virtude do qual o homem póde repelir todo ataque que lhe embargue o cumprimento de seu destino. (OLIVEIRA ITAQUI, 1863, p. 5-6, grifo nosso)

Caso semelhante ao de Oliveira Itaqui são as duas primeiras proposições de Paula Ramos (1867), nas quais notamos concepções jusfilosóficas que consubstanciam o colóquio acadêmico que tem como oposição a filosofia do direito da escola histórica e da escola racionalista. Na terceira sentença, o bacharel mobiliza repertórios da cultura jurídica, como vida social, moral e direito. Não obstante, o que não fica claro são as bases de sua teoria do direito e, por esse motivo, recorremos à sua dissertação que tem como questão: "Sobre quem recaem os impostos lançados sobre os gêneros produzidos e consumidos no país? E sobre o produtor ou consumidor? O que sucede quanto aos gêneros importados e exportados?" Analisando seus argumentos, notamos uma passagem discursiva que, segundo Paula Ramos (1867), "a sociedade não é, pois, um facto accidental, contingente e puramente voluntário, mas consequencia de uma ordem de *leis providencias*, da qual a humanidade não pode subtrahir-se sem abdicar os seus mais nobres e bellos atributos" (PAULA RAMOS, 1867, p. 11, grifo nosso). Ora, se a ordem das sociedades é consequência de leis providenciais, inferimos que Paula Ramos não só mobilizou repertório de cultura jurídica, mas também fez alusão ao direito natural de base teológica.

Nas teses de Rubino de Oliveira (1869) nota-se a presença de termos essenciais da cultura do direito e da conversação que reverberava em torno dos ensinamentos da escola histórica. Entretanto, queremos saber que tipo de filosofia jurídica esse doutorando era tributário, já que não deixa clara sua fundamentação teórica do direito. Para tanto, recorremos a sua dissertação que versa sobre Economia Política, trazendo as questões: "sobre quem recaem os impostos lançados sobre os gêneros produzidos e consumidos no país? E sobre o produtor ou sobre o consumidor? O que sucede quanto aos gêneros importados e exportados?". Um trecho discursivo da dissertação desse doutorando chama a atenção, porque o acadêmico afirma que "o commercio entre as nações é um mandato imperativo da natureza; as necessidades humanas são múltiplas e variadas; os productos imperiosamente exigidos para a manutenção das industrias achão-se desigualmente dissiminados pelos diversos paizes" (RUBINO DE OLIVEIRA; 1869, p. 7). Dessa forma, pelo fato de Rubino de Oliveira não se fundamentar em conceitos da teologia para tratar de economia política, inferimos que seja indicativo das ciências sociais da modernidade, a Economia Política.

Pois, ao sentenciar que o comércio entre as nações é imperativo da natureza humana e de suas necessidades, não demonstra que essas ações humanas estão subordinadas à razão divina ou a lei eterna.

Não obstante, por mais que se torne evidente a mobilização de repertórios de cultura jurídica nas teses de direito natural que foram selecionadas, é importante questionarmos: onde estão as noções de moderno e de modernidade que nos indique a destituição do que é antigo ou o estranhamento de sugestões normativas do passado?

Adentramos na década de 1870 e trazemos para dentro do texto as teses de direito natural sustentadas por Genunino Firmino Vidal Capistrano, em 1874, e por Alfredo Claudio da Silva, em 1879:

> I Em *essência o direito* distingue-se do *dever*; II E' insufficiente para estremar o *direito* da *moral* a classificação dos deveres em – *negativos* e *positivos*; III O direito natural não pode ser reduzido a uma colleção de *formulas absolutas* applicaveis a todos os casos. (VIDAL CAPISTRANO, 1874, p. 3, grifo nosso)

> 1ª O socialismo é theoria falsa e perigosa; 2ª A *escola histórica* não explica a existência do Direito natural; 3ª O *utilitarismo de Bentham* offerece como principio de *Direito* uma Idea falsa e immoral. (CLAUDIO DA SILVA, 1879, p. 3, grifo nosso)

Na segunda premissa das teses de Vidal Capistrano (1874) constatamos críticas a conceitos racionalistas.[10] Na primeira o bacharel afirma que a essência do direito distingue-se do dever, e na terceira proposição o acadêmico diz que direito natural não se reduz às fórmulas absolutas aplicadas a todos os casos. Dessa forma, não torna clara sua posição teórica, embora na primeira das teses de direito público nota-se que "Suprema expressão do eu social, a soberania emana mediatamente de *Deus*,

[10] Na filosofia do direito de Kant, os deveres estão ligados à liberdade que deve ser entendida como um "querer sensível". A liberdade é a razão prática ou vontade. Kant considerava que o arbítrio humano é afetado por impulsos, mas não determinados por eles. É partir dessa concepção que Kant chega aos conceitos negativos e positivos de liberdade. Assim, a liberdade do arbítrio é a independência de sua determinação por impulsos sensíveis, sendo este o seu conceito negativo. O conceito positivo é a faculdade de a razão pura ser por si mesma prática (LEITE, 2011, p. 129-130).

immediatamente da nação, e se limita pelo direito" (VIDAL CAPISTRANO, 1874, p. 1, grifo nosso). Já na sua dissertação, que versa sobre "Até onde chega o domínio da ação administrativa e de sua jurisdição na desapropriação por utilidade pública geral, ou municipal da corte?", tem como referência não só a *Bíblia*, mas a alusão a conceitos escolásticos:

> Este direito que temos sobre a cousa material, e da qual podemos usar, gozar e dispor livremente, acha seu fundamento primordial na natureza do homem, corroborado por esse livro venerando – *Biblia* [trecho do gênensis, Liv. 1º, Cap. 1º, v. 26]. A *divindade* por estas palavras deu a cada homem o poder de assenhorar-se de todas essas cousas, e não o poderia fazer se porventura já pertencessem á communidade em geral. (VIDAL CAPRISTANO, 1874, p. 10, grifo nosso)

Examinando as teses de Claudio da Silva (1879), percebemos que na primeira sentença o bacharel opõe-se a teoria socialista. Na segunda premissa, notamos o colóquio acerca da escola histórica do direito e, na terceira, a crítica ao utilitarismo de Bentham.[11] Dessa forma, podemos afirmar que o repertório mobilizado concentra-se na doutrina justeológica ou na escola clássica naturalista.

Na década de 1880, ainda perseguimos as composições acadêmicas para identificar noções de moderno e de modernidade na formação de doutores pela Academia de Direito de São Paulo. Observemos as teses de direito natural de Flavio Guedes de Araujo (1885) e João Antonio de Oliveira Cesar (1886):

> I A *ordem social* e *moral* – taes os limites do *direito de liberdade de consciência*; Phenomenos de ordem phisica, moral e juridica limitão o *direito de propriedade*; III A *revelação* é um dos meios do conhecimento da *lei natural*. (ARAUJO, 1885, p. 3, grifo nosso)

[11] Jeremy Bentham (1748-1832) defendia o utilitarismo como doutrina ética que visava as consequências das ações boas ou más. O objetivo de uma boa ação deveria promover em maior grau o bem geral (JAPIASSU; MARCONDES, 2006, p. 273). Conforme Bobbio (1995), as ideias de Bentham alcançaram o mundo civilizado, mas não a Inglaterra, por suas tendências francesas e pelo italiano Beccaria. O pensamento de Bentham aproxima-se do jusnaturalismo pela convicção de estabelecer uma ética objetiva. Isto é, uma ética fundada num princípio que normalize as regras do comportamento humano. Assim, esse princípio não advém da natureza do homem, mas o fato empiricamente verificável de que cada homem busca sua própria utilidade (BOBBIO, 1995, p. 91-92).

> I A *revelação* é o meio de conhecimento da *lei natural*; II Cujo fundamento existe na Razão e na *Vontade Divinas*; III Não consagra um conceito verdadeiro a doutrina que assignalão a *força* como elemento inseparável do direito. (CESAR, 1886, p. 3, grifo nosso)

Diante dessas proposições, evidenciamos não apenas repertórios de cultura jurídica (ordem social, força/coação, direito de propriedade, direito de liberdade de consciência), tratando de conceitos mobilizados pelas escolas do direito, mas também a persistência de argumentos fundados na teologia (revelação, lei natural e vontade divina).[12] Por sua vez, vejamos as teses de direito natural defendidas por Jesuino Ubaldo Cardoso de Mello em 1887 (oriundo da escola do Recife); João José de Araujo em 1887 e por Abelardo S. Teixeira de Mello em 1888:

> I A *eschola histórica* não fornece o verdadeiro fundamento da *philosophia do direito*; II E' falsa a theoria de Rosmini, sobre direitos presumidos e cruéis; III A sociologia de *Comte* e *Spencer* é um complexo de doutrinas harmônicas, cuja systematisação scientifica, impulsinonando a mentalidade humana á uma nova orientação, faz formar do *Direito* uma concepção exacta, forçando-o a entrar em uma *phase positiva* (CARDOSO DE MELLO, 1887, p. 11, grifo nosso)

> 1 A *Lei Natural* funda-se no *Principio Supremo* da harmonia universal; 2 A *escola histórica*, supposto não lhe fornecesse o verdadeiro fundamento, contém princípios sustentáveis perante a *Philosophia do Direito*; 3 *Equidade* – é a própria *justiça* flexionando-se ás exigências phenomenaes que a contigencia impõe á natureza humana. Em se tratando do *critério de coação*, *Kant* distingui o Direito em sentido restrito e amplo, como também admitiu que o primeiro acha-se unido àquele elemento. (JOSÉ DE ARAUJO, 1887, p. 5, grifo nosso)

[12] Como já foi dito, a revelação é o meio pelo qual Deus manifesta-se na razão humana. Tomás de Aquino defendeu o equilíbrio entre razão e fé, distinguindo-as, mas não as separando. Tanto uma quanto a outra tratam do mesmo objeto: Deus. Para Tomás de Aquino, a lei possui quatro espécies: a lei eterna, a lei natural, a lei positiva humana e a lei positiva divina. Para Tomás o homem participa da lei eterna mediante a razão. Esta participação na lei eterna é o que se chama de lei natural. Assim, "a lei natural é uma participação na lei eterna, aberta à criatura racional, com as notas de universalidade e imutabilidade da lei eterna" (LEITE, 2011, p. 88-89).

> I Parte real verdadeira e exclusivismo falso e exagerado consagra a *Escola Historica*; II A *força* não é elemento essencial inesperável do *Direito*; III E' a *equidade*, em sua essência, um *dever moral* de humanidade consistente em utilidade innocente, que modifica o rigor do *Direito* em sua applicação conciliando-o com a *Moral*. (TEIXEIRA DE MELLO, 1888, p. 7, grifo nosso)

Examinando as teses de Cardoso de Mello (1887), constatamos não só a reverberação de concepções jusfilosóficas contra os princípios doutrinários da escola histórica, como também parâmetros do ideário positivista-evolucionista de Comte e Spencer.[13] Dessa forma, percebemos aqui uma filosofia do direito que vai além da razão de ordem natural justeológica. É importante enfatizar que a formação desse bacharel é oriunda da Faculdade de Direito de Recife, como consta na capa das teses e dissertação. Sendo assim, pensamos que as referências do positivismo jurídico seja um indicativo de novos tempos nos círculos acadêmicos da Faculdade de Direito de São Paulo em fins da década de 1880. Contudo, se Cardoso de Mello (1887) admite que a sociologia positivista de Comte e Spencer iriam impulsionar a mentalidade humana a um novo estágio de orientação filosófica, por qual razão esse bacharel faz referência a Kant para dissertar sobre a "Desapropriação por utilidade pública"?

> Nas condições da vida humana, no mundo que *Kant* chamava phenomenal, a propriedade representa o papel de um elemento necessario. A subsistencia do homem, a cultura e o engrandecimento de suas faculdades mentaes, a educação e o desenvolvimento de todos os germens depositados em sua natureza, dependem essencialmente da aquisição das riquezas

[13] Augusto Comte (1760-1825) é o considerado o fundador da filosofia positiva com as obras *Curso da filosofia positiva* (1830-1842) e *Ensaio de um sistema de política positiva* (1851-1854). Comte aduziu que a Sociologia como ciência positiva possui certas regularidades nos fatos sociais que permitiam a indução de leis objetivas e válidas como a Física. O positivismo de Comte deduz que todo conhecimento e cultura possuem três estados: teológico, metafísico e positivo. Nos quadros da filosofia jurídica, a doutrina positiva opõe-se às correntes do direito natural por sustentarem princípios e valores absolutos. O positivismo jurídico opera com método empírico, considerando a experiência e o real como fonte de conhecimento (NADER, 2001, p. 175). Herbert Spencer (1820-1903) é conhecido por sua teoria da evolução em "Hipótese e desenvolvimento" de 1852. Elabora uma doutrina com três pontos fundamentais: 1) a teoria do incognoscível; 2) teoria da evolução; 3) a teoria do organicismo em sociologia. Para Spencer a sociedade é um organismo que possui células e órgãos em crescimento e se diferenciando (JAPIASSÚ; MARCONDES, 2006, p. 258).

> naturaes, que se opera pela possibilidade da apropriação das cousas susceptiveis de apprenhensão. (CARDOSO MELLO, 1887, p. 23, grifo nosso)

Assim, aferimos que na segunda proposição apresentada por esse doutorando, conforme Carvalho (2012), as citações de Comte e Spencer levam-nos a pensar que essas referências sejam a negação de orientações passadas, ou seja, de um ideário embebido de noções teológicas na cultura jurídica da Academia de Direito de São Paulo. Por sua vez, de acordo com Fonseca (2008, p. 174), é importante não esquecer que a tentativa de justapor doutrinas tem como característica o influxo de ideias problemáticas da filosofia jurídica e política europeia que ingressou no meio da cultura do direito brasileiro, mas sob o efeito eclético de concepções teóricas de difícil conciliação.

Nota-se, nas teses de direito natural de José de Araujo (1887), termos do racionalismo como recurso de fundamentação teórica, por exemplo, "equidade"[14] e "coação", embora o conceito "coação" também faça parte do quadro jusfilosófico da escola clássica do direito natural. Contudo, é no repertório de equidade que o bacharel esboça uma proposição racionalista. Mesmo que José de Araujo tenha como fundamentação teórica o racionalismo, é possível evidenciar repertórios da teologia escolástica na primeira premissa. Caso análogo são as sentenças de Teixeira de Mello (1888), uma vez que não só a mobilização de repertórios é evidente na segunda e terceira premissas, como também trazem à tona conceitos tributários do jusnaturalismo e do racionalismo jurídico, por exemplo, "força" e "equidade". Em suma, esses repertórios circulavam tanto nos espaços intelectuais das escolas do direito moderno internacional, como também na Academia de Direito de São Paulo. Ademais, o bacharel Teixeira de Melo demonstra na primeira proposição de direito natural o colóquio jusfilosófico relacionado à escola histórica do direito. Se, por um lado, o direito em função da "força coercitiva" for considerado do ponto de vista do Estado, estamos falando da filosofia jurídica jusnaturalista. Por outro, se temos a mobilização

[14] A "equidade" seria um apelo à justiça, isto é, à correção da lei em que a justiça se exprime. Essa conceituação é clássica, mas fora reconhecida pelos juristas romanos. Kant, fundamentando-se em conceito análogo, considera que a equidade não se presta a reivindicação jurídica e não cabe aos tribunais, mas ao tribunal da consciência (ABBAGNANO, 2007, p. 339-40). Quando Kant distinguiu o Direito em sentido amplo e restrito afirmou que a "coação" está unida ao primeiro elemento. O *ius latum* compreenderia a equidade. Esta não seria praticada com fundamento na lei, mas em critérios de justiça. De acordo com a equidade, alguns benefícios podem ser obtidos, mas não em razão ao *ius strictum* (NADER, 2001, p. 145-46).

do conceito de "equidade", isso nos permite pensar acerca do padrão doutrinário da escola racionalista do direito.

Por fim, é necessário destacar que as teses selecionadas nos proporcionaram conceber noção de cultura jurídica brasileira a partir da reverberação coloquial acerca da escola histórica e da mobilização de repertórios que se faziam presentes nos círculos intelectuais da escola do direito de São Paulo, seja por noções jusnaturalistas de cunho teológico, seja pela reunião de elementos doutrinários de origens diversas da "moderna filosofia do direito".

CONSIDERAÇÕES FINAIS

É necessário ter em mente que a cultura do direito brasileiro, no século XIX, representa um conjunto de significados (*standards* doutrinários, padrões de interpretação, marcos de autoridade doutrinária nacionais e estrangeiras, influências e uso particulares de concepções jusfilosóficas), que tinha primazia na produção do direito e era efetivamente aceito (FONSECA, 2008, p. 259).

Dessa forma, somente entre as décadas de 1850 a 1880 foi possível identificar, na produção de teses de direito natural, a configuração de cultura jurídica a partir de três matizes: 1) a apreensão em distinguir o direito da moral; 2) a mobilização de repertórios da filosofia jurídica, como direito absoluto, eterno, permanente e imutável, coação, direito de propriedade e direito primitivo, vida e ordem social, natureza humana, justo, lei natural, revelação, vontade divina, positivismo-evolucionista e equidade; 3) das advertências que a intelectualidade acadêmica fazia circular em torno das doutrinas da escola histórica e da escola racional, visto que a cultura jurídica brasileira, no decurso dos anos oitocentos, demonstra a permanência da formação de doutores em direito sob o crivo do jusnaturalismo teológico. Isso se torna claro, principalmente, na problematização das teses em direito natural, nos argumentos das dissertações ou nas referências de teóricos. Confrontar os dados fez-se necessário, sobretudo, para identificar elementos constitutivos da intelectualidade jurídica brasileira.

Do nosso ponto de vista, os doutorandos que aduziram o princípio da natureza humana ou da ordem jurídica e social a partir do ideário teológico caracterizam-se como o remanso das correntes doutrinárias da filosofia jurídica da escola clássica do direito natural, da escola histórica do direito, da escola do direito racional e, consequentemente, da escola do direito de Recife. Segundo Fonseca (2008), ao tentar traçar um perfil de cultura jurídica brasileira no século XIX, a partir de compêndios produzidos por lentes das Faculdades de Direito no Brasil, identificou-se que, nos discursos de direito natural pelos professores da escola do direito de Recife, nos idos de 1860 a 1870, não só uma razão laica vai sendo tomada como fundamento de um novo jusnaturalismo, mas também surgiu a necessidade do elemento científico racional na atividade dos juristas que se afastavam das teorias embebidas de interpretação teológica da lei natural (FONSECA, 2008, p. 277). Contudo, em fins da década de 1880, na escola do direito de São Paulo, passou-se a demonstrar outros parâmetros de ideias, principalmente, por um bacharel com a formação oriunda dos círculos acadêmicos da Faculdade de Direito do Recife, embora demonstrando concepções jusfilosóficas ecléticas e de difícil conciliação.

Em contrapartida, voltamos aos conceitos de moderno e modernidade, tendo em vista as permanências e pregnâncias, que podem ser compreendidas como tempos de transição, "como indicadores de mudança social e política e como elementos linguísticos de formação da consciência, da crítica ideológica e da determinação de comportamento" (KOSELLECK, 2006, p. 303). Nesse sentido, foi possível perceber na formação da intelectualidade jurídica brasileira indicadores linguísticos que demonstravam pregnâncias jusfilosóficas que circulavam o universo acadêmico da cultura do direito.

Consideramos, por um lado, que a cultura jurídica da Faculdade de Direito de São Paulo, entre as décadas de 1850 a 1880, mobilizou repertórios para refutar caracteres da filosofia do direito das escolas jurídicas moderna. Por outro, essa acepção escolástica nada mais é do que o legado da Universidade de Coimbra na formação da *inteligentsia* brasileira. Dessa forma, em fins da década de 1880 é possível notar na formação acadêmica de doutores acepções jusfilosóficas de difíceis conciliações, seja entre o racionalismo e teologia, seja entre o positivismo--evolucionista e racionalismo.

FONTES

ARAUJO, Flavio Guedes de. *Theses apresentadas á Faculdade de Direito de S. Paulo pelo bacharel, a fim de obter o grão de doutor*. São Paulo: Typographia [?], 1885.

ARAUJO, João José de Araujo. *Theses apresentadas á Faculdade de Direito de S. Paulo pelo bacharel, a fim de obter o grão de doutor*. São Paulo: Typographia do Diario Mercantil, 1887.

BARRIOS, Emilio Valentim. *Theses e Dissertação que para obter o gráo de doutor sustentou e defendeu perante a Faculdade de Direito de São Paulo*. São Paulo: Typographia Imparcial de J. R. de Azevedo Marques, 1862.

CAPISTRANO, Genunino Firmino Vidal. *Theses e dissertação que para obter o gráo de doutor em Sciencias Sociaes e Juridicas defendeu perante a Faculdade de Direito de S. Paulo*. São Paulo: Typ. do Diario, 1879.

CESAR, João Antonio de Oliveira. *Theses que para obter o gráo de doutor sustentou e defendeu perante a Faculdade de Direito de São Paulo*. São Paulo: Typographia de Leroy King Bookwalter, 1886.

COSTA, José da Silva. *Theses que para obter o gráo de doutor sustentou e defendeu perante a Faculdade de Direito de São Paulo*. São Paulo: Typographia Imparcial de J. R. de Azevedo Marques, 1863.

D'OLIVEIRA, Brasilio Augusto Machado. *Theses e dissertação que para obter o grão de doutor apresentou e defendeu perante a Faculdade de Direito de S. Paulo*. São Paulo: Typ. do Diario, 1875.

ITAQUI, Egydio Barbosa Oliveira. *Theses e Dissertação que para obter o grau de doutor se propõe defender perante a Faculdade de Direito de São Paulo*. São Paulo: Tyipographia Litteraria, 1863.

JUNIOR, José Joaquim Cardoso de Mello. *Theses que para obter o grau de doutor se propõe defender perante a Faculdade de Direito de S. Paulo*. São Paulo: Typ. [?], 1881.

MELLO, Abelardo S. Teixeira. *Theses que para obter o grau de doutor se propõe defender perante a Faculdade de Direito de S. Paulo*. São Paulo: Typ. e Encadernação, 1888.

MELLO, Jesuino Ubaldo Cardoso. *Theses que para obter o grau de doutor se propõe defender perante a Faculdade de Direito de S. Paulo*. São Paulo: Typ. [?], 1887.

OLIVEIRA, José Rubino. *Theses e dissertação que para obter o grão de doutor apresentou e defendeu perante a Faculdade de Direito de S. Paulo*. São Paulo: Typ. Americana, 1869.

RAMOS, Ezequiel de Paula. *Theses e dissertação que para obter o grão de doutor apresentou e defendeu perante a Faculdade de Direito de S. Paulo*. São Paulo: Typ. Imparcial de J. R. de Azevedo Marques, 1867.

SÁ E BENEVIDES, José Maria Corrêa. *Theses que para obter o grau de doutor se propõe defender perante a Faculdade de Direito de São Paulo*. São Paulo: Typographia Imparcial de J. R. de A. Marques, 1858.

SILVA, Alfredo Claudio. *Theses e Dissertação que para obter o gráo de doutor apresentou à Faculdade de Direito de S. Paulo*. Cidade [?]: Typ. [?], 1879.

Referências

ABBAGNANO, Nicola. *Dicionário de Filosofia*. 5. ed. São Paulo: Martins Fontes, 2007.

ALONSO, Angela. Crítica e constatação: o movimento reformista da geração de 1870. *Revista Brasileira de Ciências Sociais*, São Paulo, v. 15, n. 44, out. 2000.

ALONSO, Angela. *Idéias em movimento*: a geração de 1870 na crise do Brasil Império. São Paulo: Paz e Terra, 2002.

BARRETO, Plínio. *A cultura jurídica no Brasil (1822-1922)*. São Paulo: Bibliotheca d'O Estado de São Paulo, 1922.

BOBBIO, Norberto. *O positivismo jurídico*: lições de filosofia de direito. São Paulo: Ícone, 1995.

CARVALHO, Marcus Vinicius Corrêa. Moderno, modernidade, modernização: polissemias e pregnâncias. In: GIL, Natália; ZICA, Matheus da C.; FARIAS FILHO, Luciano Mendes. *Moderno, modernidade e modernização*: a educação nos projetos de Brasil – séculos XIX e XX. Belo Horizonte: Mazza, 2012. v. 1, p. 21.

FERREIRA, Gabriela Nunes. Ano de 1850: divisor de águas. In: MOTA, Carlos Guilherme. *Os juristas na formação do Estado-nação brasileiro* – século XVI a 1850. São Paulo: Quartier Latin, 2006. v. 1. (Coleção Juristas Brasileiros).

FONSECA, Ricardo Marcelo. *Vias da modernização jurídica brasileira*: a cultura jurídica e os perfis dos juristas brasileiros do século XIX. *Revista Brasileira de Estudos Políticos*, n. 98, p. 257-293, jul./dez. 2008.

GUMBRECHT, Hans Ulrich. Cascatas de modernidade. *Modernização dos sentidos*. Tradução de Lawrence Flores Pereira. São Paulo: Ed. 34, 1998.

JAPIASSÚ, Hilton; MARCONDES, Danilo. *Dicionário básico de Filosofia*. 4. ed. Rio de Janeiro: Jorge Zahar, 2006.

KOSELLECK, Reinhart. *Futuro passado* – Espaço de experiência e horizonte de expectativa: duas categorias históricas. Rio de Janeiro: Ed. PUC-Rio/Contraponto, 2006.

MOTA, Carlos Guilherme (Coord.). *Os juristas na formação do estado-nação brasileiro*: século XVI a 1850. São Paulo: Quartier Latin, 2006. (Coleção Juristas Brasileiros).

MOTA, Carlos Guilherme; FERREIRA, Gabriela Nunes (Coord.). *Os juristas na formação do Estado-nação brasileiro*: 1850 a 1930. São Paulo: Saraiva, 2010.

SILVA, Mozart Linhares da. *O império dos bacharéis*: o pensamento jurídico e a organização do Estado-nação no Brasil. Curitiba: Juruá, 2009.

SOUZA, André Peixoto de. *Pensamento jurídico brasileiro, ensino do direito e a constituição do sujeito político no império (1822-1891)*. Tese (Doutorado em Educação) – Campinas, 2011.

VAINFAS, Ronaldo. *Dicionário do Brasil imperial*. Rio de Janeiro: Objetiva, 2008.

A poesia do corpo: civilidade, estética e educação moderna na concepção de ginástica escolar de Fernando de Azevedo[1]

Marcus Vinicius Corrêa Carvalho

O CORPO É UM CAMPO DE BATALHAS: APRESENTAÇÃO

Este texto aborda o livro *A poesia do corpo*, escrito por Fernando de Azevedo em 1915, "para o concurso à vaga de professor da cadeira de ginástica e educação física" no Ginásio Mineiro, enquanto ele era lente, substituto de latim, no mesmo estabelecimento.[2] Na ocasião dos cem anos de sua publicação, não é de somenos importância lembrar esta que é a primeira publicação de Fernando de Azevedo, ainda que não seja pretensão deste texto contrapor este livro especificamente à produção

[1] Em vista de um convite do Professor Tarcísio Mauro Vago, a quem este texto é dedicado, a ideia que anima a produção deste foi apresentada no VII Seminário do Centro de Memória da Educação Física (CEMEF-UFMG) e I Encontro de Centros de Memória da Educação Física, promovidos pela Escola de Educação Física, Fisioterapia e Terapia Ocupacional da UFMG, em Belo Horizonte, entre 12 e 14 de novembro de 2012. Uma primeira versão do texto, agora muito modificada, foi apresentada na Mesa Temática III – "Homo Gymnasticus: Arte", coordenada pela Profa. Dra. Andrea Moreno (UFMG) e compartilhada com o Prof. Dr. Vinicius Demarchi Silva Terra (Unifesp). Na oportunidade, sua apresentação foi acompanhada, simultaneamente, por uma narrativa imagética composta por reproduções de obras plásticas de artistas antigos e de artistas modernos e contemporâneos, como os seguintes: Rembrandt, Diego Velazquez, Benjamin West, Anton Raphael Mengs, George Stubbs, Jean Auguste Dominique Ingres, Theodore Gericault, Gustave Doré, Willian Heath Robinson, Eadweard J. Muybridge, Gustave Coubert, Van Gogh, Egon Schiele, Maurits Cornelis Escher, Edvard Munch, Rene Magritte, Victor Meirelles, Henri Matisse, Pablo Picasso, Salvador Dalí, Francis Bacon, Lygia Clark, Hélio Oiticica, Frida Kahlo, Andy Warhol, Cindy Sherman, Edgard de Souza.

[2] AZEVEDO, 1915.

posterior do sociólogo e educador mineiro de São Gonçalo do Sapucaí, que fez fama intelectual em São Paulo, tendo marcado decisivamente a historiografia da educação brasileira no século XX.[3] Interessa neste texto operacionalizar algumas diretrizes do texto "Moderno, modernidade, modernização: polissemias e pregnâncias", que publiquei no primeiro livro desta coleção, observando como elementos constitutivos da emergência da civilidade moderna e os debates formais da estética moderna ressoam nas teses azevedianas sobre a pedagogia moderna, o caráter e o organismo nacional. Indicar-se-á a plausibilidade de pensar como, pondo-se ao lado dos "pedagogistas modernos", Azevedo anunciava a necessidade de se preocupar com "o desenvolvimento harmônico do corpo" — cuja definição modelar ele buscou na perspectiva de Winckelmann — a fim combater o "raquitismo" que envenenava o "organismo nacional".

Os debates e os embates em torno dos modos de formar e configurar corpos como suportes para a definição das intervenções sociais no Brasil, de fins do século XIX e início do século XX, têm sido tema corrente na historiografia da educação física, pelo menos, nos últimos 25 anos.[4] A escola no início do século XX, já se argumentou nesta historiografia, "foi autorizada a inscrever nos corpos das crianças — particularmente das crianças empobrecidas economicamente — maneiras julgadas superiores, modos considerados civilizados, orientando-as para assumirem condutas corporais inteiramente distintas daquelas que tinham". Nesse sentido, o "corpo das crianças foi colocado no centro das práticas escolares: constituí-lo, ou reconstituí-lo, racionalmente, tornou-se atribuição da escola".[5] A educação do corpo no projeto pedagógico elaborado, especificamente, por Fernando de Azevedo também já foi discutida, tencionando entender como a escola procurou formar "um homem ajustado à

---

[3] Sobre os impactos da obra de Azevedo na historiografia da educação brasileira, pode-se consultar, por exemplo: CARVALHO, 2010, p. 63-80.

[4] Destaco, como exemplos, alguns nomes que vêm produzindo esta historiografia da educação física que não olha a constituição da disciplina escolar, negligenciando as temáticas e questões relativas a normatizações dos corpos, como sejam aqueles de: Paulo Ghiraldelli Jr. (1989), Lino Castellani Filho (1988), Carmen Lúcia Soares (2004), Edivaldo Góis Jr. (2013), Omar Schneider (2006), Amarílio Ferreira Neto (2006) e Tarcísio Mauro Vago (2010).

[5] VAGO, 2010, p. 28.

vida moderna".[6] Os meios para a formação do "homem moderno" estariam impressos nos fundamentos da teoria educacional de Azevedo, no horário, na estrutura das disciplinas, no currículo, no espaço físico, nos serviços médicos e de higiene, nos diversos "mecanismos da organização e administração da escola", como nas atividades de educação física. Esses meios ou técnicas seriam responsáveis pela "formação de um indivíduo que deveria saber controlar seus impulsos corporais" em nome do "'progresso social', da 'civilização', enfim de um projeto de modernidade".[7] Essas balizas seriam, portanto, a "expressão de um projeto de modernidade que possui como um de seus eixos a educação do corpo como uma forma de controle social".[8]

Suponho que o foco lançado, particularmente, sobre o livro *A poesia do corpo* relacionando-o a aspectos estéticos e éticos que implicam a discussão sobre o lugar do corpo na emergência mesma das noções de moderno e modernidade em sua história conceitual pode contribuir para vislumbrar as perspectivas azevedianas sobre os horizontes civilizatórios em suas proposições intelectuais e em seus projetos reformadores. Assim, sugerindo uma dimensão que possa, ultrapassando sobremaneira as pretensões deste texto, talvez favorecer outros pesquisadores em sua interpretação dos usos que Azevedo pudesse fazer desses termos pela consideração de aspectos dos fundamentos especulativos e conceituais de suas ideias pedagógicas e educacionais.

O título do livro de Azevedo é, na verdade, *A poesia do corpo ou a ginástica escolar, sua história e seu valor*, anunciando o interesse que o informa: demonstrar e defender o valor da ginástica escolar para a educação das crianças e dos jovens brasileiros. Ao abrir seu texto, no prefácio da obra, o professor do Ginásio Mineiro constatava que a "missão educativa" era tão "nobre" quanto "complexa" e que, "se foi sempre difícil", o era, "mais do que nunca", naqueles dias: "[o] nível moral baixou, desfibrou-se o organismo, à medida que as ideias também desceram".[9] Segundo Azevedo, entregues à "moral do prazer", deixando que "os sentimentos e as emoções" ameacem "o posto às ideias", "'buscam-se as sensações'". Para ele, "'mais alimentam-se ternos

[6] PAGNI, 1994, p. 63-64. Consideração sobre a dissertação de mestrado apresentada ao Programa de Pós-Graduação em História e Filosofia da Educação da PUC-SP em 1994, tendo sido orientada pelo Prof. Dr. Paulo Ghiraldelli Jr.

[7] *Ibidem*, p. 63.

[8] *Ibidem*, p. 64.

[9] AZEVEDO, 1915, p. 11.

afetos e sentimentos agradáveis e as próprias ações que exigem trabalho e sacrifício'" são aquilatadas "'pelo prazer que em si tem ou que originam'". Como "corolário inevitável", para Azevedo, "era natural que resultasse o menoscabo pela educação física e o terrível círculo vicioso, em que labora a vida nacional: desprezamos a cultura do corpo porque somos fracos; somos fracos porque desprezamos a cultura do corpo".[10]

Fernando de Azevedo afirmava como "cânone da pedagogia" que "toda educação que estagnasse no sentimento ou gravitasse apenas em torno do cérebro ficaria incompleta, precária, ineficaz". Daí, segundo ele, "a necessidade de se contemplar a ginástica científica num programa escolar [...], alargando os âmbitos desta disciplina, e remontando o seu professor a regiões mais altas, donde possa observar [...] todos os notáveis episódios da evolução educativa da sociedade e do indivíduo". Afinal, "educação física pela ginástica racional" não serviria apenas, como se cogitava "erradamente" antes, "para favorecer o desenvolvimento harmônico do corpo". Ela desempenharia funções de mesmo relevo "na formação da vontade e do caráter e no exercício das forças volitivas".[11] Ao invés de aprofundar o "sulco de antagonismo" entre educação física e educação moral, seria forçoso "reconhecer-se que voga aquela na esteira desta", não sendo elas "antípodas, mas solidárias". "[É] idêntico e uno o problema que solucionam, e, a ambas, igual respeito se deve pelas benéficas influências que mutuam".[12]

Dessa maneira, então, na perspectiva do autor, *A poesia do corpo* seria "a expressão sintética da concepção moderna da ginástica, que, no seu elevado intuito pedagógico", não poderia deixar de ser referida como "a poesia do corpo". Em sua concepção, sendo ela "ciência e arte" em um só tempo, a ginástica basear-se-ia na "biologia, nos princípios anatômico-fisiológicos para alcançar a saúde corpórea, que é a condição fundamental do espírito", tendo a "realizar um fim duplamente estético 'o belo na forma e no movimento'".[13]

Fernando de Azevedo considerava as aporias entre cabeça e corpo ao argumentar que a educação não pode "orbitar" e estagnar-se na atenção ao "cérebro" e aos "sentimentos", postulando a superação das dicotomias entre "educação física"

[10] *Ibidem*, p. 11.

[11] *Ibidem*, p. 12.

[12] *Ibidem*, p. 13.

[13] *Ibidem*, p. 14.

e "educação moral", uma se propagando pela esteira da outra, ambas solucionando "problema idêntico". Na concepção de Azevedo, o problema se desenvolvia no âmbito das atividades educacionais, sociais, culturais e políticas brasileiras, atuando nas instâncias formativas dos corpos, do caráter e da nação brasileiras, abrangendo "a vida escolar e doméstica". A batalha no corpo, e em torno dele, seria travada em prol de "realizar o grande papel da ginástica, que é a regeneração nacional",[14] conforme ele propunha ao enfeixar suas teses e proposições sobre a "ginástica escolar", "racional", "educativa", "profilática", "higiênica", "científica", no oitavo e último capítulo do livro "Regeneração social pela ginástica".[15]

A "superioridade étnica dum povo" seria uma "equação entre os elementos de sua formação e as condições históricas que sobre eles atuaram". Por isso, quem atentasse para a "heterogeneidade de elementos ancestrais" que deram o "produto híbrido e impreciso da nossa *gens* e nas condições históricas que os influenciaram" não poderia se surpreender com o "espetáculo desagradável deste povo sem um tipo", "emperrado, raquítico, destinado à absorção ou ao menos à quase impossibilidade de galgar agora a posição de destaque, a que teria direito, no convívio internacional".[16]

No quadro azevediano, supõe-se que mesmo que se quisesse "emoldurar o berço ou a formação da nacionalidade brasileira, nunca se poderia encontrar, nos elementos [étnicos] que a formaram, a promessa desses temperamentos robustos", os quais, sendo "apanágio das nações fortes e das organizações sadias", seriam "o germe" e a garantia "da supremacia etnológica dum povo". Uma vez que as teorias de "regeneração social" baseadas na "regeneração física", insistentemente insinuadas, não tivessem calado no "espírito nacional" minado por tendências morais mórbidas constitucionais, Fernando de Azevedo recorreu a Euclides da Cunha, sintetizando o "grande problema nacional" na dicotomia entre "'ou progredir ou desaparecer'", traduzido por ele em "regenerar ou desaparecer".[17] Segundo Azevedo, o que se vê entre os brasileiros, "em geral", são "estas coletividades, que pela depressão física se abastardam ou se estiolam", exigindo que a "regeneração física",

[14] AZEVEDO, 1915, p. 176.

[15] *Ibidem*, p. 203-210.

[16] *Ibidem*, p. 203.

[17] *Ibidem*, p. 204.

sendo "um dos maiores fatores do progresso", combata o "raquitismo" — "veneno lento [...] que paulatinamente intoxica o sangue e arruína o organismo nacional", "deprimindo o organismo e enfraquecendo o caráter". Azevedo postulava a adoção, para fins da "regeneração nacional", da sentença romana *mens sano in corpore sano*, "que sintetiza[ria] o mais brilhante e estupendo ideal educativo".[18]

DO LUGAR DA CABEÇA E DA CIVILIDADE NA INSTRUÇÃO FORMATIVA DO CORPO MODERNO OCIDENTAL EM SUA RELAÇÃO COM A PEDAGOGIA MODERNA E A BELEZA HARMÔNICA EM AZEVEDO

Sugiro que uma visada que se estenda até o limiar da era moderna possa ponderar sobre permanências e pregnâncias de concepções e de práticas de civilidade que informam, por um lado, a emergência e a formação da subjetividade, da racionalidade, da identidade ocidentais modernas e, por outro, ao mesmo tempo, a emergência e a formação das sensações, dos sentimentos, dos sentidos modernos. Prevê-se que a partir desse exercício seja possível precisar, paulatinamente, os pontos de inflexões conceituais e práticas nos preceitos antigos sobre os tratos formativos de corpos e de sociedades que, nessa medida, definem a possibilidade mesma de referência ao "moderno" enquanto tal. Supõe-se que seja pertinente considerar a dimensão da produção artística para definir tudo aquilo que vinha impregnando a grupação de fatores que, ao longo do tempo, foram sobrepondo-se, justapondo-se, imbricando-se, criando inter-relações e interdependências múltiplas até dar forma àquilo que se nomeou "moderno", porque, na medida em que o campo da arte possa ter relações com as questões de crítica estética, a observação de seus movimentos favorece o entendimento do processo de emergência dinâmica instável do "moderno".[19]

A proposta é verificar o desenvolvimento da instituição do decoro, *decorum*, e da conveniência, *convenevolezza*, desdobrando-se ao longo da estruturação do Estado moderno e da cultura de corte, em meio à hegemonia política e social aristocrática, demarcando suas pregnâncias, mas também suas inflexões para uma cultura burguesa ascendente na organização capitalista e urbana, em

[18] *Ibidem*, p. 205.

[19] Para um desenvolvimento mais extenso do argumento, consultar: CARVALHO, 2012.

que os valores morais da civilidade e da urbanidade instruem em outros arranjos a formação dos corpos e das sociedades. Nesse processo, serão destacados dois momentos cruciais da discussão crítica da estética e da ética, e da redefinição representacional moderna de modos e de meios, tanto na produção artística como na prática política e social. Um, sendo aquele momento em que o primeiro pintor do rei Luís XIV, Charles Le Brun, reestabelece as bases da fisiognomia, figurando as "expressões das paixões da alma" a fim de indicar padrões modelares de representação artística das emoções e de conduta dos sentimentos na sociedade de corte, além de reestruturar as bases representacionais artísticas do reinado do Rei Sol, interessado em instruir os gestos corteses e difundir a percepção social e política de uma monarquia sábia e humanista, menos militarizada e violenta. Outro momento, aquele no qual, em meio à ascensão burguesa na Alemanha, a "querela dos antigos e dos modernos", *querelle des anciens et des modernes*, impacta o movimento de Esclarecimento, *Aufklärung*, alemão, através da polêmica instaurada por Lessing em torno da interpretação de Winckelmann do grupo escultórico *Laocoonte*, resultando na obra que, ao delimitar as fronteiras entre pintura e poesia, funda o campo da teoria das artes, além de mover as concepções técnicas sobre a representação artística.

Em ambos os momentos, as discussões acentuam o lugar prestigioso e privilegiado da representação artística da cabeça e da representação social e política da civilidade. Entretanto, em meio ao contexto do século XVIII alemão, no qual as orientações universalistas do humanismo burguês se chocam com a expansão das demandas e dinâmicas produtivas do nascente capitalismo industrial europeu, difunde-se o debate sobre o princípio da "subjetividade", definido, mais tarde, como raiz fulcral para estabelecer os tempos modernos.

Com esse movimento, será possível ponderar sobre os padrões modelares classicistas de civilidade que informam o programa de "ginástica educativa racional" para a formação do caráter identitário brasileiro, de Fernando de Azevedo, manifestos, por exemplo, em sua concepção de beleza.

Inicio com a análise da justificativa de Azevedo para sua escolha do título do livro — *A poesia do corpo* —, o qual seria "a expressão sintética da concepção moderna da ginástica", em seu "elevado intuito pedagógico". "Ciência e arte" estariam articuladas para "alcançar a saúde corpórea", a "condição fundamental do espírito", tendo que "realizar um fim duplamente estético 'o belo na forma e no movimento'". Como a poesia é, segundo Azevedo, "'a criação rítmica do belo', a ginástica no seu caráter helênico deve tender por um método racional e graduado à realização estética do belo no corpo, à criação da beleza plástica [...]".[20]

O termo "poesia" remete, não é ocioso lembrar, àquele ato que os gregos antigos nomeavam *poiein*, fazer, fabricar, construir, não importando se aquele que o faz, o faz, fabrica e constrói com palavras, tintas, argila, pedras. Edificações, esculturas, pinturas, poemas são todos *poiesis*, ou *poesis*, são constructos, são fabricos, são feitos, são poéticas. Aristóteles chamava o poeta de "construtor de enredos":[21] poesia e poeta são cognatos de *poiesis* e de *poesis*, termos intercambiáveis nos textos gregos antigos, que derivam do verbo *poiein*. Exatamente, o "fazer" pela palavra oral e escrita tornou-se o "modelo de imitação" a ser seguido pelas outras técnicas de representação artísticas antigas desde, pelo menos, a *Poética*, de Aristóteles. O "fazer" vem fundamentando as relações entre a pintura e a poesia definidas em homologia já quando Simônides de Ceos, sofista grego do século VI a.C., proferiu seu aforismo: "a pintura é uma poesia muda; a poesia uma pintura que fala". Mais tarde, repetido por Plutarco e, depois, por outros tantos,[22] o lugar-comum definido pela expressão "como pintura, poesia", *vt pictura poesis*, foi fixado e difundido a partir da *Epístola aos Pisões*, ou, *Arte poética*, de Horácio.[23]

O conceito de "mimese", imitação, também funciona como um "lugar-comum", *topos*, isto é, uma proposição e fonte de argumento, que pode ser uma ideia, um relato mitológico ou um lugar de origem, formando uma rede inter-relacional entre eles, lugares-comuns, *topoi*, cuja ativação circular, reinterpretada e repetida, forja uma anterioridade ideativa que estimula, faz nascer e alimenta uma vocação, e, ao mesmo tempo, serve como a garantia que credibiliza uma autoridade, enquanto o artista apenas atualiza essas categorias míticas que lhe preexistem. Nesse sentido, os lugares-comuns têm por função emprestar legitimidade às práticas artísticas, mas, igualmente, às práticas educativas e sociais, quer dizer, éticas. Imitava-se, portanto, um "modelo" de inspiração e de autoridade. Nos primeiros passos,

[20] AZEVEDO, 1915, p. 14.

[21] ARISTÓTELES, 2007, p. 55.

[22] Sobre o conceito de mimese e sua relação com o *topos* do *vt pictura poesis*, consultar, por exemplo: SELIGMANN-SILVA, 1998, p. 7-72. Especificamente sobre o aforismo de Simônides, consultar, na mesma publicação (LESSING, 1998), a nota 10 à página 80.

[23] HORÁCIO, 1984.

de modo "servil" ou "escolar", até que se dominassem os fundamentos e as propriedades daquela produção, quando, então, a "imitação servil ou escolar" propiciava a "emulação" desses modelos de autoridade. O conjunto de regramentos técnicos e doutrinários para realizar os construtos em sua produção mimética, sejam eles artísticos ou sociais, conformava a instituição do "decoro" e da "conveniência".

O *decorum*, ou *convenevolezza*, foi um dos princípios ético-retóricos fundamentais ao pensamento e à arte ocidentais desde a antiguidade. Consagrado pela longa tradição da Retórica e da Poética como preceito regular de adequação e conveniência de meios e fins representacionais, foi orientação pertinente a praticamente todas as manifestações técnico-artísticas da retórica, da poesia, do teatro, da pintura, da escultura, da arquitetura, até pelo menos o século XVIII.[24] A instituição do decoro também regulou gestos, hábitos e costumes adequando-os às exigências da sociabilidade de corte e às demandas sociais da civilidade. O processo de instrução formativa de Gargântua, personagem medieval revisitado por François Rabelais, é exemplar dos significados do civilizar quinhentista. Estudioso de latim e grego, ex-beneditino e cirurgião formado pela Faculdade de Medicina de Montpellier, autor e tradutor famoso de obras de medicina, Rabelais toma para si as histórias do gigante comilão, beberrão e falastrão, atraído pelo sucesso de vendas alcançado pela coletânea de lendas e anedotas de origem medieval, *As grandes crônicas do enorme gigante Gargântua*, escrita por anônimo. Lançada em 1534, a *Mui horripilante vida do grande Gargântua pai de Pantagruel* descreve, em meio às aventuras do gigante, os esforços de Grandgousier, seu pai, em instruí-lo. Depois de muitos anos de instrução por um sofista em letras latinas e de estudos com outros pedagogos, ao constatar que seu filho, apesar de estudar muito bem e se dedicar todo o tempo, "tornava-se tolo, simplório, sempre pensativo e distraído", Grandgousier contrata Ponocrates, mandando-o com seu filho a Paris para conhecer o estudo dos jovens na França, juntamente de seu mordomo Filotino e seu escudeiro, Ginasta.[25]

Antes de iniciar suas próprias orientações, Ponocrates pediu a Gargântua que seguisse como de costume a fim de avaliar como seus predecessores o tinham tornado "tão fátuo, ingênuo e ignorante".[26] Assim, o gigante acordava não antes das nove

---

[24] BASTOS, 2007, p. 27-54.

[25] RABELAIS, 1991, p. 93-107. Ponocrates: homem laborioso (grego – *ponos*, trabalho; *cratos*, força).

[26] *Ibidem*, p. 114.

horas, "revirava, estirava e remexia em cima da cama por algum tempo, para melhor expandir os seus espíritos animais". Então, "penteava-se com o pente de Almaing, isto é com os quatro dedos e o polegar. Pois os seus preceptores diziam que se pentear de outra maneira, tomar banho e andar limpo era perder um tempo precioso". "Depois, obrava, urinava, limpava a garganta, arrotava, peidava, bocejava, tossia, soluçava e espirrava, e almoçava para afastar o mau hálito e o mau cheiro". Ponocrates fez-lhe ver que não deveria comer logo ao se levantar da cama, sem fazer um pouco de exercício. Gargântua replicou, perguntando se já não era bastante exercício, ter-se revirado na cama seis ou sete vezes antes de se levantar, afinal, era o conselho do médico do Papa Alexandre V, que a despeito dos invejosos, "viveu até a sua morte". E ele seguiu sua rotina, "[d]epois de almoçar muito bem, ia à igreja", "[d]epois estudava durante uma maldita meia hora, com os olhos grandes pregados no livro; mas, como diz o cômico, sua alma estava na cozinha". "Depois de encher um penico inteiro, assentava-se à mesa": dúzias de pernis, línguas de boi, chouriços "e outros chamariscos para o vinho", terrinas mais terrinas de mostarda e "vinho branco, para aliviar os rins"; "o beber não tinha fim nem paradeiro". Daí, "lavava a mão com vinho novo, limpava os dentes com um pé de porco e conversava alegremente com sua gente. Após o quê, estendido o pano verde, traziam-se ou as cartas ou os dados e os tabuleiros necessários. Então, jogava" os 158 jogos listados por Rabelais.[27]

Ponocrates, ao conhecer a "viciosa maneira de viver de Gargântua, resolveu mudar aquilo e o instruir nas letras" e, "para melhor começar sua obra, solicitou a um sábio médico daquele tempo [...] fazer o que achava possível para pôr Gargântua no bom caminho". O médico o "purgou", limpando-o "de toda alteração e hábitos perversos do cérebro. Por esse meio, assim, Ponocrates o fez se esquecer de tudo que aprendera com os antigos preceptores [...]". Para fazer melhor, Ponocrates "levou-o para a companhia de pessoas altamente instruídas que lá se encontravam, e cuja emulação lhe abriu o espírito e o desejo de estudar de outra maneira e se fazer valer". "Depois de adotar esse método de estudo, não perdia ele hora alguma do dia; todo o seu tempo se consumia nas letras e no honesto saber". Ele se levantava às quatro da manhã, liam-lhe as "divinas Escrituras", ele rezava. "Depois, ia a lugares secretos, fazer a excreção das digestões naturais", era, então, "vestido, penteado, ataviado e perfumado". Depois

---

[27] *Ibidem*, p. 114-123.

de "feitas leituras, durante três horas", saíam, "sempre de acordo com o propósito da leitura", e o levavam ao estabelecimento de jogo de pela, onde "jogavam a bola, a pela ou a pilha trígona, exercitando-lhe devidamente o corpo, como antes já haviam exercitado a alma".[28] "Assim foi governado Gargântua, e continuou esse processo dia a dia, tirando proveito [...] um jovem, segundo a sua idade, do bom senso, em tal exercício assim continuado". O que era tão difícil a princípio, "com a continuação se mostrou tão doce, leve e deleitável, que mais parecia um passatempo de rei que o estudo de um escolar".[29]

Nessa época de "construção de uma nova representação cultural do corpo como suporte das relações sociais" multiplicam-se os "manuais de 'civilidade'", sobretudo, a partir de 1530, com a publicação de *A civilidade pueril*, de Erasmo. Erasmo não inventou a ideia do saber-viver nem da literatura de civilidade, uma vez que sua tradição remonta à Antiguidade, nem *A civilidade pueril* renovou profundamente o gênero, ainda que tenha inaugurado "uma nova cultura de conveniência e de decoro", sendo por três séculos o modelo incontestado deste gênero de literatura. A novidade do texto resultava de que Erasmo fez do corpo seu tema central. "De fato, de modo mais preciso e meticuloso do que *O livro do cortesão*, de Baltasar Castiglione, Erasmo funda uma 'cultura do corpo' no seio da qual é o corpo (civilizado) que oferece 'o aspecto mais imediato da personalidade'".[30]

O "enraizamento social da hierarquia dos modos" ordenava os corpos em suas representações artísticas e sociais, como permite perceber a produção de Charles Le Brun, cujo "'bom gosto'" levou-o a distinguir contornos "'grosseiros, ondulantes e incertos'" para os "'vulgares e campestres'", e contornos "'nobres e certos'", convenientes "'a sujeitos sérios onde a natureza deve ser representada bela e agradável'".[31] Em sua conferência de 1668, *Expressão das paixões da alma*, argumentando que "'um quadro não poderia ser perfeito sem a expressão'", uma vez que ela "'marca os verdadeiros caracteres de cada coisa'" e que, pela expressão "'as figuras parecem ter movimento, e que tudo que é fino parece ser verdadeiro'", Le Brun desenvolve a "'expressão particular'", que "'marca os movimentos da alma'", tornando "'visíveis os efeitos da paixão'".

---

[28] *Ibidem*, p. 124-126.

[29] *Ibidem*, p. 136.

[30] ARASSE, 2008, p. 580-581.

[31] *Ibidem*, p. 597.

Ele propôs, "'em favor dos jovens estudantes'", uma série de rostos, apresentados de frente e de perfil, definindo o modelo de emulação das representações das emoções em brotação da alma.[32] Se Erasmo privilegiara o rosto e a cabeça no tratamento do corpo em seu *A civilidade pueril*, Le Brun restringiu-se à configuração do rosto para "'reduzir-se ao que pode ser necessário aos pintores'", como modelo de figuração, e porque, "segundo o argumento antigo da analogia entre o microcosmo e o macrocosmo, 'se o ser humano é chamado síntese do mundo inteiro, a cabeça pode muito bem ser chamada de síntese de todo o corpo'".[33]

Le Brun foi determinante na construção da imagem de um Estado encarnado na pessoa do rei Luís XIV, comparado aos grandes heróis, em particular Alexandre, que aparece sob os traços do Rei-Sol em uma das telas encomendadas a Le Brun, após 1660. A tela substitui a presença física do rei, numa representação sempre mais moderna da majestade, como em seus retratos, nos quais "'uma força eufemizada, tanto mais soberba quanto mais refinada, impôs-se definitivamente'".[34] Ao longo de todo o período, as obras de palavra ou de imagem transformavam certas matérias, compunham-nas e operavam certos efeitos como um dispositivo de produção da presença soberana do Estado monárquico. Na representação artística seiscentista, tais efeitos eram chamados de "belo eficaz", cuja doutrina pressupunha que os estilos aplicados para produzi-los evidenciavam nas formas plásticas e discursivas a proporção decorosa dos juízos que os inventou, ensinando, agradando e persuadindo numa função de reconhecimento. Como diziam os seiscentistas, um dos fins das artes é persuadir coisas civis com a suavidade da imitação.[35]

Nesse contexto, a arte acadêmica servia em parte para glorificar o Estado e a grandeza do soberano e, noutra parte, para aprovar as regras deste Estado, o qual tinha a ambição de revelar as regras, de formulá-las, de ensiná-las, de difundi-las. Assim, a preocupação em conjugar a arte como obra de método e o Estado como detentor do monopólio das regras do método explica a fundação das academias nos dez primeiros anos de reinado do Rei-Sol. Le Brun estava incluso, como outros, no "projeto do Estado-Rei", como um "soldado do projeto unitário". Por isso, Le Brun du-

---

[32] *Ibidem*, p. 599-600.

[33] *Ibidem*, p. 602.

[34] VIGARELLO, 2008, p. 522 e 524.

[35] HANSEN, 1995, p. 40-54.

plicará sua qualidade de pintor em qualidade de pedagogo da pintura, como indicia sua conferência de 1668.[36]

Ainda em meio à corte de Luís XIV, emergiu na academia de letras a discussão que iria redefinir os termos e discutir os preceitos representacionais artísticos, tratando "'de pôr limites ao caráter absolutamente modelar da antiguidade'".[37] Quando da "querela dos antigos e dos modernos", *querelle des anciens et des modernes*, o partido dos modernos insurgiu-se contra a autocompreensão do classicismo francês, questionando o sentido de imitação dos modelos antigos com argumentos histórico-críticos em contraposição às normas de uma beleza absoluta, aparentemente, supratemporal.[38] Os impactos desses embates originados na França se desdobraram ao longo de todo o século XVIII. Assim, a partir da recepção do classicismo francês na Alemanha, dinamizou-se uma série de polêmicas cujo teor envolvia a produção artística, a formação nacional e o advento da sociedade burguesa em uma questão histórica.

Essas polêmicas envolveram alguns dos pensadores mais eminentes do período, cuja produção teve impacto direto na definição da própria ideia de Antiguidade, na teoria da arte e na produção de conhecimento histórico, como sejam, por exemplo, Gotthold Ephraim Lessing e Johann Joachim Winckelmann. A centralidade do problema da redefinição do lugar-comum antigo, "como pintura, poesia", estava encerrada no título do ensaio de Lessing que apareceu em 1766: *Laocoonte ou sobre as fronteiras da pintura e da poesia*.[39] O mote dos estudos de Lessing era a contestação das interpretações de Winckelmann sobre o grupo escultórico *Laokoon*, apresentadas em sua primeira obra, *Reflexões sobre a imitação das obras gregas na pintura e na escultura*,[40] de 1755, cujas teses sustentavam ainda a obra, mais completa, *História da arte da antiguidade*,[41] de 1764.

De um lado, Winckelmann defendia que na face de Laocoonte, com seu grito contido, estavam representadas a "simplicidade" e a "grandeza quieta" da "alma grande

[36] PHILIPE, 1994, p. 14-15.

[37] GADAMER, 1977, p. 629.

[38] HABERMAS, 2000, p. 13.

[39] LESSING, 1998.

[40] Um excerto do livro pode ser encontrado em: WINCKELMANN, 2004, p. 76-84.

[41] Um trecho do livro pode ser acompanhado em: WINCKELMANN, 2005, p. 74-76.

e sedimentada" dos gregos, igualmente expressa em todos os músculos e tendões do corpo do sacerdote troiano. De outro, em sua argumentação, Lessing era taxativo: "[o] grito é a expressão natural da dor corporal". Contra essa valorização da contenção do grito, ele fazia equivaler, com arguta ironia, à cortesia dos seus vizinhos franceses, "mestres do decoro", o barbarismo de seus avós saxões, equiparados no sufocamento da expressão natural de "toda [manifestação de] humanidade". Afinal, "[c]ortesia e decoro proíbem gritaria e lágrimas", como também o faziam seus avós bárbaros.[42] Menos como marco civilizatório do que como um artifício contra-humano, símile da barbárie, a corte, em seu decoro e conveniência, significada como representação do ideal monarquista e absolutista da aristocracia, modelar em França, sustentava-se nas exigências do decoro e da conveniência de meios e fins representacionais artísticos e sociais. Lamentações e ações, segundo Lessing, "constituem o herói humano que não é nem mole nem endurecido, mas antes ora parece ser isso, ora aquilo, dependendo de se agora a natureza, agora os princípios e o dever o solicitam". A ética característica do "herói humano" seria, então, "o ápice que a sabedoria pode criar e imitar".[43] Desse modo, o mestre, ao figurar o rosto e a boca de Laocoonte, visava à beleza suprema sob as condições da dor corporal, sendo ela incompatível com a "violência desfiguradora" fora ele obrigado a reduzir a desfiguração da violência, suavizando "o grito em suspiro; não porque o grito denuncia uma alma indigna, mas antes porque ele dispõe a face de um modo asqueroso".[44]

A polêmica lançada por Lessing em relação às interpretações de Winckelmann sobre a contribuição dos gregos antigos para a arte e a cultura modernas ocidentais, e, de modo mais amplo, contra as interpretações que se baseiam sobre o "desenvolvimento metódico de princípios universais",[45] foi decisiva para a emergência de inflexões de saberes instituídos na época moderna, tais como: a filosofia da história,[46] a crítica de arte irônica, a literatura, e, sobretudo, a valorização da subjetividade em toda a densidade que compõe o humano, mesmo para além dos aspectos racionais, dando mote, por exemplo, ao movimento pré-romântico da Tempestade e Ímpeto,

---

[42] LESSING, 1998, p. 86-88.

[43] *Ibidem*, p. 113.

[44] *Ibidem*, p. 93-94.

[45] *Ibidem*, p. 78.

[46] KOSELLECK, 2006, p. 334.

Sturm und Drang. Nesse sentido, ela favoreceu a inflexão que permitiu que as individualidades subsumidas, subjugadas e subalternizadas pelo corpo do Estado monárquico, regulado pela cabeça dos reis, fossem expressas sob a marca da "subjetividade" moderna, comportando, sobretudo, quatro conotações: de individualismo, de direito à crítica, de autonomia da ação e de filosofia idealista.[47]

Desde meados do século XVIII e ao longo do século XIX, emergiu, profusa e complexa, a discussão em torno da constituição da "subjetividade" e de seu papel, forjado pela instrução formativa dos corpos em suas sensações, suas sensibilidades e seus sentidos, na construção de uma identidade moderna, em nível pessoal, social, como também nacional. Marcada pela emergência da problemática que interroga sobre a definição do "si-mesmo", a questão era saber se o "princípio da subjetividade" e a "estrutura de consciência de si", imanentes do período moderno, seriam suficientes como fontes de orientação normativa, e se eles bastariam para "'fundar'" a ciência, a moral e a arte, além de estabilizar uma formação histórica que pretendia se desligar de todos os compromissos históricos daqueles passados exemplares.[48]

Nesse processo de intensificação do debate sobre o "si-mesmo", "a subjetividade" e a "identidade" no ocidente moderno, foi profundo o impacto da "imagem de um mundo infundido por um propósito interno", que "descreveu o mundo e os indivíduos que o construíram [...] como tendo estruturas homólogas e isomórficas, apontando um tipo de harmonia original entre eles".[49] Nessa medida, a "estrutura propositiva do universo" seria reflexiva, quer dizer: "a relação interna de suas partes seria padronizada pela autorreferenciação da consciência a si-mesma [*self-relatedness of counsciousness*]". Em outros termos, ainda usando o vocabulário dos próprios pensadores alemães daquele período, "o mundo objetivo das causas e das relações materiais foi investido de subjetividade, com a dirigibilidade e a coerência de uma consciência racional".[50]

A difusão de debates e as consequentes ressignificações das identidades de "corpos", "indivíduos", "classes sociais", "multidões", "povos", "nações", e outras entidades personalizadas ou sujeitos coletivos, marcou definitivamente a história do

[47] HABERMAS, 2000, p. 26.

[48] *Ibidem*, p. 30.

[49] SEIGEL, 2005, p. 297-298.

[50] *Ibidem*, p. 298.

século XIX. Nesse ambiente, eclodiu uma multiplicidade de modos, meios e formas de figurar os problemas relativos à "humanidade" e seus componentes complexos, definindo a emergência crescente de áreas de investigação variadas nas instâncias de conhecimento acadêmico e científico, e de representações artísticas, traduzidas, por exemplo, na abundante figuração de indivíduos em retratos e autorretratos, que, crescente ao longo de toda era moderna, avulta-se nos séculos XIX e XX, marcando, também, a arte contemporânea. A busca processa-se no horizonte de constituição das identidades pelas quais seja possível definir os significados de ser humano no contexto de ascensão e de consolidação da sociedade burguesa liberal que se choca, em seus ideais de universalismo humanista, com o capitalismo industrial, então, em franco desenvolvimento.

A relação entre "antigo" e "moderno" é sutil e extremamente matizada. O amálgama dos matizes sutis e nuançados das relações várias, estabelecidas e perspectivadas, entre "antigo" e "moderno" estabelece-se pelo lançamento do horizonte do "novo", "atual", do "recente" a partir do solo, das bases e dos fundamentos do "antigo". Impõe-se, dessa maneira, inexoravelmente, àqueles que se pretendem "modernos" que eles se remetam ao antigo a fim de se consubstanciarem como "modernos".

Com efeito, o aspecto dessa ambivalência dialética[51] da relação entre "antigo" e "moderno" manifesta-se, nos mesmos termos, quando Fernando de Azevedo propôs, em seu *A poesia do corpo*, o lançamento do horizonte da implementação de uma "ginástica escolar", "educativa", "racional" e "científica", dimensionada nos quadros de uma "pedagogia moderna e experimental", a partir do solo, das bases e dos fundamentos de uma ética representacional, artística e social, forjada na tradição antiga revisitada e inventada pelos debates entre classicistas e modernos do século XVIII. Exemplar o momento quando Azevedo defendeu, pondo-se ao lado dos "pedagogistas modernos", a necessidade de se dar atenção e preocupar-se com "o desenvolvimento harmônico do corpo", definindo o "tipo do belo harmônico, na anatomia das formas" a partir da estátua de Apolo, na qual, segundo ele, "domina a harmonia esbelta dos contornos, que se marmorizou naquela obra-prima da estatuária", distinguindo a beleza harmônica daquela "exúbere opulência dos músculos informando um corpo desproporcionado" que ele encontrava no *Torso* de Hércules.[52]

[51] Sobre a noção de "ambivalência dialética": THOMPSON, 1977, p. 247-266. Também: CHALHOUB, 1989, p. 17.

[52] AZEVEDO, 1915, p. 131.

Dessa forma, Azevedo fazia ressoar a perspectiva classicista de Winckelmann,[53] que "desenvolveu em seus escritos uma verdadeira mística da beleza do corpo masculino na arte grega" por meio da "grande repercussão" dada à sua "distinção entre beleza severa e beleza graciosa, entre o corpo vigoroso e, digamos, masculinizado do homem maduro tal como se apresenta no *Torso de Belvedere*, e a beleza graciosa que, para Winckelmann, encontra seu exemplo perfeito em *Apolo*".[54]

Como já se apontou, segundo Azevedo, a "educação física pela ginástica racional" não serviria apenas, como se cogitava "erradamente" antes, "para favorecer o desenvolvimento harmônico do corpo", desempenharia, sim, funções de mesmo relevo "na formação da vontade e do caráter e no exercício das forças volitivas".[55] Ao invés de aprofundar o "sulco de antagonismo" entre educação física e educação moral, seria forçoso "reconhecer-se", argumentava Azevedo, "que voga aquela na esteira desta", não sendo elas "antípodas, mas solidárias". "[É] idêntico e uno o problema que solucionam, e, a ambas, igual respeito se deve pelas benéficas influências que mutuam".[56] "[C]iência e arte" em um só tempo, a ginástica basear-se-ia na "biologia, nos princípios anatômico-fisiológicos para alcançar a saúde corpórea, que é a condição fundamental do espírito", tendo a "realizar um fim duplamente estético 'o belo na forma e no movimento'".[57] Azevedo visava "realizar o grande papel da ginástica, que é a regeneração

[53] São pertinentes algumas considerações sobre a trajetória intelectual de Johann Joachim Winckelmann, que, depois de estudos teológicos em Halle e anos de existência miserável como professor primário e preceptor, fora ocupar um posto de bibliotecário para o historiador conde Brünau. Winckelmann converteu-se ao catolicismo a fim de ir a Roma para desenvolver os estudos da arte antiga, publicando em 1755 seu primeiro texto: *Reflexões sobre a imitação das obras gregas em pintura e escultura*. Ele partiu para Roma no ano seguinte, onde se tornou bibliotecário na corte pontifical de Benedito XIV e depois prefeito das Antiguidades Romanas. Em 1764, quatro anos antes de ser assassinado voltando de uma visita à Alemanha, ele publicou sua obra principal, *História da arte da antiguidade*, a qual ele pretendia sistemática, poética e especulativa, mais que "uma simples narração cronológica", e que exerceria influência decisiva nos séculos XIX e XX. Embora questionada por historiadores e arqueólogos posteriormente, esta obra teve influência considerável na Inglaterra, na França e na Alemanha, forjando a ideia de arte grega com a qual operaram Diderot, Nietzsche e Hegel, entre outros. O valor de sua produção pode ser avaliado por estar na origem de uma estética nova, a ideia do "Belo ideal", definindo o ideal de beleza a partir do que ele acreditava ser o modelo da escultura clássica grega, evocando, já nas *Reflexões*..., as qualidades da "nobre simplicidade" e da "grandeza serena" para defini-la. LICHTENSTEIN, 2004, p. 76-79.

[54] ZERNER, 2008, p. 106.

[55] AZEVEDO, 1915, p. 12.

[56] *Ibidem*, p. 13.

[57] *Ibidem*, p. 14.

nacional",[58] vencendo o "espetáculo desagradável deste povo sem um tipo", "emperrado, raquítico, destinado à absorção ou ao menos à quase impossibilidade de galgar agora a posição de destaque, a que teria direito, no convívio internacional".[59]

DO BRASIL DE CORPO INTEIRO: CONSIDERAÇÃO FINAL

Desde aquela primeira publicação, *A poesia do corpo*, Azevedo construiu-se em uma trajetória intelectual e política de grande proeminência na formação daquele Brasil que se desenhava entre os anos 1920 e 1940. Como atividades sociais, seus escritos marcaram índices de movimentos e de conjuntos de intervenções constituintes desta trajetória do pensador social brasileiro. Se *A poesia do corpo*, como tese para o concurso de professor do Ginásio Mineiro, pode ser classificada como obra da "esfera do saber", a motivação que informa *A cultura brasileira*,[60] publicada na década de 1940, permite qualificá-lo como escrito relativo à "esfera do poder", dimensionando a diversidade de perfis que constroem sua trajetória profissional.[61] Assim, como iniciativa das estratégias político-culturais do Estado Novo, *A cultura brasileira* foi publicada como volume introdutório da Série Nacional editada pelo Instituto Brasileiro de Geografia e Estatística, a fim de abrir a divulgação dos resultados do Recenseamento Geral de 1940, implicando esta destinação em especificidades no formato e estruturação da obra. O Presidente da Comissão Censitária Nacional explicitava, ao apresentá-la, o caráter da encomenda que deveria observar "uma civilização peculiar", interpretando uma representação da civilização brasileira que a política cultural do Estado Novo pretendia legitimar pela contagem censitária e pelo estudo.[62]

Em carta para Teixeira de Freitas, Azevedo apresentava seu intento de utilizar os dados do Censo em suas múltiplas áreas permitindo a elaboração de uma "síntese do Brasil de corpo inteiro": "dar uma vista de conjunto, tão completa quanto possível da

[58] AZEVEDO, 1915, p. 176.

[59] *Ibidem*, p. 203.

[60] AZEVEDO, 1943.

[61] Esta abordagem da contribuição dada por pesquisadores e escritores através da consideração de suas obras como atividades sociais em uma história que combina atividades de poder, de saber e de memória vale-se de proposições de Gerard Noiriel. Os *Annales*, o 'não conformismo' e o mito da eterna juventude. In: NOVAIS; SILVA, 2013, p. 157-184.

[62] CARVALHO, M. M. C., 2010, p. 75.

cultura no Brasil, dos fatores que a condicionaram, nas suas diversas manifestações [...]".[63] Uma síntese monumental apologética do processo de "civilização" do Brasil como unificação cultural, de assimilação étnica e de expansão territorial, em que a "diversidade e a diferença são produzidas negativamente como fatores de desagregação nacional". Uma "síntese do Brasil de corpo inteiro" em que "a diversidade e a diferença são estigmatizadas".[64] Essa perspectiva sobre o Brasil que Marta Carvalho detectou na obra da década 1940 faz ressoar aquele ponto de vista em que Azevedo recorria à expressão de Euclides da Cunha sintetizando o "grande problema nacional" na dicotomia entre "'ou progredir ou desaparecer'", porém traduzindo-a em "regenerar ou desaparecer".[65] Segundo Azevedo, a "regeneração física" seria "um dos maiores fatores do progresso", combatendo o "raquitismo", aquele "veneno lento" que intoxicava o "sangue" e arruinava o "organismo nacional", "deprimindo o organismo e enfraquecendo o caráter". A "regeneração nacional" marcaria o progresso brasileiro, ecoando a chave do dístico romano *mens sano in corpore sano*: "o mais brilhante e estupendo ideal educativo".[66]

Como sugeri, suponho que a exploração do livro *A poesia do corpo* pode contribuir para esclarecer fundamentos especulativos humanistas das ideias pedagógicas e educativas de Fernando de Azevedo. Com isso, favorecendo a ponderação sobre aspectos que não estiveram no foco central de pesquisadores que têm se preocupado com os exercícios administrativos e os significados das estruturas administrativas que ele promoveu, com sua atuação na organização da formação de professores, de espaços e tempos escolares, de currículos e de ensino profissional, com a promoção de reformas do ensino, com as peculiaridades de sua ótica sobre a "escola nova", com as representações dos agentes e dos atos que significaram a intervenção dos "pioneiros" da reconstrução educacional.[67] Desse modo, quiçá, contribuir-se-ia considerando outros elementos que também pudessem dar a ver a apropriação e a difusão de

[63] TOLEDO, Maria Rita de Almeida. *Fernando de Azevedo e a cultura brasileira ou as aventuras e desventuras do criador e da criatura*. Dissertação de Mestrado – PUC-SP, 1995. p. 101. Citado por CARVALHO, M. M. C., 2010, p. 73.

[64] CARVALHO, M. M. C., 2010, p. 78.

[65] AZEVEDO, 1915, p. 204.

[66] *Ibidem*, p. 205.

[67] Considera-se, por exemplo, a contribuição de pesquisadores como: Marta Maria Chagas de Carvalho (2004), Clarice Nunes (1998), Carlos Monarcha (1989), Diana Vidal (2005) e André Paulilo (2007).

ideias e práticas, modelos e objetos culturais que forjaram políticas de organização do ensino no Brasil e se relacionam com a dita "modernidade pedagógica", percebida como demanda iminente no entreguerras.

Vislumbrar a emergência das noções de moderno e de modernidade em sua história conceitual pode contribuir para dimensionar as perspectivas azevedianas sobre os horizontes civilizatórios nacionais, isto é, ter em vista as relações entre civilidade, estética e ética para ponderar quais os alicerces do ideário de Azevedo sobre o que ele significa como "civilização" pode contribuir para dar a ver sua percepção sobre a "educação moderna". Se tudo se passa dessa maneira, a leitura crítica de *A poesia do corpo* oferta a oportunidade de um exercício ao longo do qual é possível sugerir a reverberação do debate humanista moderno ocidental, em sua atualização da dialética ambivalente entre moderno e antigo, na formação erudita daquele professor de latim que se alçou a pensador social brasileiro, levando a considerar seriamente as relações entre a ideia de civilidade e suas interdependências, justaposições e imbricações com problemáticas éticas e estéticas na definição das questões morais para a formação social do caráter brasileiro e, consequentemente, seu impacto no pensamento crítico sobre a cultura e a sociedade brasileiras.

FONTES

AZEVEDO, Fernando de. *A poesia do corpo ou a gymnastica escolar, sua história e seu valor*. Belo Horizonte: Imprensa Oficial do Estado de Minas, 1915.

AZEVEDO, Fernando de. *A cultura brasileira*. Rio de Janeiro: Instituto Brasileiro de Geografia e Estatística, 1943.

Referências

ARASSE, Daniel. A carne, a graça, o sublime. In: VIGARELLO, Georges (Org.). *História do corpo*: 1. Da Renascença às Luzes. Petrópolis: Vozes, 2008. p. 535-620.

ARISTÓTELES. *Poética*. Coimbra: Fundação Calouste Gulbenkian, 2007.

BASTOS, Rodrigo Almeida. Regularidade e ordem das povoações mineiras no século XVIII. *Revista do IEB-USP*, São Paulo, n. 44, p. 27-54, fev. 2007.

CARVALHO, Marcus Vinicius Corrêa. Moderno, modernidade, modernização: polissemias e pregnâncias. In: FARIA FILHO, Luciano Mendes de; GIL, Natália; ZICA, Matheus da Cruz e (Org.). *Moderno, modernidade e modernização*: a educação nos projetos de Brasil – séculos XIX e XX. Belo Horizonte: Mazza, 2012. p. 13-34.

CARVALHO, Marta Maria Chagas de. O *Manifesto* e a Liga Internacional pela Educação Nova. In: XAVIER, Maria do Carmo (Org.). *Manifesto dos pioneiros da educação*: um legado educacional em debate. Rio de Janeiro: Ed. FGV, 2004. p. 147-182.

CARVALHO, Marta Maria Chagas de. A cultura brasileira de Fernando de Azevedo. In: XAVIER, Maria do Carmo. *Clássicos da educação brasileira*. Belo Horizonte: Mazza, 2010. v. 1. p. 63-80.

CASTELLANI FILHO, Lino. *Educação física no Brasil*: a história que não se conta. Campinas: Papirus, 1988.

CHALHOUB, Sidney. *Visões da liberdade*: uma história das últimas décadas da escravidão na Corte. Tese (Doutorado em História) – Unicamp, Campinas, 1989.

PHILIPE, Julien. Présentation. In: LE BRUN, Charles. *L´Expression des passions et autres conferences*. Correspondance. Paris: Éditions Dédale, Maisonneuve et Larose, 1994.

GADAMER, Hans-Georg. *Verdad y método*: fundamentos de uma hermenêutica filosófica. Salamanca: Ediciones Sígueme, 1977.

GHIRALDELLI JR., Paulo. *Educação Física Progressista*: a pedagogia crítico-social dos conteúdos e a educação física brasileira. São Paulo: Loyola, 1989.

GÓIS JR., Edivaldo. Ginástica, higiene e eugenia no projeto de nação brasileira: Rio de Janeiro, século XIX e início do século XX. *Movimento*, v. 19, p. 139-159, 2013.

HABERMAS, Jürgen. *O discurso filosófico da modernidade*: doze lições. São Paulo: Martins Fontes, 2000.

HANSEN, João Adolfo. Teatro da memória: monumento barroco e retórica. *Revista do IFAC*, Ouro Preto, n. 2, p. 40-54, dez. 1995.

HORÁCIO. *Arte poética*. Lisboa: Editorial Inquérito, 1984.

KOSELLECK, Reinhart. *Futuro passado*: contribuição à semântica dos tempos históricos. Rio de Janeiro: Contraponto; Ed. PUC-Rio, 2006.

LE BRUN, Charles. *L'Expression des passions et autres conferences*. Correspondance. Paris: Éditions Dédale, Maisonneuve et Larose, 1994.

LESSING, Gothold Eprhaim. *Laocoonte ou sobre as fronteiras da pintura e da poesia*. São Paulo: Iluminuras, 1998.

LICHTENSTEIN, Jacqueline (Org.). *A pintura*: o belo. São Paulo: Ed. 34, 2004. v. 4.

LICHTENSTEIN, Jacqueline (Org.). *A pintura*: o paralelo das artes. São Paulo: Ed. 34, 2005. v. 7.

MONARCHA, Carlos. *A reinvenção da cidade e da multidão*: dimensões da modernidade brasileira – a escola nova. São Paulo: Cortez, 1989.

NOVAIS, Fernando Antonio; SILVA, Rogério Forastieri da. *Nova história em perspectiva volume 2*. São Paulo: Cosac Naify, 2013.

NUNES, Clarice. Historiografia comparada da escola nova: algumas questões. *Revista da Faculdade de Educação*. São Paulo, v. 24, n. 1, p. 105-125, jan./jun. 1998.

PAGNI, Pedro Ângelo. Fernando de Azevedo, educador do corpo: 1916-1933. *Revista Brasileira de Ciências do Esporte*, v. 16, n. 1, p. 63-64, out. 1994.

PAULILO, André. *A estratégia como invenção*: as políticas públicas de educação na cidade do Rio de Janeiro entre 1922 e 1935. Tese (Doutorado) – USP, São Paulo, 1991.

RABELAIS, François. *Gargântua e Pantagruel*. Belo Horizonte: Vila Rica, 1991.

SCHNEIDER, Omar; FERREIRA NETO, Amarílio. Intelectuais, educação e educação física: um olhar historiográfico sobre saúde e escolarização no Brasil. *Revista Brasileira de Ciências do Esporte*, Campinas, v. 27, n. 3, p. 73-92, 2006.

SEIGEL, Jerrold. *The idea of the self*: thought and experience in Western Europe since the seventeeth century. Cambridge: Cambridge University Press, 2005.

SELIGMANN-SILVA, Márcio. Introdução/Intradução: *mimesis*, tradução, *enárgeia* e a tradição da *ut pictura poesis*. In: LESSING, Gothold Ephraim. *Laocoonte ou sobre as fronteiras da pintura e da poesia*. São Paulo: Iluminuras, 1998. p. 9-76.

SOARES, Carmen Lúcia. *Educação física*: raízes européias e Brasil. Campinas: Autores Associados, 2004.

THOMPSON, Edward Palmer. Folklore, Anthropology and Social History. *The Indian Historical Review*, v. III, n. 2, p. 247-266, jan. 1977.

VAGO, Tarcísio Mauro. *Histórias de educação física na escola*. Belo Horizonte: Mazza, 2010.

VIDAL, Diana. *Culturas escolares*: estudo sobre práticas de leitura e escrita na escola primária (Brasil e França, final do século XIX). Campinas: Autores Associados, 2005.

VIGARELLO, Georges (Org.). *História do corpo*: 1. Da Renascença às Luzes. Petrópolis: Vozes, 2008.

VIGARELLO, Georges (Org.). *História do corpo*: 2. Da Revolução à Grande Guerra. Petrópolis: Vozes, 2008.

WINCKELMANN, Johann Joachim. Reflexões sobre a imitação das obras gregas em pintura e em escultura. In: LICHTENSTEIN, Jacqueline (Org.). *A pintura*: o belo. São Paulo: Ed. 34, 2004. v. 4, p. 76-84.

WINCKELMANN, Johann Joachim. História da arte da Antiguidade. In: LICHTENSTEIN, Jacqueline (Org.). *A pintura*: o paralelo das artes. v. 7. São Paulo: Ed. 34, 2005. p. 74-76.

XAVIER, Maria do Carmo. *Clássicos da educação brasileira*. Belo Horizonte: Mazza, 2010. v. 1.

ZERNER, Henri. O olhar dos artistas. In: VIGARELLO, Georges (Org.). *História do corpo*: 2. Da Revolução à Grande Guerra. Petrópolis: Vozes, 2008. p. 101-140.

Sobre os(as) Autores(as)

BRUNA MARINHO VALLE RORIZ – Graduanda em História da Universidade Federal de Minas Gerais. Bolsista de Iniciação Científica do CNPq. Fez parte do projeto Moderno, modernidade, modernização: a educação nos projetos de Brasil séc. XIX e XX.
E-mail: <bruna_roriz@hotmail.com>

BRUNO GERALDO ALVES – Bacharel e licenciado em História pela Universidade Federal de Viçosa. Mestre em Educação pela Universidade Federal de Minas Gerais. Integrante dos Projetos: "Moderno, Modernidade, Modernização: a educação nos projetos de Brasil séc. XIX e XX" e "Pensar a Educação, Pensar o Brasil 1822-2022".
E-mail: bruno.gealves@gmail.com

CAROLINA RIBEIRO CARDOSO DA SILVA – Graduada em Pedagogia pela Universidade do Estado de Santa Catarina (2010). Mestra e doutoranda em Educação pelo Programa de Pós-Graduação em Educação da UDESC. Atualmente é professora substituta no Departamento de Pedagogia do Centro Universitário Municipal de São José – USJ.
E-mail: <lola@projetocrer.org>

CAROLINE MARIA FERREIRA DRUMMOND – Licenciada em História pela Universidade Federal de Minas Gerais. É mestranda em História e Culturas Políticas pela mesma instituição. Integra o grupo de estudos e pesquisa e Dimensões Culturais e Políticas do Exílio Latino-americano e participou também do Núcleo de Pesquisas sobre a Educação dos Sentidos e das Sensibilidades – NUPES.
E-mail: <caroldrummond@gmail.com>

DANIEL LUIZ SANTOS MENESES - Licenciado em História e mestrando em educação pela Universidade Tiradentes (UNIT). Graduando do curso da Filosofia da Universidade

Federal de Sergipe (UFS). Participa do projeto "Educação, Escravidão e a questão Racial nas teses e dissertações dos bacharéis da Academia de Direito de São Paulo (1827-1889)". E-mail: <danieluizmeneses@hotmail.com>

GUSTAVO DOS SANTOS – Licenciado em História (2010) e mestre em educação pela Universidade Tiradentes. Participa do projeto "Educação, Escravidão e Questão Racial nas Teses dos Bacharéis da Academia de Direit0o de São Paulo (1827-1889)". Membro associado da Sociedade Brasileira de História da Educação (SBHE).
E-mail: <profgustavo91@gmail.com>

HENRIQUE DE OLIVEIRA FONSECA – Formado em História pela Universidade Federal de Ouro Preto, Mestre em Educação, na linha História da Educação, pela Universidade Federal de Minas Gerais. Membro do Centro de Estudos e Pesquisas em História da Educação (GEPHE) da UFMG. Integrante dos Projetos: "Moderno, Modernidade, Modernização: a educação nos projetos de Brasil séc. XIX e XX" e "Pensar a Educação, Pensar o Brasil 1822-2022".
E-mail: <henrique_ofonseca@hotmail.com>

ILKA MIGLIO DE MESQUITA – Possui graduação em História pela Pontifícia Universidade Católica de Minas Gerais, mestrado em Educação pela Universidade Federal de Uberlândia, doutorado em Educação pela Universidade Estadual de Campinas e pós-doutorado em História da Educação pela Universidade Federal de Minas Gerais. Integrante dos Projetos: "Moderno, Modernidade, Modernização: a educação nos projetos de Brasil séc. XIX e XX" e "Pensar a Educação, Pensar o Brasil 1822-2022". Professora PPG I da Universidade Tiradentes (UNIT).
E-mail: <ilkamiglio@hotmail.com>

LEZIANY SILVEIRA DANIEL – Graduada em Pedagogia e mestre em Educação pela Universidade Federal de Santa Catarina e Doutora em Educação pela Universidade Federal do Paraná onde é professora adjunta III do setor de Educação. Integrante dos grupos de pesquisa "História Intelectual e Educação" (GPHIE-UFPR) e "Ensino e Formação de Educadores em Santa Catarina" (GPEFESC-UFSC) e membro do Núcleo de Estudos e Pesquisa História, Educação e Modernidade (NEPHEM-UFPR).
E-mail <leziany@hotmail.com>

LUCIANO MENDES DE FARIA FILHO – Graduado em Pedagogia e mestre em Educação pela Universidade Federal de Minas Gerais e Doutor em Educação pela Universidade de São Paulo (USP). Professor Titular da FaE/UFMG. Diretor do Centro de Pesquisa,

Memória e Documentação. Membro do Conselho Deliberativo do CNPq e da Câmara de Ciências Humanas, Sociais e Educação (CHE da FAPEMIG). Bolsista de Produtividade em Pesquisa do CNPq - Nível 1A - Comitê ED – Educação.
E-mail: <lucianomff@uol.com.br>

MARCÍLIA ROSA PERIOTTO – Graduada em Pedagogia pela Universidade Estadual de Maringá, mestre em Educação na Universidade Federal de São Carlos, doutora em Educação na Universidade Estadual de Campinas e pós-doutorado na FaE/ UFMG. É professora da Universidade Estadual de Maringá.
E-mail <marciliaperiotto@yahoo.com.br>

MARCUS AURÉLIO TABORDA DE OLIVEIRA – Graduado em Educação Física pela Universidade Federal do Paraná e Doutor pela Pontifícia Universidade Católica de São Paulo. Professor associado II da UFMG. Coordena o Centro de Estudos e Pesquisas em História da Educação – GEPHE, além do Núcleo de Pesquisas sobre a Educação dos Sentidos e das Sensibilidades – NUPES, ambos cadastrados no Diretório de Grupos de Pesquisas do CNPq. É bolsista em produtividade do CNPq e do Programa Pesquisador Mineiro, da FAPEMIG.
E-mail: <marcustaborda@uol.com.br>

MARCUS VINÍCIUS FONSECA – Graduado em Filosofia pela Pontifícia Universidade Católica de Minas Gerais. Mestre em Educação pela Universidade Federal de Minas Gerais. Doutor em Educação pela Universidade de São Paulo. Professor Adjunto II do Departamento de Educação e do Programa de Pós-graduação em Educação da Universidade Federal de Ouro Preto.
E-mail: <mvfonseca2@yahoo.com.br>

MATHEUS DA CRUZ E ZICA – Graduado em História, Mestre e Doutor em História da Educação pela Universidade Federal de Mina Gerais onde também realizou estágio pós-doutoral. Professor Adjunto do Departamento de Fundamentação da Educação do Centro de Educação da Universidade Federal da Paraíba (UFPB).
E-mail: <matheusczica@gmail.com>

PATRÍCIA BARROS DE OLIVEIRA – Possui graduação em Jornalismo pela Universidade Católica de Pernambuco. Mestranda em História pela Universidade Federal de Campina Grande na linha de pesquisa História, Cultura e Sociedade.
E-mail: <pf4303@gmail.com>

RAYLANE ANDREZA DIAS NAVARRO BARRETO – Possui Graduação em Ciências Sociais (2000) e Mestrado em Educação (2004) pela Universidade Federal de Sergipe e Doutorado em Educação pela Universidade Federal do Rio Grande do Norte. Realizou estágio pós-doutoral na Universidade de Lisboa com bolsa Capes. Atualmente é professora PPG I da Universidade Tiradentes.
E-mail: <raylanenavarro@bol.com.br>

RITA CRISTINA LIMA LAGES – Possui graduação em Letras e Pedagogia. Mestre e Doutora em Educação pela Universidade Federal de Mina Gerais. É professora Adjunta do Departamento de Letras da Universidade Federal de Ouro Preto. É membro do projeto interinstitucional de pesquisa "Moderno, Modernidade e Modernização: a educação nos projetos de Brasil (1822-2022)".
E-mail: <ritallages@yahoo.com.br>

SOLANGE APARECIDA DE OLIVEIRA HOELLER – Graduada em Pedagogia pela Fundação Universidade Regional de Blumenau e graduada em História pelo Centro Educacional Leonardo da Vinci. Mestra em Educação e Cultura pela Universidade do Estado de Santa Catarina (2002) e Mestra em Educação pela Universidade Federal do Paraná (2009). Doutora em Educação pelo Programa de Pós-Graduação em Educação da Universidade Federal de Santa Catarina (2014). Professora do Instituto Federal Catarinense – Campus Rio do Sul.
E-mail: <solangehoeller@hotmail.com>

VERA LUCIA GASPAR DA SILVA – Graduada em Pedagogia (FESSC/UNISUL). Mestra em Educação (PPGE/UFSC). Doutorado em Educação – História da Educação e Historiografia – pela Faculdade de Educação da Universidade de São Paulo FEUSP, tendo realizado doutorado sandwich na Universidade de Lisboa. Atualmente realiza estágio pós-doutoral na Faculdade de Educação da Universidade de São Paulo com bolsa do CNPq. É Professora Associada do quadro permanente da Universidade do Estado de Santa Catarina – UDESC.
E-mail: <vera.gaspar.udesc@gmail.com>

VERA LÚCIA NOGUEIRA – Graduada em Pedagogia. Mestre e Doutora em Educação pela Faculdade de Educação da Universidade Federal de Mina Gerais onde também realizou estágio de Pós-Doutoramento. Professora do Departamento de Fundamentos Sócio-históricos e Filosóficos da Educação e do Programa de Pós-Graduação em Educação (PPGE) da Universidade do Estado de Minas Gerais (UEMG).
E-mail: <vlnogueira2010@gmail.com>

A Coleção **Pensar a Educação Pensar o Brasil** é fruto de uma parceria entre a *Mazza Edições* e o *Projeto Pensar a Educação Pensar o Brasil – 1822/2022*. Este Projeto, desenvolvido em parceria por docentes e discentes da Pontifícia Universidade Católica de Minas Gerais, da Universidade Federal de Ouro Preto e da Universidade Federal de Minas Gerais, envolve ações de ensino, pesquisa e extensão que buscam refletir sobre o lugar da educação no âmbito dos projetos de Brasil delineados ao longo de nossa história. Fazem parte do Projeto um *Programa de Rádio*, levado ao ar toda semana na *Rádio UFMG Educativa*, *Seminários Anuais* sobre temas relevantes para a educação Brasileira e a presente *Coleção*.

Integram a Coleção cinco séries: *Série Seminário*, *Série Estudos Históricos*, *Série Clássicos da Educação Brasileira*, *Série Diálogos* e *Série Ensaios*.

A **Série Seminários** publica os textos apresentados nos Seminários Anuais do Projeto, dos quais participam os mais importantes pesquisadores em educação do País. A **Série Estudos Históricos** publica trabalhos de história da educação e de áreas afins que contribuam para alargar o entendimento sobre o lugar da educação no âmbito dos projetos de Brasil delineados ao longo de nossa história. A **Série Clássicos da Educação Brasileira** traz resenhas introdutórias das principais obras sobre educação brasileira publicadas pelos principais pesquisadores em educação do País. A **Série Diálogos** publica textos que buscam fortalecer o intercâmbio entre o professorado da educação básica e os(as) pesquisadores(as) das diversas áreas da educação. A **Série Ensaios** publica interpretações da relação entre a educação e as grandes questões que marcaram e marcam a história da sociedade brasileira nos últimos 200 anos.

O objetivo da Mazza Edições e do *Projeto Pensar a Educação Pensar o Brasil – 1822/2022* é que a Coleção contribua para a discussão da educação brasileira e, por meio desta, da constituição da própria sociedade brasileira.

Este livro foi composto em Minion Pro Cond e impresso
em papel Offset 75 g/m² (miolo) e Cartão 250 g/m² (capa),
no mês de junho de dois mil e quinze.